兵家之祖孙武子

张大可　赵国华　编著

2018 年·北京

图书在版编目（CIP）数据

兵家之祖孙武子/张大可，赵国华编著.—北京：商务印书馆，2018（2018.6重印）
ISBN 978-7-100-15346-1

Ⅰ.①兵… Ⅱ.①张… ②赵… Ⅲ.①兵法-中国-春秋时代②《孙子兵法》-注释③《孙子兵法》-译文 Ⅳ.①E892.25

中国版本图书馆CIP数据核字（2017）第226637号

权利保留，侵权必究。

兵家之祖孙武子

张大可 赵国华 编著

商 务 印 书 馆 出 版
（北京王府井大街36号 邮政编码100710）
商 务 印 书 馆 发 行
北京洲际印刷有限责任公司印刷
ISBN 978-7-100-15346-1

| 2018年1月第1版 | 开本 640×960 1/16 |
| 2018年6月第2次印刷 | 印张 13 3/4 |

定价：56.00元

前　言

　　《史记》人物系列丛书第一辑1—10册，是大型古籍整理学术工程《史记疏证》一组抽印本丛书，由商务印书馆于2018年集中推出，向广大读者征求意见。《史记疏证》工程是一种全新的古籍整理形式，"熔古今研究成果于一编，聚海内志同时贤于一堂"，为广大爱好者提供一种雅俗共赏的读本，也可当作一种工具书使用。《史记疏证》的总体结构及其内容，详见《史记疏证·凡例》，兹从略。《史记疏证》工程尚未完成，已进入最后通校、定稿、排版的冲刺阶段，面见读者，大约还有两年时间。为了验证这一新成果，特别选出了十五个篇目，汇辑成十册书目推出，倾听社会反响，以期在疏证工程的冲刺阶段弥补其不足，力求完美。

　　十五篇选目为：《五帝本纪》、《秦始皇本纪》、《高祖本纪》、《孝文本纪》、《孝景本纪》、《赵世家》、《孔子世家》、《孙子吴起列传》、《仲尼弟子列传》、《白起王翦列传》、《张释之冯唐列传》、《西南夷列传》、《司马相如列传》、《大宛列传》、《太史公自序》，包括本纪、世家、列传三体，突显纪传体以人物为中心的特点。每册单行本内容分为两个部分，第一部分为原典"史记疏证"，给读者提供阅读《史记》的原始资料，以及作者的解读；第二部分是作者研究成果，大多为研究论文，也有对篇目的深入讲析，书题从第二部分研究内容中提出。十册单行本顺序原则上按《史记》原书五体顺序，即本纪、世家、列传顺序排列，在同一体中的人物排序基本原则是以时代为序，通史序列本当如此。但世家、列传个别篇目以类相从打破了时间序列，例如世家中《孔子世家》在《赵世家》之后；列传中记载张骞活动的《大宛列传》在《司马相如列传》之后。本辑丛书，同一体则按历史人物活动的年代先后为序。所以十册书目如次：

1. 人文始祖黄帝
2. 千古一帝秦始皇
3. 平乱诛暴汉高祖
4. 西汉盛世文帝景帝
5. 至圣先师孔子
6. 胡服骑射赵武灵王
7. 兵家之祖孙武子
8. 西域使者张骞
9. 一代辞宗司马相如
10. 千秋史圣司马迁

众所周知，《史记》是一部文史名著，鲁迅评价其为"史家之绝唱，无韵之《离骚》"，这仅仅是《史记》的艺术价值。《史记》的思想价值更为崇高，司马迁定位《史记》是一部人伦道德教科书。《史记·十二诸侯年表序》称：孔子"西观周室，论史记旧闻，兴于鲁而次《春秋》，上记隐，下至哀之获麟，约其辞文，去其烦重，以制义法，王道备，人事浃"。所谓"王道备，人事浃"就是为后王立法，为人伦立则。《太史公自序》说得更直白："夫《春秋》，上明三王之道，下辨人事之纪。"《史记》效《春秋》，全书从内容到形式都在实践为后王立法、为人伦立则的理想。《史记》的形制五体结构像一座宝塔，形象地反映了礼制国家的等级秩序。《史记》内容贯通历史三千年，是古代中华文化的浓缩。《史记》创立纪传体，以人为中心述史，描写人生百态，惩恶扬善，每个人都能从《史记》中找到对照自己的榜样。本辑《史记》人物系列十本书目，涉及十七个历史人物（未计七十子），包括政治家、军事家、外交家、文化伟人与英杰，而突显的就是为后王立法、为人伦立则这一主题。司马迁十分自信地宣称，全社会的人，君臣父子都要读《春秋》，如果不读《春秋》，君不像君，臣不像臣，父不像父，子不像子。"君臣父子"，是司马迁对全社会人际关系的浓缩，也就是"君臣父子"，指代全社会各阶层的人士，上至帝王，下至黎民。《史记》是全中国人人必读的一部国学根柢书。根是树木之本。柢指树之直根。俗话说"根深叶茂"，只有根深扎于土壤之中，才能使树木稳固并茁壮生长。根柢两字叠用，加强树之本的意义。中华文化有五千年历史，将其比作一棵参天大树的话，《史记》就是这棵大树之根之柢，即中华文化之本之源。全社会的人读了《史记》，提高自己的修养，社会就和谐了。所以《史记》生命之树常青，并日益走向普及。可以说《史记》是一部古籍畅销书。《史记》蕴含的百科知识，文学、史学的艺术价值，其中各色历史人物所起的榜样借鉴作用，决定了《史记》是一部开卷有益的书。《史记疏证》单行本把解读《史记》与研究《史记》结合起来，雅俗共赏，是包括研究者与爱好者在内的广大读者群体阅读和欣赏的读物，是学术研究走向普及大众的一种尝试，具有开创意义。

本书《兵家之祖孙武子》，解读《史记》的《孙子吴起列传》，评介春秋战国时三大军事家的事迹。该传"孙子"所指是齐国两大军事家，春秋时孙子孙武与战国时孙子孙膑。两位孙子均有兵法传世。孙武兵法十三篇，世称《孙子兵法》，最负盛名，现在已走向了世界。《孙膑兵法》失传，1973年山东银雀山汉墓出土了残篇。与两位孙子合传的吴起，也是战国时大军事家，他与孙膑同时但稍早用于世，先后在鲁国、魏国、楚国为将，从未打过败仗。吴起也著有兵法，称《吴子兵法》，原有48篇，今仅存6篇。三大军事家，孙膑、吴起两人均有实写，而对举世无双的最伟大的军事家孙武，司马迁只是虚写。孙武以小国之师——只有数万之众的吴国军队，打败齐国、晋国、楚国这些大国、强国。史称孙武率三万之师，天下无敌。这一战役，就是指公元前506年孙武率三万吴兵，长途奔袭两千余里，五战五胜攻破楚国都城的破楚之战。这一战圆了伍子胥报仇雪恨的梦，实现了伍子胥反抗一国之君施暴而雪耻的奇迹，这也是中外战争史上不可多见的奇迹，司马迁只写了两句话，六个字："西破强楚，入郢。"孙武全传只有406个字，主要篇幅只写了"吴宫教战"一件轶事、一个情节，或者说一个场面就写活了一个大军事家的灵魂和素质。"吴宫教战"，突显了打胜仗的军事统帅的两个素质：一是从严治军，做到令行禁止，树立统帅的至高权威；二是将在军，君命有所不受，统帅要有独立的指挥权。这两点用孙武的话说就是:"威行于众,严行于吏,三军信其将威者,乘其敌。"① 全军都听从统帅命令,信服统帅的权威,就能打败敌人,因为全军就是一个人。司马迁未作评论,没有说教,只用"吴宫教战"一件事就把克敌制胜的将军形象深深印入读者的心灵。所以本书以"兵家之祖孙武子"命题,注译了《孙子兵法》,选录三篇论文都是评述孙武的,目的就是突显兵圣孙武的风采。《白起王翦列传》所写的是战国时代最负盛名的两位军事家、统帅,他们对秦并天下做出了决定性的贡献,可以与孙吴相提并论,故将两传疏证编入一书。

本书由张大可、赵国华两人合作编著。张大可,《史记疏证》学术工程主持人,中央社会主义学院教授,北京师范大学历史学院特聘教授,中国史记研究会会长。赵国华,华中师范大学历史文化学院教授,中国秦汉史研究会副会长。赵国华提供《孙子吴起列传》、《白起王翦列传》两篇疏证长编,以及《孙子兵法注译》。选录的三篇论文,原载2011年中国史记研究会第十届年会论文集《史记论丛》第八集,作者三人:赵国华,《司马迁与孙子学》一文作者。王立群,《〈史记〉与〈孙子兵法〉》一文作者,河南大学历史系教授,中国史记研究会顾问。杨燕起,《〈史记〉所撰孙武之传的历史价值》一文作者,北京师范大学历史学院教授,中国史记研究会常务理事。

---

① 《银雀山汉墓竹简·孙子兵法》下编《吴王问》。

《史记疏证》凡例

《史记疏证》宗旨："熔古今研究成果于一编，聚海内志同时贤于一堂。"打破传统古注以字、词为单元的微观解读模式，代之以语释字面意义和立目讲疏的宏观通解，创造一种雅俗共赏的新注新疏体例。《史记疏证》内容体例分为：题评、集注、立目讲疏、语译、集说五项。题评、语译、集说三项由项目主持人一体完成。疏证参编作者完成集注、立目讲疏两项长编，在行文中合称集注，由主持人逐篇修订完成，以保证全书风格一致。

1. 题评。置于篇前，分为"题解"与"评说"两项内容，宏观阐释全篇内容。"题解"取自张大可《史记全本新注》之"题解"，行文称"张大可曰"；"评说"取自韩兆琦《史记题评》，行文称"韩兆琦曰"。

2. 集注条目。行文以金陵书局本为底本，参考通行本施以新式标点，以自然段为单元。每一单元的条目原则以句为单位，用阿拉伯数字与集注文连接。三家注文列于条目行文之下，在集注文之前。三家注佚文，主要是从《史记会注考证》辑录的《正义佚文》，参阅张衍田考证本《史记正义佚文辑校》，补入本书，用方框号 正义佚文 字样标示，直接并入三家注中。

3. 集注。本书注文要求用白话解读原文的字面意义，称之为"集注"，以当代注家为主，采录的主要有五家：（1）张大可《史记全本新注》（包括《史记通解》本），省称"《新注》曰"；（2）王利器主编，四十余位作者协作的《史记注译》,省称"《注译》曰";(3) 吴树平主编,三十余位作者协作的《史记全注全译》,省称"《全注》曰";(4) 韩兆琦《史记笺证》,省称"《笺证》曰";(5) 杨燕起《史记全译》,省称"《全译》曰"。近人注家着重采录四家:(1) 泷川资言《史记会注考证》,省称"《考证》曰"或"泷川曰";(2) 施之勉《史记会注考证订补》,省称"《订补》曰";(3) 王叔岷《史记斠证》,省称"《斠证》曰";(4) 陈直《史记新证》,省称"《新证》曰"。以上省称只限于"集注"中,在"立目讲疏"中视行文环境可称为"某某曰",引文后括注书名。四字书名不简称,超出四字的简称为四字或三字。如李人鉴《太史公书校读记》简称为《校读记》;泷川氏《史记会注考证》简称《考证》;张照等人的清武英殿本《考证》,简称殿本《考证》,加"殿本"二字以资区别。省称为的是节省篇幅。偶引其他时贤注家以及他书,作者姓名与书名并列,如"袁珂《中国古代神话》曰"。引用论文资料直标某某曰,并在引文后括注篇名,如:"陈桐生曰云云……"(《简论五帝本纪》)。若在第一篇中多次引用同一作者,其书名、篇名只在第一次出现时括注,第二次以下引用只注某某曰,省去书名括注。引用泷川资言《史记会注考证》中资料简称为"《考证》引某某曰",引用泷川资言的按语称"泷川曰"或"泷川《考证》曰"。引用凌稚隆《史记评林》,凡凌氏按语称"凌稚隆曰",非凌氏按语总称"《史记评林》引",或直称某某曰。引用前人的专题论著,径称某某曰,如梁玉绳《史记志疑》称"梁玉绳曰",崔适《史记探源》称"崔适曰",余类推。著名版本,如"宋黄善夫本"简称"黄本","元彭寅翁本"简称"彭本",一般版本简称某某本,如"张杅本"、"蔡梦弼本",等等。

4. 立目讲疏。凡注文不能包含的内容,尤其是历代以来宏观研究的问题,均在注文后分类别起标出,可因事立目,用【集校】【存异】【存疑】【考辨】【实证】【研讨】【资料摘引】等事类以别之。凡须辨析、考证、研讨、考古新成果、文献新发现、史事补述等,尽可能提炼出条目,融汇古今人的研究成果于一编,以飨读者。

5. 语译。全篇注文后为"语译",整篇贯通使读者有完整的轮廓概念。语译行文的大段落加段意提示,启迪读者思维。

6. 集说。全篇"语译"之后,加分类"集说",各篇"集说"视内容分类条列,切合实际,不强求一律。《五帝本纪》的"集说"分为"论宗旨"、"论断限"、"论实证"、"论书法"、"论司马迁历史观"等类目,从各个方面进行宏观疏解。

7. 史记总论。《史记疏证》分为上编、下编两大部分。上编为《史记》全本一百三十篇分篇疏证,共分二十分册出版;下编为通解《史记》的专题论著,题名为"史记总论"。总论分卷出版,共分为十二个专题,具体书目如下:

第一卷　司马迁评传
第二卷　史记学论纲
第三卷　史记精言妙语
第四卷　史记文献与编纂学
第五卷　史记疑案研究
第六卷　史记史学研究
第七卷　史记文学研究
第八卷　司马迁思想研究
第九卷　史记研究史与史记研究家
第十卷　史记地图集
第十一卷　史记地名索引汇释（分上、中、下三卷）
第十二卷　史记论著提要与论文索引

目 录

史记疏证　孙子吴起列传 …………………………………… 1

史记疏证　白起王翦列传 …………………………………… 73

兵家之祖孙武子 ……………………………………………… 129
　《孙子兵法》十三篇注译 ………………………………… 131
　司马迁与孙子学 …………………………………………… 174
　《史记》与《孙子兵法》 ………………………………… 187
　《史记》所撰孙武之传的历史价值 ……………………… 197

史记疏证
孙子吴起列传

补 白

孙 武　（唐）周昙

理国无难似理兵，兵家法令贵遵行。
行刑不避君王宠，一笑随刀八阵成。

孙 武　（清）徐公修

兵法十三篇手撰，雄才深荷阖庐知。
行军阃外成名将，教战宫中斩宠姬。
力助东方吴国霸，长驱西破楚人师。
马陵后裔孙膑起，能策庞涓到死期。

题 评

【题解】

张大可曰：本篇是孙武、孙膑、吴起三人的合传，庞涓附传。在古代，"子"是对人的尊称，在篇中"孙子"既称孙武，亦称孙膑。孙膑是孙武的后代。

【评说】

韩兆琦曰：这是一篇孙武、孙膑、吴起的合传，由于《史记》中再没有庞涓列传，所以这篇作品又有包括庞涓在内的四人合传的意义。这篇作品的思想和艺术有如下几点：

其一，它歌颂了孙武、孙膑、吴起三个人的本领才干，高度评价了他们的历史功绩，充分肯定了他们的人生价值。吴王阖庐由于任用了孙武，结果"西破强楚，入郢，北威齐晋，显名诸侯"；齐威王由于任孙膑为军师，结果大破魏军于马陵道，杀死其大将庞涓；吴起在为魏国镇守西河时，"秦军不敢东向，韩赵宾从"，后来在楚国实行变法，结果"南平百越，北并陈蔡，却三晋，西伐秦"。而他们自己也因此"名显天下，世传其兵法"。有人说司马迁"爱奇"、"爱才"，其实我觉得这表现了司马迁的一种人生观、价值观。他在《太史公自序》中曾说："扶义俶傥，不令己失时，立功名于天下，作七十列传。"又在《伯夷列传》中引用孔子的话说："君子疾没世而名不称焉。"这些都是完全一致的。

其二，它赞颂了一种不怕挫折、忍辱奋斗，终于报仇雪耻、功成名遂的英雄气概，一种重建自己高尚人格的大义行为。这点特别体现在孙膑身上，司马迁对孙膑特别念念不忘，他在《太史公自序》中说："昔西伯拘羑里，演《周易》；孔子厄陈蔡，作《春秋》；屈原放逐，著《离骚》；左丘失明，厥有《国语》；孙子膑脚，而论兵法；不韦迁蜀，世传《吕览》；韩非囚秦，《说难》、《孤愤》；《诗》三百篇，大抵圣人发愤之所为作也。"在《报任安书》中又说:"古者富贵而名摩灭,不可胜记,唯倜傥之人称焉。盖文王拘而演《周易》;仲尼厄而作《春秋》;屈原放逐,乃赋《离骚》;左丘失明,厥有《国语》;孙子膑脚,《兵法》修列;不韦迁蜀,世传《吕览》。"接着后面又说:"乃如左丘无目,孙子断足,终不可用,退而论书策,以抒其愤,思垂空文以自见。"其倾心赞赏之情,溢于言表。

其三,表现了司马迁从感情上对法家人物的厌恶,这个特点表现在对待吴起上。吴起不仅是战国时期著名的军事家,而且是当时杰出的政治家,但司马迁由于不喜欢他,便写入了他的杀妻求将,杀"谤己者三十余人",以及让一个小卒的母亲说"往年吴公吮其父,其父战不旋踵,遂死于敌。吴公今又吮其子,妾不知其死所矣"。同时还在作品中通过他人的嘴说吴起是"猜忍人",又在《太史公自序》中说吴起"刻暴少恩",如此等等,其偏颇与《商君列传》里说商鞅"天资刻薄",《袁盎晁错列传》里说晁错"变古乱常,不死则亡"完全相同。这是司马迁《史记》中议论历史人物最不公平的事例之一。

其四,表现了司马迁对吴起悲剧命运的同情,和对那些妒才忌能者们的无限愤怒。吴起在鲁国为将,大破强齐,结果由于鲁国"恶吴起"者的进谗言,"鲁君疑之,谢吴起";吴起在魏国建树很多,"甚有声名",结果,魏相公叔与其仆施行反间计,使得魏武侯对吴起"疑之而弗信也";最后,当吴起在楚国变法取得重大成效时,被损害了既得利益的旧贵族与国外势力相互勾结,趁楚悼王死时发动政变,竟将吴起杀害了。这种写法表明,司马迁尽管对吴起的为人不大满意,但是,他的到处受排挤、受迫害,以至于最后被杀,却是无辜的,是令人同情的。而那些妒贤嫉能、施奸计害人的小人,则是没有一个朝代不存在,这也是司马迁在《史记》中所愤慨、所着力批判的问题之一。

其五,这篇作品的艺术性,或者说它的小说性、戏剧性是很强的。首先,孙武为吴王练女兵一节就奇峰突起,引人入胜。但这种光靠杀人立威,还难以显示出大将之才,而且其情节也与《司马穰苴列传》略显雷同,不足多誉。这篇作品最精彩的地方是马陵道之战,其中写孙膑的进兵减灶,写马陵道的周密设谋,写庞涓兵败自杀前还说什么"遂成竖子之名"的那种对孙膑的认输而不服气之情,都十分精彩。这是《史记》中描写情节、场面最生动的篇章之一。

史记疏证　孙子吴起列传 5

集　注

　　孙子武者,齐人也①。以兵法见于吴王阖庐②。阖庐曰:"子之十三篇,吾尽观之矣③,可以小试勒兵乎④?"对曰:"可。"阖庐曰:"可试以妇人乎?"曰:"可。"于是许之,出宫中美女⑤,得百八十人。孙子分为二队,以王之宠姬二人各为队长⑥,皆令持戟⑦。令之曰:"汝知而心与左右手背乎⑧?"妇人曰:"知之。"孙子曰:"前,则视心;左,视左手;右,视右手;后,即视背⑨。"妇人曰:"诺。"约束既布⑩,乃设鈇钺⑪,即三令五申之⑫。于是鼓之右⑬,妇人大笑。孙子曰:"约束不明,申令不熟,将之罪也。"复三令五申而鼓之左,妇人复大笑。孙子曰:"约束不明,申令不熟,将之罪也;既已明而不如法者⑭,吏士之罪也⑮。"乃欲斩左右队长。吴王从台上观,见且斩爱姬,大骇。趣使使下令曰⑯:"寡人已知将军能用兵矣。寡人非此二姬,食不甘味⑰,愿勿斩也。"孙子曰:"臣既已受命为将,将在军,君命有所不受⑱。"遂斩队长二人以徇⑲。用其次为队长⑳,于是复鼓之。妇人左右前后跪起皆中规矩绳墨㉑,无敢出声。于是孙子使使报王曰:"兵既整齐,王可试下观之,唯王所欲用之㉒,虽赴水火犹可也。"吴王曰:"将军罢休就舍㉓,寡人不愿下观。"孙子曰:"王徒好其言㉔,不能用其实。"于是阖庐知孙子能用兵,卒以为将㉕。西破强楚,入郢㉖,北威齐晋㉗,显名诸侯,孙子与有力焉㉘。

　　①孙子武者,齐人也〔一〕
　　〔一〕正义魏武帝云:"孙子者,齐人。事于吴王阖闾,为吴将,作兵法十三篇。"

《全注》曰:"本篇为两个孙子作传,先叙孙武,故称孙子武。孙是氏,子是尊称,武是名。其事迹除本书,还见于银雀山汉简《见吴王》和《吴越春秋·阖闾内传》等。宋代《新唐书·宰相世系表》和《古今姓氏书辩证》称孙武字长卿,是齐大夫田书(《左传》昭公十九年作"孙书")之孙;因田鲍四族作乱,奔吴。但所述世系和史实与《左传》有出入。"《笺证》曰:"《汉书·古今人表》与《艺文志》皆称孙武为'吴人'。"《订补》曰:"《群书治要》无'子'字,《北堂书钞》一百三十九、《册府元龟》三百九十一亦无'子'字。"按:齐,周代姜姓封国,春秋末期有今山东东部和河北东南一部分地区,国都临淄(今山东淄博)。详见《齐太公世家》。

【考辨】

孙武其人

关于孙武其人,历代学者质疑不绝。叶适曰:"自周之盛,至春秋,凡将兵者,必预闻国政,未有特将于外者。六国时此制始改。吴虽蛮夷,而孙武为大将,乃不为命卿,而《左氏》无传焉,可乎?故凡谓(司马)穰苴、孙武者,皆辩士妄相标指,非事实。"(《习学记言序目》卷四十六)陈振孙曰:"世之言兵者祖孙氏,然孙武事吴阖闾而不见于《左氏传》,未知其果何代人也。"(《直斋书录解题·兵书类》)全祖望曰:"《左氏春秋》内外传纪吴事亦颇详,然绝不一及孙子,即《越绝》诸书出于汉世,然亦不甚及孙子。故水心疑吴原未尝有此人,而其书其事皆纵横家伪为者,可以补《七略》之遗,破千古之惑。至十三篇之言,自应出于知兵者之手,不可按之以责孙子之不售也。"(《鲒埼亭集·孙武子论》)姚际恒曰:"孙武者,其有耶?其无耶?其有之耶,不必如史迁之所云耶。"(《古今伪书考》)钱穆曰:"《史记·孙吴列传》有孙武为吴将兵。《汉书·艺文志》有《吴孙子兵法》八十二篇,而本传则称十三篇。然其人与书,盖皆出后人伪托。叶水心、全谢山、姚姬传、章实斋均有发明。余读《孙子》'五校',首之以道,而后天地,此必自庄周后乃知有此;其曰'斗众如斗寡,形名是也',形名之语,亦起战国中晚,则《孙子》十三篇,洵非春秋时书,其人则自齐之孙膑而误。"(《先秦诸子系年·孙武辨》)更有甚者,李人鉴曰:"此传所载孙武事,疑皆后人所附益,非史公之旧。史公未尝为孙武作传,其所作

史记疏证　孙子吴起列传

《吴世家》、《伍子胥列传》亦未尝叙及孙武事也。余观银雀山汉墓竹简有《见吴王篇》，亦记孙武见吴王阖庐以兵法试诸妇人之事。此盖小说家言，西汉时已广为流传矣。然史公未必信其事而为之传也。"（《校读记》）

然对此类质疑，有学者做出回应。宋濂曰："武，齐人，吴阖闾用以为将，西破强楚入郢，北威齐晋，显名诸侯。叶适以不见载于《左传》，疑其书乃春秋末战国初山林处士之所为，予独不敢谓然。春秋时，列国之事，赴告者则书于策，不然则否。二百四十二年之间，大国若秦、楚，小国若越、燕，其行事不见于经传者有矣，何独武哉？"（《孙子辨》）胡应麟曰："孙武之谭兵，当在穰苴之后、吴起之前，叶正则以《左传》无之而并疑其人，则太过。然武为吴将入郢，其说或未尽然。丘明于吴事最详练，又喜夸好奇，武灼灼吴楚间，不应尽没其实。"（《少室山房笔丛》）孙星衍曰："孙子为吴将兵，以三万破楚二十万，入郢，威齐晋之功，归之子胥，故《春秋传》不载其名，盖功成不受官。《越绝书》称'巫门外大冢，吴王客孙武冢'，是其证也。"（《孙子兵法序》）毕以珣曰："孙子生于敬王之代，故周秦两汉诸书，皆多袭用其文。陈氏于此，犹有不尽信之言，疏谬甚矣。""《孙子》惟为古书，故先秦两汉多述其文。东汉以后，诸传记所征引者，更不可以悉举。乃陈氏忽疑其书，并疑其人，何也？"（《孙子叙录》）陈清泉曰："孙武被擢为吴将，破楚入郢，实伟勋也。然《左传》记破楚事，而不见武之名，故叶适及陈振孙对于孙武有疑辞。前者疑其书曰：'春秋之末战国之初，山林之处士所为。'后者疑其人曰：'不知何时人。'盖不知武在阵中，只为吴客卿，而运筹决策，吴之将军，表面上为伍员也。故《左传》虽叙伍员之功绩，而不著孙武之筹策。《史记》能通此间之消息，故曰：'西破强楚而入郢，北威齐晋，而名显诸侯者，孙子与有力焉。'此岂非以孙武为伍员之幕宾，而归战捷之功名于主将者耶？《越绝书》云：'巫门外之大冢，即吴王之客孙武之冢。'亦明当年之消息者也。岂可以《左传》不见孙武之名，遂没却其功绩，且抹杀其人，果何意乎？叶适、陈振孙之说即此类也。梅圣俞评《孙子》曰'战国相倾之说'，亦此类也。"（《诸子百家考》）

按：有关孙武的生平，最早见于战国时期的一些著作，如临武君与荀子论兵，称"善用兵者感忽悠暗，莫知其所从出，孙吴用之，无敌于天下"（《荀子·议兵》）；战国后期，尉缭著兵法，认为"有提十万之众而天下莫当者谁，曰桓公也。有提七万之众而天下莫当者谁，曰吴起也。有提三万之众而天下莫当者谁，曰武子也"(《尉缭子·制谈》)。此所谓"孙吴"，被解释为孙武、吴起的合称；而所谓"武子"，又被解释为孙武。20世纪70年代以来，在山东临沂银雀山、青海大通上孙家寨等处汉墓相继发掘出《孙子兵法》及其佚文简牍。银雀山汉简抄录于《史记》成书之前，内容包括《孙子兵法》和《孙膑兵法》，既有"吴王问孙子"，又有"齐威王问孙子"。前一个"孙子"指孙武，后一个"孙子"指孙膑，这表明孙武和孙膑是两个人。其中记述孙武生平者，有《见吴王》、《吴王问》两篇。《见吴王》叙述孙武与吴王阖闾会晤及吴宫教战的情景：阖闾先至"孙子之馆"，孙武谈到"兵，利也，非好也；兵，□也，非戏也"，继而受命召集妇人，委任司马和舆司空，分作"二阵"操练，最后指出"威行于众，严行于吏，三军信其将威者，乘其敌"(《银雀山汉墓竹简·孙子兵法》)。这些与《孙子列传》相对照，内容大致相同。特别是该篇末记下通篇字数为"千□十五"，超过《孙子列传》两倍，显然更为翔实。《吴王问》记述孙武对晋国发展趋势的预测：通过分析土地制度、税收制度、公家与私家的经济状况、诸大夫与臣下的关系等因素，孙武认为晋国的政治斗争必然导致诸大夫的灭亡，先是范、中行两家，次是智氏，再是韩、魏两家，最终政权归于赵氏。这一预测不完全准确，但表明孙武的政治见解并非单纯的军事观点，而有较为开阔的视野。司马迁依据有限的资料，第一个为孙武立传。《孙子列传》与其他传记一样，并非凭空杜撰故事，而是严肃编纂历史。所以，要了解孙武的生平，还有赖于本传。

此外，孙武是齐人还是吴人，也是一个有争议的话题。本传称孙武为"齐人"，然《汉书·古今人表》称"吴孙武"，《艺文志》称"吴孙子兵法"，《吴越春秋·阖闾内传》称"孙子者，名武，吴人也"，与本传不一致。梁玉绳曰："考《唐表》孙氏世系，陈无宇之子书，伐莒有功，赐姓孙。生凭，字起宗。生武，字长卿，奔吴。子明，食采富春，为富春人。"按：据《史记》、《吴越春秋》及《新唐书·宰相世系表》、《古今姓氏书辩证》所记载，孙武出生于齐国，而成名于吴国。若依祖籍或出生地来说，孙武应为齐人；依定居于吴，成名于吴，亦可称吴人。

② 以兵法见于吴王阖庐

《全注》曰："兵法：用兵之法，这里指孙武的兵书。汉唐时期，人们往往把《孙子兵法》简称为《兵法》。"按：吴，周代姬姓封国，始祖是太王之子太伯、仲雍，国都在吴（今江苏苏州），有今江苏、上海大部分和安徽、浙江一部分地区。阖庐：又作"阖闾"，汉简作"盖庐"，姓姬名光，春秋末期吴国的国君，公元前514—前496年在位。详见《吴太伯世家》。

③子之十三篇〔一〕，吾尽观之矣

〔一〕正义《七录》云《孙子兵法》三卷。案：十三篇为上卷，又
有中下二卷。

《新注》："今本《孙子兵法》十三篇，以曹操注者为有名，篇目有《始计》、《作战》、《谋攻》、《军形》、《兵势》、《虚实》、《军争》、《九变》、《行军》、《地形》、《九地》、《火攻》、《用间》等十三篇。"

【考辨】

《孙子兵法》十三篇

《孙子兵法》十三篇，是不是孙武所作？自宋代以来，备受学者质疑。兹分两个问题来谈，一是作者，二是篇数。

关于《孙子兵法》的作者，由于《左传》没有孙武的记述，《孙子兵法》的个别字句不符合春秋时期的战争状况，加之拘泥于"春秋无私人著述"说，自北宋以来，及近代许多著名的学者否认《孙子兵法》为孙武所作，并否认孙武其人。梅尧臣曰："此战国相倾之说也，三代王者之师，司马九伐之法，武不及也。"(《欧阳修全集》卷四十二《孙子后序》）叶适曰："详味《孙子》与《管子》、《六韬》、《越语》相出入，春秋末战国初山林处士所为，其言用于吴者，其徒夸大之说也。"(《习学记言序目》卷四十六）姚鼐曰："吴容有孙武者，而十三篇非所著，战国言兵者为之，托于武焉尔。"(《惜抱轩文集》卷五《读〈孙子〉》）全祖望更认为，叶适"疑吴原未尝有此人，而其书其事皆纵横家伪为者，可以补《七略》之遗，破千古之惑。至十三篇之言，自应出于知兵者之手，不可按之以责孙子之不售也"。(《鲒埼亭集》卷二十九《孙武子论》）直至近代，仍有学者坚持旧说，否认孙武著书。如梁启超曰："此书若指为孙武作，则可决其伪，若指为孙膑作，亦可谓之真。"(《中国历史研究法》）钱穆曰："孙武其人与书，皆出于后人伪托，《孙子》十三篇，洵非春秋时书，其人则自齐之孙膑而误。"(《先秦诸子系年·

孙武辨》）李丕基曰："孙武其人实在疑似之间，而孙子十三篇则确出于孙膑之手。"（《〈孙子〉十三篇释疑》）对于这些质疑，亦有学者驳斥。宋濂曰："叶适以不见载于《左传》，疑其书乃春秋末战国初山林处士之所为，予独不敢谓然。春秋时，列国之事，赴告者则书于策，不然则否。二百四十二年之间，大国若秦、楚，小国若越、燕，其行事不见于经传者有矣，何独武哉？"（《诸子辨》）胡应麟曰："《孙武》十三篇，百代谭兵之祖。考《汉艺文志》有八十二篇，杜牧以曹公芟其繁芜，笔其精粹，以此成书。然太史武传固有'十三篇'之目，而其文章之妙绝出古今，非魏晋所能润削。意十三篇者，如后世所称卷轴，而八十二者则其卷中之篇，即《始计》、《用间》之类也。"（《少室山房笔丛》）四库馆臣曰："叶适以其人不见于《左传》，疑其书乃春秋末战国初山林处士之所为。然《史记》载阖闾谓武曰：'子之十三篇，吾尽观之矣。'则确为武所自著，非后人嫁名于武也。"（《四库全书总目》卷九十九《子部》）

关于《孙子兵法》的篇数，本传称作"十三篇"，而《汉书·艺文志》著录八十二篇、图九卷。何故有此差异？杜牧曰："武所著书，凡数十万言，曹魏武帝削其繁剩，笔其精切，凡十三篇成为一编。"（《樊川文集》卷十《注孙子序》）宋濂曰："《孙子》自《始计》至《用间》，凡十三篇。《艺文志》乃言八十二篇，杜牧信之，遂以为武书数十万言，魏武削其繁剩，笔其精粹，以成此书。按《史记》阖闾谓武曰：'子之十三篇，吾尽观之。'与此正合。《汉志》出《史记》后，牧之言要非是。"（《诸子辨》）清四库馆臣曰："考《史记·孙子列传》，载武之书十三篇，而《汉书·艺文志》乃载《孙子兵法》八十二篇、图九卷。故张守节《正义》以十三篇为上卷，又有中、下二卷。杜牧亦谓武书本数十万言，皆曹操削其繁剩，笔其精粹，以成此书。然《史记》称十三篇，在《汉志》之前，不得以后来附益者为本书，牧之言固未可以为据也。"（《四库全书总目》卷九十九《子部》）梁玉绳曰："《汉志》、《孙子》八十二篇，《正义》引《七录》云《孙子兵法》三卷。此言十三篇，何欤？《困学纪闻》十曰：'杜牧注《孙子》，序云："孙武著书数十万言，魏武削其繁剩，笔其精切，凡十三篇，因注解之。"考《史》本传，非笔削为十三篇也，岂专指其上卷乎？'"（《史记志疑》）毕以珣曰："八十二篇者，其一为十三篇，未见阖闾时所作，今所传《孙子兵法》是也。其一为《问答》若干篇，既见阖闾所作，即诸传记所引遗文是也。一为《八阵图》，郑注《周礼》引之是也。一为《兵法杂占》，《太平御览》所引是也。外又有《牝八变阵图》、《战斗六甲兵法》，俱见《隋经籍志》。又有《三十二垒经》，见《唐艺文志》。按：《汉志》惟云八十二篇，而隋、唐志于十三篇之外，又有数种，可知其具在八十二篇之内也。"（《孙子叙录》）孙诒让曰："《汉艺文志》兵权谋家《吴孙子兵法》八十一篇、图九卷。《史记》：'孙武以兵法见于吴王阖闾，阖闾曰："子之十三篇，吾尽观之矣。"'与今本同。毕以珣《孙子叙录》谓'十三篇在八十一篇内'，是也。《吕氏春秋·上德篇》高注云'孙武，吴王阖闾之将也，兵法五千言'，是也。今宋本曹注《孙子》，凡五千九百一十三字，高盖举成数言之。"（《札迻》）

按：历代典籍记载的差异，着实给《孙子兵法》掩盖上漫天迷雾。1972年山东临沂银雀山汉墓竹简《孙子兵法》、《孙膑兵法》的发现，使这一漫天迷雾得以廓清，这是学术界的一大幸事。出土文献证明《孙子兵法》和《孙膑兵法》不是一部书，西汉前期有两部《孙子》流传于世。到了西汉后期，任宏整理传世兵书，仍列出两部《孙子》：《孙子兵法》称《吴孙子》，《孙膑兵法》称《齐孙子》。至于《孙子兵法》原书的篇数，本传所述，《孙子兵法》十三篇，出土简牍亦作"十三篇"，可见《孙子兵法》原书为十三篇无可置疑。现在我们可以推断，《孙子兵法》十三篇成于孙武进见阖闾之前，即阖闾三年（公元前512年）之前。这十三篇单独成册，一直流传到西汉前期。所谓"世俗所称师旅，皆道《孙子》十三篇"，即指十三篇本。西汉后期，刘向、刘歆父子整理文献，任宏负责整理《孙子兵法》，除十三篇本之外，又收集到许多篇章，其中包括孙子后学之作，总计八十二篇、图九卷，汇辑成一种新的文本，可称为八十二篇本。该文本包含十三篇，一直保存到东汉末期，而十三篇本仍旧单传，还留下一些抄本。曹操撰写《孙子略解》，采用十三篇本为底本，对校过不同版本，来说明字句差异。汉末遭董卓之乱，皇室藏书荡然无存，八十二篇本随之散佚，除上述《牝八变阵图》、《兵法杂占》、《问答》等遗文之外，唯有十三篇本流传至今。今本十三篇依次是《始计》、《作战》、《谋攻》、《军形》、《兵势》、《虚实》、《军争》、《九变》、《行军》、《地形》、《九地》、《火攻》、《用间》，共计六千余字。

④可以小试勒兵乎

《注译》曰："小试：小规模地试验，指操演阵势；勒兵：用兵法指挥军队。"《新注》曰:"勒兵:整训军队,部署军队,这里指操练。"

⑤出宫中美女

《考证》曰:"枫山、三条本'女'作'人'。"《校读记》曰:"北宋景祐监本作'美人',《孙子》十家注卷首所录《孙子本传》亦作'美人'。各本'人'作'女',殆后世传抄之误。"

⑥以王之宠姬二人各为队长〔一〕

〔一〕 索隐 上音徒对反。下音竹两反。

⑦皆令持戟

《注译》曰:"戟(jǐ):古代的兵器,将戈矛合为一体,既能直刺,又能横击。"按:戟,用于近距离格斗。

⑧汝知而心与左右手背乎

《注译》曰:"而,同'尔',第二人称代词。"《新注》曰:"而,你;心,胸口;背,背后。"《笺证》曰:"而,你,你们;心,胸口,这里指'前';左右手,这里指'左'和'右';背,后背,这里指'后'。此句若改作'汝知而心、背与左右手乎',则前、后、左、右四个方位更觉显明。"

⑨后,即视背

《笺证》曰:"视自己的后背,即'向后'。"《校读记》曰:"如何'视背',殊难言之。且'汝知而心与左右手背乎'句,文字亦拙劣甚。使改云'汝知而心、背与左右手乎',并改下文为'前,则视心;后,即视背;左,视左手;右,视右手',文字即较通顺。余疑前人伪为《孙武传》时,或心、背连言,如上所述;或本未言及背,'左右手'后无'背'字,亦无'后,即视背'一语,必不至于如今《传》所云然也。"

⑩约束既布

《新注》曰:"约束:指上述的前后左右各项操练规程。"张文虎《札记》曰:"《御览》'布'作'毕'。"《笺证》曰:"布:宣布,下达。"

⑪乃设鈇钺

《全注》曰:"古代将军受命出兵,依礼要由国君亲赐斧钺;斧钺是征伐之权的象征,也是用来执法的刑具。"按:鈇,同"斧";钺,大斧。设置斧钺,意谓开始执法。

⑫即三令五申之

按:《订补》引瞿方梅曰:"案三令者,《吴越春秋》'乃令曰:一鼓皆振，二鼓操进，三鼓为战形'是也。故下文紧接云'于是鼓之'。五申，谓凡五申此令于军中耳。"《全注》曰："三、五，是三番五次之义，乃虚用数字；申，是重复命令之意，古时称二次命令为'申命'。"

⑬于是鼓之右

《注译》曰："击鼓传令，使她们向右。"《考证》引中井积德曰："鼓使之右也，其左右前后，盖以鼓节知之也，其法乃在约束中。"按：《孙子兵法·军争篇》曰："夫金鼓旌旗者，所以一人之耳目也。"鼓是先秦时代指挥军队的工具。

⑭既已明而不如法者

《新注》曰："不如法：不按规定的步法去操练。"

⑮吏士之罪也

《注译》曰："军官和士兵。"《全注》曰："即上'队长'的别名，上孙家寨汉简称队的长官为'士吏'，应即此'吏士'。"

⑯趣使使[一]下令曰

[一] 索隐 趣，音促，谓急也。下"使"，音色吏反。

《新注》曰："趣：同'促'，急忙。"《斠证》曰："《治要》、《御览》引此'使'字并不叠。《吴越春秋·阖闾内传》、《通典》并同。"按：使使，即派遣使者。

⑰食不甘味

《笺证》曰："吃东西没有香甜的滋味，极言其痛苦忧虑，心不在焉之状。"

⑱将在军，君命有所不受

《注译》曰："将帅在外面统帅部队，对国君的命令不能随意听从，以免贻误战机。"按：此语见于《孙子兵法·谋攻篇》论预测胜利之法，称"将能而君不御者胜"；《九变篇》论战时应变之法，称"君命有所不受"。

⑲遂斩队长二人以徇[一]

[一] 正义佚文 徇，行示也。

《笺证》曰："徇：载着尸首巡行示众。"

⑳用其次为队长

《新注》曰："用其次：依次用第二人为队长。"

㉑妇人左右前后跪起皆中规矩绳墨

《注译》曰:"中:符合;规矩绳墨:本指木工用来画圆、作方、取直的圆规、曲尺、墨线,这里比喻命令和纪律。"《新注》曰:"规矩绳墨:规以取圆,矩以取方,绳墨以取直,比喻约束命令。"《全注》曰:"古代队形操练的基本动作是所谓'坐作进退',坐是坐姿,作是由坐姿变为立姿,进是前进,退是后退;这里的'跪起'即指'坐作'。规矩绳墨是木匠用以制器的工具,这里指队形训练的规定和要求。"

㉒唯王所欲用之

《笺证》曰:"意即你怎么使唤她们都行。唯:听凭,任凭。"

㉓将军罢休就舍

《注译》曰:"请将军回到客栈去休息。"

㉔王徒好其言

《注译》曰:"徒:只;其:代一人称,我的。"

㉕于是阖庐知孙子能用兵,卒以为将

按:句意谓经过吴宫教战,阖闾知道孙子会用兵,就任命他为将军。《注译》曰:"卒:终于。"

【考辨】

吴宫教战辨

关于吴宫教战,究竟有无其事?历来备受质疑。叶适曰:"自周之盛,凡将兵者,必与闻国政,未有特将于外者,六国时此制始改。吴虽蛮夷,而孙武为大将,乃不为命卿,而《左氏》无传焉,可乎?故凡谓穰苴孙武者,皆辩士妄相标指,非事实。其言阖闾试以妇人,尤为奇险,不足信。且武自诡妇人可勒兵,然用百八十人为二队,是何阵法?且既教妇人,而爱姬为队长,则军吏不应参用男子,队长当斩,其谁任之?仓促辗转,武将自败之不暇,然谬误流传,但谓穰苴既斩宠臣,而孙武又戮爱姬也。"(《习学记言序目》)全祖望曰:"夫孙子亦安知兵?今世人之所共称,莫如以军令斩吴王宠姬一事,不知其乃七国人传闻,而太史公误信之者。夫吾亦何以知其斩宠姬之诬?盖即于入郢之师知之。当吴人之大举也,楚之来相拒者为子常,斯其人如沐猴而冠,而又疲于奔命之余,以遇常胜之师。兵未交而胆已落,其可以贺战胜也,固以尽人知之。若孙子之师律,则未见其有可恃也。方夫概王之独出也,大类晋河曲之赵穿，使其一掷，则事且未可知。然虽幸而得捷，而师律已紊，寡君之贵介弟遂有翘然自喜之心，卒之首偾于秦者，亦夫概而窃归自立之祸起焉。夫始则擅发而武不能禁，继则窃归而武不及知。古所谓大将之师，其进如风，其止如山者，不如是矣。"（《鲒埼亭集·孙武子论》）按：叶适、全祖望否认吴宫教战之事，然观今日学界，绝大多数学者谈及孙武的生平事迹，仍确认吴宫教战之事。大抵认为孙武有其人，即确认吴宫教战为史实；否认孙武有其人，则说这是虚构故事。重视《史记》的客观性，即确认吴宫教战为史实；强调《史记》的主观性，则说这是虚构故事。这样究竟孰是孰非？似乎很难做出判断。不过，银雀山汉简的发现可以证明：这一事迹不是司马迁杜撰。以司马迁修史的严谨态度，也不会随意杜撰历史。若说是战国时人编造，根本找不出相关的证据，只能属于主观臆断。

㉖西破强楚，入郢

《新注》："强楚入郢，事在公元前506年，事详《伍子胥列传》。"《笺证》曰："《左传》定公四年写伍子胥率吴兵破楚入郢事，无'孙武'其人，说孙武与伍子胥共同破楚者，实自《史记》始。"《考证》曰："枫山、三条本无'强'字。"按：楚：周代芈姓诸侯国，春秋末期有今湖北全部，湖南、河南、安徽、江西一部分地区，国都在郢，当时在各诸侯国中实力较强大。

㉗北威齐晋

《注译》曰："指公元前484年，吴救鲁败齐，在艾陵大败齐军，活捉齐将国书，以及公元前482年，吴王夫差与晋定公会盟黄池，争夺盟主这两件事。"按：晋：周代姬姓封国，春秋后期有今山西、河北、河南、陕西一部分地区，国都在绛，常为各诸侯国的盟主，详见《晋世家》。

㉘孙子与有力焉

《注译》曰："与：参与。"按：吴军破楚入郢，孙武为前敌指挥，史公记述其事，特言之"孙子与有力焉"。因此役吴王阖闾与伍子胥临战，名义上为总指挥，故《左传》书其名，而不言孙武，赖《史记》记实以存真。

　　孙武既死①，后百余岁有孙膑②。膑生阿鄄之间③，膑亦孙武之后世子孙也④。孙膑尝与庞涓俱学兵法⑤。庞涓既事魏，得为惠王将军⑥，而自以为能不及孙膑⑦，乃阴使召孙膑⑧。膑至，庞涓恐其贤于己，疾之⑨，则以法刑断其两足而黥之⑩，欲隐勿见⑪。

①孙武既死〔一〕

〔一〕集解《越绝书》⑴曰："吴县巫门外大冢，孙武冢也，去县十里。"索隐按：《越绝书》云是子贡所著，恐非也。其书多记吴越亡后土地，或后人所录。正义《七录》云《越绝》十六卷，或云伍子胥撰。

(1)《越绝书》：又名《越绝记》，是一部古代吴越区域杂史，今存十五卷。其作者或说是子贡，或说是伍子胥，而据《四库全书总目》判定，当是东汉袁康和吴平。

②后百余岁有孙膑

《注译》曰："孙膑，本名不传，因为他受过膑刑，所以就用'膑'来称呼他；但从下文'断其两足'来看，这里实际指刖刑，即砍去两脚。"按：梁玉绳曰："武死不知何时，若以吴入郢至齐败魏马陵计之，则百六十六年矣。萧山来氏集之《樵书》云：'腓刑曰膑，则是斩庞涓之孙子无名，不过指其刑刖两足而名之。传其事不传其名，何哉？'"

③膑生阿鄄之间

《新注》曰："阿：古邑名，在今山东阳谷县东北之阿城镇。鄄：即鄄城，在今山东鄄城北。"《注译》曰："鄄：卫邑，后属齐，在今山东鄄城县北。"

④膑亦孙武之后世子孙也

梁玉绳曰："《唐表》云'武生明，明生膑'。盖明虽食采富春，未久仍反齐，故《史》云'膑生阿鄄之间'，《汉志》亦称曰'齐孙子'也。至《吕览·不二》注云'孙膑楚人'，恐非。"按：孙膑为齐人，因本传明言"膑生阿鄄之间"，阿、鄄均属齐地，应无疑问。据《姓氏辨证书》曰："武生三子：驰、明、敌，明食采于富春，生膑，即破魏军擒太子申者也。"即武与膑为祖孙二人。参阅《史记会注考证订补》。

⑤孙膑尝与庞涓〔一〕俱学兵法

〔一〕索隐膑，频忍反。庞，皮江反。涓，古玄反。

《笺证》曰："谓同师而学兵法。后世小说家有曰孙膑与庞涓俱学兵法于鬼谷子,不知何据。"

⑥庞涓既事魏,得为惠王将军

魏:战国七雄之一,原有今河南北部和山西西南部地区,国都在安邑(今山西夏县),后遭受秦国的吞并,魏惠王三十一年(公元前339年)迁都大梁(在今河南开封西北),故又称为梁国,详见《魏世家》。惠王:魏惠王,又称梁惠王,魏武侯之子,姓姬名罃,公元前369—前319年在位。

⑦而自以为能不及孙膑

按:才能不如孙膑。能:才能,本领。

⑧乃阴使人召孙膑

按:阴使人:暗中派人。阴:暗中。《考证》曰:枫山、三条本"使"下有"人"字。

⑨疾之

按:疾:同"嫉",嫉妒,妒忌。

⑩则以法刑断其两足而黥之

按:《斠证》曰:"《御览》引'法刑'作'刑法'。"《新注》曰:"以法:假借法令以陷害之。黥:在犯人脸上刺字。"

⑪欲隐勿见

《考证》曰:"枫山、三条本'隐'下有'而'字。"《新注》曰:"想把孙膑埋没起来,不用于世。见:读'现'。"

齐使者如梁①,孙膑以刑徒阴见,说齐使②。齐使以为奇③,窃载与之齐④。齐将田忌善而客待之⑤。忌数与齐诸公子驰逐重射⑥。孙子见其马足不甚相远⑦,马有上、中、下辈⑧。于是孙子谓田忌曰:"君弟重射⑨,臣能令君胜。"田忌信然之,与王及诸公子逐射千金⑩。及临质⑪,孙子曰:"今以君之下驷与彼上驷⑫,取君上驷与彼中驷,取君中驷与彼下驷。"既驰三辈毕,而田忌一不胜而再胜⑬,卒得王千金。于是忌进孙子于威王。威王问兵法,遂以为师⑭。

①齐使者如梁[一]

[一] 正义 今汴州。

《新注》曰："梁：指魏国，因都大梁（今河南开封），史称魏为梁。"按：齐：指田齐，此时在位者为齐威王。如：往，到。

②孙膑以刑徒阴见，说齐使

按：刑徒：即罪犯，受过刑罚的人。阴见：暗中见面。说：劝说，游说。

③齐使以为奇

按：奇：指难得的人才。

④窃载与之齐

按：窃：暗地里，秘密地。之齐：抵达齐国的都城临淄。

⑤齐将田忌善而客待之

按：田忌：齐王室的宗亲，齐威王时任将军。善：指赏识孙膑的才能。客待之：把孙膑作为宾客来对待。

⑥忌数与齐诸公子驰逐重射

《新注》曰："诸公子：国君太子之外的众子。驰逐重射：下大赌注赛马。射：猜赌。"

⑦孙子见其马足不甚相远

《笺证》曰："马足：马的奔跑能力。足，足力。不甚相远：指参赛双方的马的足力、素质不差上下。"

⑧马有上、中、下辈

《新注》曰："上、中、下辈：即指下文的上驷、中驷、下驷三个等级的马力。辈，等级。"《笺证》曰："指双方的马都各自有上、中、下三等。"

⑨君弟重射〔一〕

〔一〕索隐 弟，但也。重射，谓好射也。

《新注》曰："弟重射：尽管下大赌注。"

【研讨】

重射辨

《史记评林》引董份曰："重射，谓以重相射，即下'千金'是也，注非。"崔适曰："此与下文'逐射千金'意同，谓其驰射注重金以博胜负也。《索隐》'重射，好射也'，失之。"《斠证》曰："《助字辨略》四云：'君第重射，此"第"字，但也，且也。《索隐》止训为"且"，义

史记疏证　孙子吴起列传　19

不备矣。'所据本'弟'作'第','第'与'弟'同。谓'《索隐》止训为且',未检及单本《索隐》耳。"

⑩与王及诸公子逐射千金〔一〕

〔一〕正义射音石。随逐而射赌千金。

《笺证》曰：下千金的赌注来比赛，看谁的马跑得快。李笠曰："逐，谓竞争也；逐千金，即争射千金。"千金：秦时以一镒（重二十两）为一金，汉时以一斤为一金。

⑪及临质〔一〕

〔一〕索隐按：质犹对也(1)。将欲对射之时也。一云质谓埒(2)，非也。

(1) 质犹对也：质，指质的，又称射侯，就是射箭取准的目标，俗称箭靶。此处非比赛射箭，而是赛马力赌胜负，故引申为对抗，是为正解。

(2) 质谓埒：《考证》引中井积德曰："质，后说似长，射场设埒，故呼为质。射场、马场一也。"埒，指射箭的始点；的，指射箭的终点。换言之，埒为射场，的为箭靶。中井侧重于赛马力，故以埒字为长。按：中井氏以《索隐》所非为是，拘泥于比赛过程，所释似是而实非。单讲"质"的字面意义，可释为箭靶，或释为箭埒均可。此处重在赛马目的，落实在胜负输赢上，故以"质犹对也"为正解，《索隐》是。

《新注》曰："临质：临到比赛开始。质，对抗，比赛。"

⑫今以君之下驷与彼上驷

《笺证》曰："下驷：下等马。驷，原指一车四马，后来也用以指马。与彼上驷：和对方的上等马对抗。与，对付，对待。"

⑬而田忌一不胜而再胜

《新注》曰："再胜：胜两场。"按：本句意谓田忌赛马，输一场而赢两场，最终获胜。

⑭威王问兵法，遂以为师

威王：即齐威王，姓田名因齐，公元前356—前320年在位。按：银雀山汉简《孙膑兵法》有《见威王》、《威王问》等篇，记载孙膑和齐威王论兵的内容。

其后，魏伐赵①，赵急，请救于齐。齐威王欲将孙膑，膑辞谢曰："刑余之人不可②。"于是乃以田忌为将，而孙子为师,居辎车中③,坐为计谋④。田忌欲引兵之赵,孙子曰:"夫解杂乱纷纠者不控卷,救斗者不搏撠⑤,批亢捣虚⑥,形格势禁⑦,则自为解耳⑧。今梁赵相攻,轻兵锐卒必竭于外⑨,老弱罢于内⑩。君不若引兵疾走大梁⑪,据其街路,冲其方虚⑫,彼必释赵而自救。是我一举解赵之围,而收弊于魏也⑬。"田忌从之。魏果去邯郸⑭,与齐战于桂陵⑮,大破梁军。

①魏伐赵

赵:战国七雄之一,战国前期有今河北、山西、河南一部分地区,国都在邯郸(今河北邯郸)。这次魏国攻打赵国,在公元前354年,因赵国伐卫,魏国出兵救卫,进而包围邯郸。参见《赵世家》、《魏世家》。

②刑余之人不可

《新注》曰:"刑余之人:受过肉刑的人,身体残损,已非完人。孙膑在魏被刖刑断其两足,又被黥面,身残蒙垢,故辞为将。"按:古人认为身体发肤,受之父母,不敢毁伤,故受肉刑的人以为奇耻大辱。《孝经》对此有明确阐释。

③居辎车中

《全注》曰:"辎车:一种驾牛的载重车,古代军将皆乘战车亲战,孙膑残废,不能乘战车亲战,所以只能居辎车中指挥。"《新注》曰:"辎车:有蓬的车。"

④坐为计谋

《新注》曰:"坐在军营内出谋划策,不到战场第一线参加战斗。"

【研讨】

坐为计谋

王念孙《读书杂志》曰:"《文选·报任少卿书》注引此'坐'作'主',于义为长。"《校读记》曰:"王氏说未是。本书《项羽本纪》云'坐而运策,公不如义',此传'坐为计谋',即《项羽纪》'坐而运策'之义,不当据《文选》注以为'坐'字为'主'字之误也。"按:《高祖本纪》刘邦评论张良曰:"夫运筹策帷帐之中,决胜于千里之外,吾不如子房。"此为"坐为计谋"的最高境界。

史记疏证　孙子吴起列传21

⑤夫解杂乱纷纠者〔一〕不控卷〔二〕，救斗者不搏撠〔三〕

〔一〕索隐按：谓事之杂乱纷纠击挚也。

〔二〕索隐谓解杂乱纷纠者，当善以手解之，不可控卷而击之。卷即拳也。刘氏云"控，综；卷，缩"，非也。

〔三〕索隐博戟二音。按：谓救斗者当善执解之，无以手助相搏撠，则其怒益炽矣。按：撠，以手撠刺人。

《新注》曰："解开乱丝不可以用拳头乱砸，解劝斗殴不可以帮着去打。搏撠：动手打人。"

【考辨】

解乱救斗

"解杂乱纷纠者不控卷"，《考证》引中井积德曰："杂乱纷纠，以乱丝喻之也。控，引也。卷，拳同，击也。言治乱丝，宜用爪头针末，徐徐解之，不宜手引拳击也，则益乱耳。"《订补》曰："《长短经》引'卷'作'拳'。《通鉴》亦作'拳'，胡三省曰，余谓杂乱纷纠者，谓人斗者耳，非事也。当从《索隐》说。"《斠证》曰："岷以为杂乱纷纠，谓争执也，不必言斗。言斗，则与下文'救斗者'复矣。引拳以解争执，则争执愈甚，故解争执者不引拳也。"《注译》曰："杂乱纷纠，形容事情纠集在一起如乱丝一样，难于解开。控卷：握紧拳头用劲；卷，通'拳'。"

"救斗者不搏撠"，《新证》曰："卷为拳字异文，撠为戟字繁文，两字均从手者，是以字从义，盖太史公据战国古文旧简直书者。《说文》戟，有枝兵也，其制用戈矛合为一，矛利于刺，戈利于割，为战国时新兴武器。"《史记评林》引余有丁曰："'撠'义当为'击'，非矛戟也。"《考证》引中井积德曰："'撠'字，从手从戟，盖手刺击物如戟也。"《五行志》"物如苍狗撠高后腋"。按：斗，私斗也。《订补》曰："《长短经》引'撠'作'击'；胡三省曰，余谓《索隐》之说善矣，但以'撠'为持撠以刺人则非也，撠，如《汉书》'撠太后掖之撠'，师古曰'撠，谓拘持之也'；毛晃曰，索持曰缚，拘持曰撠。"《笺证》曰："救斗：制止打架；救：止；撠：以手指叉人。"

⑥批亢捣虚〔一〕

〔一〕索隐批，音白结反。亢，音苦浪反。按：批者，相排批也。

音白灭反。亢者，敌人相亢拒也。捣者，击也，冲也。虚者，空也。按：谓前人相亢，必须批之。彼兵若虚，则冲捣之。欲令击梁之虚也。此当是古语，故孙子以言之也。

《新注》曰："批亢捣虚：避（批）亢（实）就虚。"《注译》曰："批，排除；亢，充满；捣，冲击。"

【研讨】
"亢"之义为"实"

《史记札记》曰："'亢'、'肮'字通，《娄敬传》'搤其亢而拊其背'，批亢者，制其要害；捣虚者，乘其疏忽；所谓攻其所必救，而出其所不虞也。"张文虎《札记》曰："《御览》三百六十八引此文，有注云'亢音刚，又音抗，人喉也'，疑是《集解》文，今本缺。"《考证》曰："中井积德曰：'亢，吭也；批亢，击其要处也；击亢冲虚，并喻走大梁之便。'谈允厚曰：'批之为言撇也，谓撇而避亢满之处，捣其虚空无备之所。'愚按若解亢为咽喉，则不与虚字对，谈说为长。"

⑦形格势禁

《新注》曰："在形势上阻遏（格）、制止（禁）敌方。"《全注》曰："形、势：指客观或人为造成的军事态势；格、禁：指用这种态势去牵制和阻止敌人的行动。"《笺证》曰："'形格'、'势禁'相对为文，'格''禁'二字同义。"

⑧则自为解耳〔一〕

〔一〕索隐谓若批其相亢，击捣彼虚，则是事形相格而其势自禁止，则彼自为解兵也。

《考证》曰："中井积德曰：'自为解'之'为'，平声。村尾元融曰：'以上四句，孙子引旧语，泛言道理，要未说出梁赵。下文"今梁赵相攻"云云可证。'"

⑨轻兵锐卒必竭于外

按：轻兵锐卒：指精锐部队。竭：衰竭，力量耗尽。外：指国外。

⑩老弱罢于内

按：罢：通"疲"，疲劳，疲惫。内：指国内。

⑪君不若引兵疾走大梁

按：《史记考异》曰："按《魏世家》，此事在魏惠王十八年，而魏之徙都大梁，乃在惠王三十一年，则其时大梁未为魏都也。下文'齐使田忌将而往，直走大梁'，疑与此同。《通鉴》于此二条，皆改为魏都，不云大梁。"《订补》曰："按《纪年》，惠王九年，迁都大梁。是十八年桂陵，二十八年马陵，二役之前，大梁已是魏都矣。"

⑫据其街路，冲其方虚

《新注》曰："街路：交通要道。方虚：正好是空虚的地方。"

⑬而收弊于魏也〔一〕

〔一〕索隐谓齐今引兵据大梁之冲⑴，是冲其方虚之时，梁必释赵而自救，是一举释赵而毙魏。

⑴《考证》引钱大昕曰："《魏世家》此事在魏惠王十八年，而魏之徙都大梁乃在惠王三十一年，则其时大梁未为魏都也。"《注译》曰："坐收魏军自行挫败的效果。弊，败坏，疲惫。"

⑭魏果去邯郸

《全注》曰："魏围邯郸在魏惠王十七年，次年魏拔邯郸，齐袭魏而救赵在魏拔邯郸后，至此魏始解围而去。"按：邯郸，赵国的国都，今河北邯郸。据《魏世家》，魏惠王十七年围邯郸，十八年拔邯郸，齐救赵败魏，魏惠王虽兵败桂陵，但仍占有邯郸，至二十年乃去邯郸。钱穆曰："魏之围邯郸，断在惠王之十七年。齐兴师救赵时，邯郸犹未拔。逮齐围襄陵不利，而魏亦拔邯郸，则在十八年。魏遂分兵反斗，齐亦济师迎击，为桂陵之役。梁军虽破，邯郸犹在其手。赵、魏仍相持于邯郸之下，兵连祸结，诸侯救赵不力，坐自渔利。直至惠王二十年，魏既力竭，乃归邯郸，与赵言和。此事记述昭昭，绝不容疑。"（《先秦诸子系年考辨·魏围邯郸考》）

⑮与齐战于桂陵

《新注》曰："桂陵：魏地名，在今河南长垣县西北。齐魏桂陵之役在魏惠王十八年，公元前353年。"《全注》曰："桂陵之战，齐不直接出兵救赵，而引兵攻魏，直扑魏都大梁，迫使魏军放弃新占的邯郸，兼程赶回救援，桂陵地近大梁，正当魏军自邯郸返回大梁的途中，齐设兵于此邀击，大败魏军。"

【研讨】

论桂陵之战

桂陵之战是战国前期的一次重大战役，不仅是"围魏救赵"战法的成功范例，而且影响着战国历史的进程，历代备受人们关注。《笺证》曰："毛泽东说：'攻魏救赵，因败魏兵，千古高手。'关于桂陵战役齐军获胜的原因，慕中岳、武国卿说：'第一，著名军事战略家孙膑开创性地提出并正确实行了"批亢捣虚，攻其必救"的战略指导思想；第二，齐军在战略上正确地把握了进兵时机；第三，齐军占据有利地势，以逸待劳，并巧妙地运用了八门阵的阵法。'又说：'桂陵之战为历代兵家所称颂，它的成功经验也为历代兵家所借鉴。现代伟大军事家、战略家毛泽东在所著《抗日游击战争的战略问题》中曾这样写道：如果敌在根据地内久据下去，我可以倒置地使用上述方法，即以一部留在根据地内围困该敌，而用主力进攻敌所来之一带地方，在那里大肆活动，引致久据之敌撤退出去打我主力，这就是围魏救赵的办法。'"王阁森、唐致卿曰："桂陵之战使魏国的霸业初次受挫，魏国损兵折将，受到沉重打击。但魏文侯、魏武侯两代建立的强大国势不是一次战争就可以根本削弱的。况且齐威王即位不久，齐国经济、军事实力远不如魏国雄厚，齐国要争当霸主，必将与魏国展开进一步的激烈争夺。"（《齐国史》）

《考证》引中井积德曰："桂陵、马陵之役，元是一事，而传录者异也，太史公并录之。"按：《孟子·尽心篇》云："梁惠王以土地之故，糜烂其民而战之，大败，将复之，恐不能胜，故驱其所爱子弟以殉之。"所谓"驱其所爱子弟以殉之"者，指马陵事，则桂陵之败，未必为无其事。《梁惠王篇》亦云："东败于齐，长子死焉。"《订补》曰："《战国齐策》，邯郸之难，赵求救于齐，乃起兵南攻襄陵。七月，邯郸拔。齐因承魏之弊，大败之桂陵。《赵世家》，成侯二十一年，魏围我邯郸。二十二年，魏惠王拔我邯郸，齐亦败魏于桂陵。《魏世家》，惠王十七年，围赵邯郸。十八年，拔邯郸。赵请救于齐，齐使田忌、孙膑救赵，败魏于桂林。""桂林"即"桂陵"，音相近故误。《括地志》，桂陵在曹州乘氏县东北二十二里。今故址在曹州东北二十八里。此桂陵之役，在魏惠王十八年也。《孙膑传》，魏与赵攻韩，韩告急齐，齐王用孙子计，使田忌将而伐魏，败之马陵，虏太子申，杀魏将庞涓。《战国齐策》，南梁之难，韩氏请救于齐。田侯召大臣而谋，因起兵击魏，大破之马陵。《正义》，虞喜《志林》云，马陵在濮州鄄城县东北六十里。此马陵之役，在魏惠王二十八年也。中说桂陵、马陵之役，元是一事，大谬。《笺证》

曰：银雀山汉简《孙膑兵法》首章为"擒庞涓"，即叙齐军围魏救赵，击齐军"于桂陵，而擒庞涓"事。《六国年表》、《魏世家》系齐魏桂陵之役于魏惠王十八年，亦即齐威王四年。

后十三岁①，魏与赵攻韩，韩告急于齐②。齐使田忌将而往③，直走大梁。魏将庞涓闻之④，去韩而归，齐军既已过而西矣⑤。孙子谓田忌曰："彼三晋之兵素悍勇而轻齐⑥，齐号为怯，善战者因其势而利导之⑦。兵法，百里而趣利者蹶上将，五十里而趣利者军半至⑧。使齐军入魏地为十万灶，明日为五万灶，又明日为三万灶⑨。"庞涓行三日，大喜，曰："我固知齐军怯⑩，入吾地三日⑪，士卒亡者过半矣⑫。"乃弃其步军⑬，与其轻锐倍日并行逐之⑭。孙子度其行⑮，暮当至马陵⑯。马陵道陕，而旁多阻隘⑰，可伏兵，乃斫大树白而书之曰⑱："庞涓死于此树之下。"于是令齐军善射者万弩，夹道而伏，期曰⑲"暮见火举而俱发"。庞涓果夜至斫木下⑳，见白书，乃钻火烛之㉑。读其书未毕，齐军万弩俱发，魏军大乱相失㉒。庞涓自知智穷兵败，乃自刭㉓，曰："遂成竖子之名㉔！"齐因乘胜尽破其军，虏魏太子申以归㉕。孙膑以此名显天下，世传其兵法㉖。

①后十三岁〔一〕

〔一〕 索隐王劭按：《纪年》云，"梁惠王十七年，齐田忌败梁于桂陵，至二十七年十二月，齐田朌败梁于马陵"，计相去无十三岁。

《新注》曰："齐魏桂陵之役在公元前353年，齐魏马陵之战在公元前341年，上距桂陵之役十三年。"《全注》曰："《史记》记桂陵之战在魏惠王十八年，记马陵之战在魏惠王三十年，相去十三年。"

【考辨】
"后十三岁"之说辨

泷川曰："各本'十三'作'十五'，今从《索隐》本。桂陵役，齐威二十六年，魏惠十八年。马陵役，齐宣二年，魏惠三十年，相去正十三年。"（《史记考证》）梁玉绳曰："《索隐》本作'后十三岁'，是已，各本皆讹。威王二十六年战桂陵，宣王二年战马陵，相去正十三年，小司马引《纪年》谓无十三岁，非也。"钱大昕曰："后十五年，'五'当作'三'。"（《史记考异》）钱穆曰："《索隐》既作十三，则《史记》原文亦当作十三可知。《史记》云其后十三年，而《索隐》乃云相去无十三年，此谓针锋相对。否则一云后十五年，而一云相去无十三年，为不伦矣。考《史记年表》梁惠王十八年败桂陵，至三十年败马陵，自十八至三十，前后适得十三年。故知《史记》自作后十三年，非十五年矣。"（《先秦诸子系年考辨·齐魏战马陵在梁惠王二十八年辨》）按：综上考辨，《索隐》本作"后十三年"是。各本作"后十五岁"，"五"为"三"之讹，《纪年》云"无十三岁"之说亦误。

②魏与赵攻韩，韩告急于齐

按：韩：战国七雄之一，有今河南中部、山西一部分地区，国都在新郑（今河南新郑）。这次魏、赵攻打韩国，在公元前341年，参见《韩世家》、《魏世家》、《赵世家》。按：据《田敬仲完世家》，马陵之战起自"魏伐赵，赵与韩亲，共击魏。赵不利，战于南梁。韩氏请救于齐"，与此所述略异。

③齐使田忌将而往

《笺证》曰："《六国年表》谓此役'田忌、田婴、田盼将，孙子为师'。"缪文远曰："齐军主将为田盼，此役田忌并未参加，见《孙膑兵法》。《陈忌问垒篇》载田忌问孙膑擒魏太子申之战，'事已往而形不见，可得闻乎？'可知田忌并未亲自参加此役。"

④魏将庞涓闻之

按：据银雀山汉简《孙膑兵法·擒庞涓》记述，桂陵之战时庞涓已被齐军擒获，而后十一年何得又曰"魏将庞涓闻之"？杨宽对此推测说："可能庞涓被擒之后，曾被放回魏国，再度为将，如同春秋时秦将孟明视为晋军所俘，旋被释放，仍为秦将一样。"（《战国史》）

⑤齐军既已过而西矣

《新注》曰："指齐军已穿越齐国国境，向西进入魏国。"

【考辨】
"过而西"之说辨

徐孚远曰:"'已过而西'者,谓庞涓归救,欲邀齐师之未至,而今已过,故涓视利疾趋也。"(《史记考证》)阎若璩曰:"此句不可解。曾按舆图思之,恍悟相承,传写之讹。元本应是'齐军既已退而东矣'。退而东者,诱敌之计。《通鉴》亦知'过而西'之不可通也,削此句。"(《四书释地又续》)钱大昕曰:"阎氏因上文已云'直抵大梁',而马陵在大梁东,故臆造此说,然非也。齐扬言走大梁,非直抵大梁。及庞涓弃韩而归,齐军始入魏地。齐在魏东,过而西者,过齐境而西也。齐军初到,未知虚实,故为减灶之计以误之。若已抵大梁而退,则入魏地不止三日,毋庸施此计矣。"(《考史拾遗》)《订补》引张琦曰:"阎百诗云'齐军已过而西'当作'退而东',按《史孙膑传》曰:'齐使田忌将而往,直走大梁。魏将庞涓闻之,去韩而归,齐军既已过而西矣。孙子使齐军入魏地,为十万灶,明日为五万灶,又明日为三万灶。庞涓喜曰:"入吾地三日,士卒亡者过半。"'百诗之说,则退而入,与此文不合。临淄去大梁千三百余里,不应田忌至大梁,庞涓乃归,涓归而齐军已退,俱乖情实。窃意'直走大梁'者,孙子先声后实之法,宣言将走大梁,非已至也。涓由外黄而东,将扼之于境上。比至齐境,而齐军已道阿鄄入,故曰'既已过而西'。鄄本卫地,时服属于魏。自东阿至鄄二百里而入马陵道,减灶示怯,涓遂堕其术而不知也。"《史记札记》曰:"史公云'齐军既已过而西',西,盖指魏境言之,谓已过齐地而西入魏境也。及闻魏军还救而遽退师,是以谓之'怯';若径由齐至马陵,是尚未涉魏境,何以云'入吾地三日'也?史公但自奇其文而已,地势事情,读者固可考而知之也。"

⑥彼三晋之兵素悍勇而轻齐

按:三晋:赵、魏、韩三国的合称,这里主要指魏国。春秋末年,晋国为赵、魏、韩三家瓜分,形成赵、魏、韩三国,故称"三晋"。素:一向,向来。

⑦善战者因其势而利导之

《注译》曰:"因为魏兵认为齐兵胆怯,齐兵就伪装胆怯逃亡,引诱魏兵深入。"

⑧兵法，百里而趣利者蹶上将[一]，五十里而趣利者军半至

〔一〕集解魏武帝曰："蹶犹挫也。"索隐蹶音巨月反。刘氏云："蹶犹毙也。"

《新注》曰："兵法：用兵之法，此指《孙子兵法》。以下两句引自《孙子·军争篇》，文辞小异。百里而趣利：指奔突到百里之外去追求胜利。蹶上将：折损上将。蹶，跌，栽跟头。军半至：军队只有一半能到达。"按：《军争篇》原文作："卷甲而趋，日夜不处，倍道兼行，百里而争利，则擒三将军；劲者先，疲者后，其法十一而至；五十里而争利，则蹶上将军，其法半至。"其称"蹶上将"于"五十里而争利"，不是"百里而趣利"。

⑨又明日为三万灶

按：张文虎《札记》曰："中统、旧刻、游、毛本'三'作'二'。《御览》百八十六引作'三'，又四百四十八引作'二'。"《斠证》曰："《后汉书·孔融传》注、《记纂渊海》六十及八十引'三'并作'二'。《长短经》、《通鉴》、《容斋随笔》十三皆同。"

【考辨】

减灶之计辨

孙膑减灶之计，为后世兵家所乐道，然亦尝遭质疑。洪迈曰："孙膑胜庞涓之事，兵家以为奇谋，予独有疑焉，云：'齐军入魏地为十万灶，明日为五万灶，又明日为二万灶。'方师行逐利，每夕而兴此役，不知以几何人给之，又必人人各一灶乎？庞涓行三日而大喜曰：'齐士卒亡者过半。'则是所过之处必使人枚数之矣，是岂救急赴敌之师乎？又云：'度其暮当至马陵，乃斫大树，白而书之，曰："庞涓死于此树之下。"遂伏万弩，期日暮见火举而俱发。涓果夜至，斫木下，见白书，钻火烛之。读未毕。万弩俱发。'夫军行迟速，既非他人所料，安能必其以暮至，不差晷刻乎？古人坐于车中，既云暮矣，安知树间之有白书？且必举火读之乎？齐弩尚能俱发，而涓读八字未毕。皆深不可信。殆好事者为之，而不精考耳。"（《容斋随笔》）泷川曰："为十万灶，为五万灶，犹言为灶爨十万人食，爨五万人食。唐制十人为火，言其共一灶也。洪氏解为人人各为一灶，太拘，但其事则未可悉信。"（《史记考证》）

⑩我固知齐军怯

《考证》曰:"枫山、三条本'军'作'卒'。"《订补》曰:"《后汉书》虞诩、孔融二传注,《书钞》一百一十六,《通典》一百五十三,《长短经》九,《御览》二百九十四、四百四十八,《寰宇记》五十四引'军'并作'卒'。"

⑪入吾地三日

按:《校读记》曰:"各本'三'字乃传写之误,当改作'二'。"

⑫士卒亡者过半矣

按:逃亡士卒超过一半。亡者:开小差的人。《全注》曰:"孙膑减灶从十万至五万,又至三万,似其兵力已仅存不足三分之一,故谓'过半'。"

⑬乃弃其步军

《考证》曰:"枫山、三条本'军'作'兵'。"《订补》曰:"《后汉书·孔融传》注,《通典》一百五十三,《长短经》九,《御览》二百九十四、四百四十八,《元龟》四百四十三引'军'并作'兵'。"《全注》曰:"战国时期,往往采取车兵、骑兵和步兵混同作战,车兵和骑兵行进速度较快而步兵较慢,庞涓以为齐军到达会战地点,兵力尚余不足三分之一,所以敢于丢下行进速度较慢的步兵,与齐军争利。"

⑭与其轻锐倍日并行逐之

《注译》曰:"轻锐:轻装的精锐部队。倍日并行:两天的路程并作一天走。逐:追赶。"按:张文虎《札记》曰:"轻锐,《御览》四百四十八引作'轻挽',注亡辨反。"

⑮孙子度其行

按:度其行:估计庞涓追兵的行程。度:估计,揣测。《订补》曰:"《书钞》一百一十六、一百二十五,《类聚》六十,《御览》四百四十八引'度'并作'量'。"《校读记》曰:"史公书中用'量'字者较少,不知此传之旧作'量'抑作'度'。以文法言之,似言'度其暮当至马陵'为是,'其'下不应有'行'字。"

⑯暮当至马陵

《注译》曰:"马陵:魏国地名,在河北省大名县东南。"

【存异】

马陵之地望

齐魏马陵之战,是中国战争史上的一次著名战役。但马陵在今何处?《魏世家》徐广注曰:"在元城。"《索隐》按:"《纪年》二十八年,与齐田战于马陵;上二年,魏败韩马陵;十八年,赵又败魏桂陵。桂陵与马陵异处。"《正义》曰:"虞喜《志林》云:'马陵在濮州鄄城县东北六十里,有陵,涧谷深峻,可以置伏。'按庞涓败即此也。徐说马陵在魏州元城县东南一里,庞涓败非此地也。孙子减灶退军,三日行至马陵,遂杀庞涓,虏魏太子申,大破魏军,当如虞喜之说,从汴州外黄退至濮州东北六十里是也。然赵、韩共击魏,战困于南梁,韩急,请救于齐,齐师走大梁,败魏马陵,岂合更渡河北,至魏州元城哉?徐说定非也。"按:依此两种说法,马陵在今何处,仍存两种观点:郭沫若主编《中国史稿》、翦伯赞主编《中国史纲要》、谭其骧主编《中国历史地图集》、台湾三军大学编《中国历代战争史》均取《志林》、《正义》之说,认为马陵在今山东范县或莘县;《注译》、《全注》则取徐广之说,认为马陵在今河北大名东南。惟前者以为马陵属魏,后者以为马陵属齐。另有学者认为马陵在今山东郯城。《笺证》曰:"马陵,古地名,有说在今山东范县西南,钱穆引《正义》说以为在今河南濮阳县北,两说所指方位大致相近;近来有说在山东郯城,荒远不足取。据史文原意,应在魏国境内的大梁以东。"

⑰ 马陵道陕,而旁多阻隘

《新注》曰:"陕:同'狭',狭窄。阻隘:险要地带。"按:张文虎《札记》曰:"陕,各本作'狭'。"《考证》曰:"《御览》'隘'作'险'。"《订补》曰:"《后汉书·孔融传》注,《通典》一百五十三,《元龟》四百二十八引'隘'并作'险'。"

⑱ 乃斫大树白而书之曰

《新注》曰:"削去大树外皮,在露出的白木上写字。"按:《斠证》曰:"《书钞》一一六引'白而'作'而白'。"

⑲ 期曰

《新注》曰:"期曰:约定说。"

【存异】

期曰与期日

《订补》曰："《书钞》一百一十六、一百二十五，《后汉书·孔融传》注，《通典》一百五十三，《元龟》四百五十三，《通鉴》二，《合璧事类》五十六引'曰'并作'日'。"《校读记》曰："按'期'下'曰'字乃'日'字之误。史公书中以'日暮'二字连用者颇多，如《伍子胥列传》云'吾日暮途远，吾故倒行而逆施之'；《李将军列传》云'会日暮，吏士皆无人色'；《南越列传》云'日暮，不知其兵多少'；《滑稽列传》云'日暮酒阑，合尊促坐'。此传'期日暮见火举而俱发'，与《袁盎晁错列传》'吴王期旦日斩君'，句法正同。《孙子十家注》卷首《孙子本传》作'期日暮见火举而俱发'，明正德十年江西白鹿洞书院刊本《史记集解》亦作'期日暮见火举而俱发'，'日暮'二字皆不误。"按："期曰"下"暮见火举而俱发"，为约束命令语，形象而生动；改"期曰"为"期日"，则当与下文一气读，为陈述语，意义未变而生动之气全失，未必为史公之旧，可存异参考。

⑳庞涓果夜至斫木下

《斠证》曰：《书钞》、《御览》二百九十引"木"并作"树"。

㉑乃钻火烛之

《新注》曰："钻火：古人钻木取火，这里指点火。烛：照。"《考证》曰："《类聚》'钻'作'举'。"

㉒魏军大乱相失

《新注》曰："相失：彼此散乱迷失。"《全注》曰："相失：指队形被打乱，士兵失去各自的相对位置，彼此不相连属；古代行军、宿营、作战皆有固定队形，失去队形则不能作战。"

㉓庞涓自知智穷兵败，乃自刭

《新注》曰："自刭：刎颈自杀。"梁玉绳曰："《齐策》言'禽'，此言'自刭'，恐皆非实。《年表》、《世家》俱云'杀庞涓'，盖弩射杀之也。"张文虎《札记》曰："《御览》引'智'作'计'。"《考证》曰："《御览》'刭'作'刎'。"

【存疑】

庞涓之死

关于庞涓的结局，主要有两种记载：一说被齐军擒获，如银雀山汉简《孙膑兵法·擒庞涓》称"孙子弗息而击之桂陵，而擒庞涓"，《战国策·齐一》称"田忌为齐将，系梁太子申，擒庞涓"；一说死于战场，见本传。庞涓是自杀还是被杀？亦有两种记载：一说庞涓自杀，如本传称"庞涓自知智穷兵败，乃自刭"；一说庞涓被齐军射杀，如《六国年表》称"齐虏我太子申，杀将军庞涓"，《魏世家》称"齐虏魏太子申，杀将军涓"。关于庞涓自杀、被杀或被齐军擒获之处，又有两种记载：一说庞涓在马陵之战自刭或被齐军射杀，见本传及《六国年表》、《魏世家》；一说庞涓在桂陵之战被齐军擒获，见《孙膑兵法·擒庞涓》、《战国策·齐一》。诸说纷纭，存疑备考。

㉔遂成竖子之名〔一〕

〔一〕索隐 竖子谓孙膑。

《新注》曰："竟然成就了这小子的名声。"《考证》引中井积德曰："涓之语，盖言吾今自杀者，欲因此遂成就膑之名声耳，是临死之夸言矣。"《笺证》引邓以瓒曰："减灶已奇，斫大树自书益奇，期举火更复奇，摹写处甚工。至'读未毕'，'遂成竖子之名'，情境跃如，可惊可叹。"

㉕虏魏太子申以归

《新注》曰："太子申：魏惠王的太子，名申，时为魏军上将军，与庞涓同领魏军抗齐，因而被俘，后死于齐。"

【研讨】

论马陵之战

茅坤曰："孙膑减灶与韩信背水阵同。韩信以孤军深入赵危地，非为背水阵，则不可诱之空壁而出逐；空壁而出逐，则夜半所遣二千人间道而伏赵壁之旁者可以拔赵帜而立汉帜矣。孙膑疾走大梁，故知庞涓之轻之以齐为怯也，日为减灶，则可以诱其轻我之心，而倍日并行以逐；倍日并行以逐，则旁多阻隘，彼且不及觉，而吾为伏以袭之矣。"（《史记评林》引）台湾三军大学《中国历代战争史》编委会曰："孙膑之实施要点则在'深结韩之亲','深结韩之亲'则可使韩竭其全力以抗魏,借韩之力以疲魏,则魏易为谋也。孙膑之后退战略与减灶骄敌以及马陵之战,乃为一连串诱敌、骄敌之行动。不直捣大梁不能使庞涓回兵;不后退不能在马陵之隘路地形以设伏;不减灶不能使庞涓乘胜而骄,轻举锐进。三者联合如环,真为千古战略之杰作。魏自桂陵与马陵两役战败后,国力亏损,由此遂一蹶不振;齐自威王两败魏师,其后宣王、湣王均能继承余绪,一时东方成为强国。三晋魏、赵、韩之互斗而俱遭挫败,遂造成西方秦国东出中原之机会。"(《中国历代战争史》)王阁森、唐致卿曰:"马陵之战是齐魏争霸过程中的决定性战争,这次战争使魏国丧失十万军队,军事实力严重削弱;魏惠王恃强骄傲,只尚武功,只重称霸,失去了其先辈尊贤礼士的精神,拒商鞅、孙膑等人才于国门之外,不谋政治革新,因而在齐、秦、赵三面夹击下丧失了霸主地位。"(《齐国史》)慕中岳、武国卿曰:"马陵之战是战国初期齐、魏两国争霸中原的决定性战争,也是魏国继桂陵战役后失败最为惨重的战争。经此一役,魏国国力日渐衰退,从而结束了自己盛极一时的历史。由于整个三晋势力元气已伤,无力恢复,因而失去阻止秦军东进、屏蔽中原的可靠力量,为秦国势力侵入中原举行了奠基礼。"(《中国战争史》)

㉖世传其兵法

《新注》曰:"《孙膑兵法》在汉时尚流传,六朝以后失传,人多疑之。1972年山东临沂银雀山汉墓出土《孙膑兵法》,证实司马迁所载不虚。"

【考辨】

孙膑著书考

孙膑所著兵书,汉代称《齐孙子》,《汉书·艺文志·兵书略》著录八十九篇、图四卷,其中含有孙氏后学著述。大约在东汉末年,这部兵书已经散佚,不再为人称道,而自《隋书·经籍志》以后,不见于历代著录。许多学者由此产生疑问,甚至不承认有两部《孙子》,把《吴孙子》当作《齐孙子》,认为《孙子》十三篇系孙膑所撰。泷川曰:"《通典》一百四十九《兵二》孙膑曰:'周骑有十利,一曰迎敌始至,二曰乘敌虚背,三曰追散乱击,四曰迎敌击后,使敌奔走,五曰遮其粮食,绝其军道,六曰败其津关,发其桥梁,七曰掩其不备卒,击其未整旅,八曰攻其懈怠，出其不意，九曰烧其积聚，虚其市里，十曰掠其田野，系累其子弟。此十者，骑战利也。夫骑者，能离能合，能散能聚，百里为期，千里而赴，出入无间，故名离合之兵也。'《御览》二百八十二《战国策》：'齐孙膑谓王曰：凡伐国之道，攻心为上，务先伏其心。今秦之所恃为心者，燕赵也，当收燕赵之权。今说燕赵之君，弗言空辞，必将以实利以得其心，所谓攻其心者也。'此孙膑兵法存乎今者。"（《史记考证》）直到1972年4月，在山东临沂银雀山汉墓出土了《孙膑兵法》残简364枚。这部兵书失传一千七百多年后重见天日，从而证实两部《孙子》并存的真实性。据汉简整理小组整理编辑，《孙膑兵法》被分为上、下两编，凡写有"孙子曰"的竹简，被列入"上编"，包括《擒庞涓》、《见威王》、《威王问》、《陈忌问垒》等篇；没有写"孙子曰"的竹简，被列入"下编"。全书共有30篇，约有11000余字。其中，上编各篇被视为《齐孙子》的内容，下编各篇则无法准确定性。后经进一步考辨，将原上编15篇的文字，补充一些新内容，并增加《五教法》1篇，编成《孙膑兵法》修订本，收入《银雀山汉墓竹简》第一辑，文物出版社1985年出版。

吴起者，卫人也①，好用兵。尝学于曾子②，事鲁君③。齐人攻鲁，鲁欲将吴起，吴起取齐女为妻④，而鲁疑之。吴起于是欲就名，遂杀其妻⑤，以明不与齐也⑥。鲁卒以为将。将而攻齐，大破之⑦。

①吴起者，卫人也

按：卫：周代姬姓封国，战国前期有今河南、山东、河北三省交界地区，国都在帝丘（今河南濮阳），至秦朝被灭亡，详见《卫康叔世家》。《韩非子·外储说右上》曰："吴起，卫左氏中人也。"左氏在今山东定陶。

②尝学于曾子

按：曾子：即曾申，曾参之子。

【考辨】

曾子即曾申

吴起受学之曾子，是曾参还是曾申，历来说法不一。《吕氏春秋·

仲春纪·当染》曰："子贡、子夏、曾子学于孔子，田子方学于子贡，段干木学于子夏，吴起学于曾子。"是谓曾参为吴起之师。刘向《别录》论《左传》之源流时曰："左丘明授曾申，申授吴起。"是谓吴起之师为曾申。《资治通鉴》曰："起始事曾参，母死不奔丧，曾参绝之。"则亦认为吴起师从曾参。泷川曰："《吕览·当染篇》'曾子学于孔子，吴起学于曾子'。黄式三曰：'《通鉴》"曾子"作"曾参"，本于《吕览》。'据刘向《别录》，起受《春秋左传》于曾申。《礼记·檀弓》：'鲁穆公母卒，使人问于曾子。对曰："申也，闻诸申之父。"'是曾申亦称曾子。"（《史记考证》）今人注"曾子"，或以为曾参，如《注译》曰："名参，鲁国人，孔子学生。"《新注》曰："孔子学生曾参。"或以为曾申，如《全注》曰："据《经典释文叙录》，即曾申。曾申从子夏学《毛诗》，传李克；从左丘明受《左传》，传吴起。曾申是曾参之子，字子西。"《笺证》曰："曾子，名申，孔子弟子曾参之子。"按：上述注释不一，但依吴起的生平与曾参、曾申的关系推断，此"曾子"应指曾申，而非曾参。

③事鲁君

按：鲁：周代姬姓封国，有今山东南部、河南、江苏、安徽一部分地区，国都在曲阜（今山东曲阜），后亡于楚国，详见《鲁周公世家》。鲁君：鲁国的君主，此指鲁穆公，名显，公元前410—前377年在位。《史记札记》曰："吴起卫人，游于鲁，因得学于曾子；此云'曾子薄之，而与起绝，起乃之鲁'，则是吴起之适鲁在事曾子后也。"钱穆曰："吴起之将鲁破齐，在鲁缪四年；其去鲁，至晚在鲁缪五年、六年间。起仕鲁年当近三十，下至楚悼王卒岁，起与俱死，相距三十一年，则起寿且六十矣。"（《先秦诸子系年·吴起仕鲁考》）

④吴起取齐女为妻
《新注》曰："取：通'娶'。"《斠证》曰："《御览》五百二十引'吴'作'以'。"

⑤吴起于是欲就名，遂杀其妻
按：吴起想成名立业，就杀死他的妻子。

【考辨】
吴起杀妻求将

本传言吴起杀妻，而据《韩非子·外储说右上》所载，又有吴起休妻事。方孝孺曰："起尝杀妇而求将，啮臂与母盟，其天资固刻忍之人，是以见弃于曾子之门，而卒以兵显。"（《逊志斋集》）王世贞曰："太史公著吴起杀妻求将事，而《韩非子》亦云：'起卫人也，使其妻织组，而幅狭于度。吴子使更之，其妻曰："诺。"及成，复度之，果不中度。吴子大怒，出其妻。妻之弟重于卫君，乃因以卫君之重请。吴子不听，遂去卫而入荆也。'合二说观之，为起妻者不亦难哉！"（《史记评林》引）郭沫若曰："杀妻求将的故事，只是一片蓄意中伤的谣言。司马迁自必有所本，但所本的恐怕也只是那位'鲁人'的'或恶'；那位'鲁人'的'或恶'，从头至尾纯是中伤。"（《青铜时代·述吴起》）按：吴起杀妻之举，欲达目的不择手段，无论出自何种动机，都抹不去其污点，故为后世文人诟病。南宋徐钧作诗云："兵书司马足齐名，盟母戕妻亦骇闻。"于石亦有作诗云："吴起为鲁将，杀妻殊不仁。乐羊伐中山，食子太无情。"面对此类评价，吴起难辞其咎。

⑥以明不与齐也

《注译》曰："不亲附齐国。与：亲附，交结。"

⑦将而攻齐，大破之

《笺证》曰："历史不载，或妄传也。此时之鲁已近于大国之附庸，何能'大破'齐国？故人多疑其妄传。"杨宽则曰："《淮南子·道应训》与《说苑·指武》俱载屈若宜谓吴起曰：'子用鲁兵，不宜得志于齐而得志焉。'高诱注：'起为鲁将伐齐败之。'是吴起确有为鲁将而胜齐之事，但已不能详考。"

鲁人或恶吴起曰①："起之为人，猜忍人也②。其少时，家累千金，游仕不遂③，遂破其家。乡党笑之④，吴起杀其谤己者三十余人⑤，而东出卫郭门⑥。与其母诀⑦，啮臂而盟曰⑧：'起不为卿相，不复入卫。'遂事曾子。居顷之⑨，其母死，起终不归。曾子薄之，而与起绝⑩。起乃之鲁，学兵法以事鲁君。鲁君疑之，起杀妻以求将。夫鲁小国，而有战胜之名，则诸侯图鲁矣⑪。且鲁卫兄弟之国也⑫，而君用起，则是弃卫⑬。"鲁君疑之，谢吴起⑭。

①鲁人或恶吴起

按：或：有的人。恶：厌恶，诋毁。

②起之为人，猜忍人也

《新注》曰："猜忍：疑忌残忍。"

③游仕不遂

《新注》曰："游历求官，没有如愿。遂：实现心愿。"

④乡党笑之

《新注》曰："乡党：乡邻、乡亲。古代基层建制，五百家为一党，两万五千家为一乡，故乡党为乡邻之称。"《全注》曰："《周礼》所记乡遂居民组织，以五族即五百家为党，五州即一万二千五百家为乡，这里泛指吴起的同乡。"

⑤吴起杀其谤己者三十余人

《笺证》曰："此大约亦恶起者所夸张捏造，不足取信。"

⑥而东出卫郭门

《全注》曰："郭门，外城的城门；鲁在卫之东，所以说东出卫郭门。"

⑦与其母诀

按：诀：诀别，话别。《斠证》曰："《御览》五一八引作'决'，决、诀古今字。"

⑧啮臂而盟

《新注》曰："啮臂：古人发誓的方式之一。"《注译》曰："在胳膊上咬一口，血淋淋地发誓。啮，咬。"按：《淮南子·齐俗训》曰："胡人弹骨，越人啮臂，中国歃血也，所由各异，其于信一也。"

⑨居顷之

按：过不长时间。顷：顷刻。

⑩曾子薄之，而与起绝

按：曾申看不起吴起，就与他断绝关系。薄，轻视，看轻；绝，断绝关系。

⑪则诸侯图鲁也

按：打鲁国的主意。图：图谋，算计。

⑫且鲁卫兄弟之国也

《新注》曰："鲁之始祖为周公旦，卫之始祖为康叔封，姬旦与姬封皆文王之子为亲兄弟，故称鲁卫为兄弟之国。"《考证》曰："《论语·子路篇》'鲁卫之政，兄弟也'，《集解》'鲁，周公之封，卫，康叔之封。周公、康叔为兄弟'。"

⑬而君用起，则是弃卫

《笺证》曰："吴起曾杀卫之'谤己者三十余人'，于卫为有罪，今鲁用之，是得罪卫国，有损于两国的友好关系。"

⑭鲁君疑之，谢吴起

《新注》曰："谢：辞退，疏离。"

【存异】

吴起离鲁之原由

吴起为何离鲁，本传谓鲁穆公听信流言，怀疑吴起所致。然据《韩非子·说林上》云："鲁季孙新弑其君，吴起仕焉。或谓起曰：'夫死者，始死而血，已血而衄，已衄而灰，已灰而土。及其土也，无可为者矣。今季孙乃始血，其毋乃未可知也。'吴起因去之晋。"是为不同说法。钱穆曰："吴起之将鲁破齐，正在鲁缪四年。其去鲁，至晚在鲁缪五年、六年间。鲁缪虽礼贤，而尊信儒术。观或人谗起之言，皆本儒道立说，宜乎鲁缪之疑起矣。"（《先秦诸子系年·吴起仕鲁考》）郭沫若曰："除本传之外，别的书上还没有看见过同样的记载，司马迁自必有所本，所本的恐怕也只是那位'鲁人'的'或恶'。那位'鲁人'的'或恶'，从头至尾纯是中伤。在卫曾杀人或许是事实，但不必一定是因为受了人'笑'，受了人'谤'。杀人亡命，故母死也不敢回卫奔丧，这怕也是事实，但不必是因为不孝。然而'猜忍'到要把自己的妻子杀了去求做官，是怎么也难使人相信的事。"（《青铜时代·述吴起》）按：无论是本传与《韩非子》的记述，还是钱穆与郭沫若的解说，均有明显歧义，暂且存异。

吴起于是闻魏文侯贤①，欲事之。文侯问李克曰②："吴起何如人哉？"李克曰："起贪而好色③，然用兵司马穰苴不能过也④。"于是魏文侯以为将，击秦，拔五城⑤。

①吴起于是闻魏文侯贤

按：魏文侯：魏国的君主，姓魏名斯，公元前445—前396年在位，在当时各国诸侯中较为贤明，详见《魏世家》。贤：明智、能干。

②文侯问李克曰

《新注》曰："即魏大夫李悝，为魏文侯相。"《全注》曰："李克曾从子夏的弟子曾申授《诗》，魏克中山后，担任中山相，辅佐魏所封中山君子击。"

③起贪而好色[一]

[一] 索隐按：王劭云(1)："此李克言吴起贪。下文云'魏文侯知起廉，尽能得士心'，又公叔之仆称起'为人节廉'，岂前贪而后廉，何言之相反也？"今按：李克言起贪者，起本家累千金，破产求仕，非实贪也。盖言贪者，是贪荣名耳。故母死不赴，杀妻将鲁是也。或者起未委质于魏，犹有贪迹，及其见用，则尽廉能，亦何异乎陈平之为人也(2)。

(1) 王劭：字君懋，太原晋阳（今山西太原）人。历仕北齐、北周、隋三朝，曾任著作郎、秘书少监。著有《隋书》八十卷、《齐书》一百卷，又采摘经史谬误，撰作《读书记》三十卷，时人服其精博。《隋书》有传。

(2) 亦何异乎陈平之为人：谓陈平早年居家，传与嫂子私通；后随魏王咎为官，被谗无以容身，投奔西楚霸王项羽；又与项羽不相合，归附汉王刘邦；汉初封户牖侯，后更为曲逆侯，官至丞相。详见《陈丞相世家》。

《笺证》曰："此所谓'贪'者，谓贪于荣名，指其家累千金，破产求仕，又母死不归，以及杀妻求将诸节。若谓其贪于财货，则与后文之'廉平'、'节廉'矛盾。"

【研讨】

吴起贪而好色辨

有关吴起"贪而好色"之说，王劭、司马贞已有所论，见上文。梁玉绳曰："文侯以起廉平，使守西河，又公叔之仆称起节廉，则不可谓贪。杀妻辞主，亦不可谓好色。《索隐》引王劭谓此言相反，良是。岂前贪后廉，变其旧迹，而轻弃故人，惧近禁裔，又渔色者之常态欤？小司马以贪名解之，殊迂曲。"《校读记》曰："此言'起贪'，而《传》下文称其'廉平，尽能得士心'，'为人节廉而自喜名'，故《索隐》引王劭语有'何言之相反也'之疑。而小司马乃云'非实贪也。盖言贪者，是贪荣名耳'。此实望文生义，故为之说，不足信也。'贪'当作'贫'，此传写之误也。《传》上文云'其少时，家累千金，游仕不遂，遂破其家'，此'起贫'之证。此传之言'起贫而好色'，正如《张仪列传》之言'仪贫无行'，亦如《淮阴侯列传》之言韩信'始为布衣时，贫无行'，其情事适相类似也。"

④然用兵司马穰苴不能过也

按：司马穰苴：又称田穰苴，姓田，名穰苴，春秋后期齐国人，是田完的后裔。晏婴称赞"其人文能附众，武能威敌"，齐景公时率军击退晋、燕两国，被尊为大司马。详见《司马穰苴列传》。

⑤击秦，拔五城

按：秦：战国七雄之一，战国前期有今陕西中部、甘肃东南部地区，国都在栎阳（今陕西西安阎良）。吴起进攻秦国，夺取五座城邑，在魏文侯三十七年、三十八年（公元前409、前408年）。杨宽曰："吴起经过两年时间，陆续攻取了秦的临晋（今陕西大荔东南）、元里（今陕西澄城南）、洛阴（今大荔西南）、郃阳（今陕西合阳东南）等城，并一直攻到秦的郑，从此秦的河西全部为魏占有。魏在河西设郡，以吴起为郡守。"（《战国史》）

起之为将，与士卒最下者同衣食。卧不设席，行不骑乘①，亲裹赢粮②，与士卒分劳苦③。卒有病疽者，起为吮之④。卒母闻而哭之。人曰："子，卒也，而将军自吮其疽，何哭为。"母曰："非然也⑤。往年吴公吮其父，其父战不旋踵⑥，遂死于敌。吴公今又吮其子，妾不知其死所矣。是以哭之。"

①卧不设席，行不骑乘

《考证》引中井积德曰："起之时，中国未有跨马者，恐文士之疏脱。"《笺证》曰："早在《诗经》中，就有所谓'古公亶父，来朝走马'，岂可谓'中国未有跨马者'。"按：睡觉时不铺席设垫，行军时不骑马乘车。张文虎《札记》曰："《御览》二百八十引下有'暑不张盖'四字。"《斠证》曰："《御览》三九三引此'骑乘'作'乘骑'。"

②亲裹赢粮

《新注》曰:"亲自打包,亲自背粮。"

【研讨】

《考证》曰:"《群书治要》引史,无'赢'字,枫山、三条本及《艺文类聚》无'裹'字。按'赢'当作'羸',即'裹'字。二字当衍其一。"《订补》曰:"《通典》五,《白帖》十五,《御览》二百八十一,无'裹'字。《庄子·胠箧篇》'赢粮而趣之',《淮南子·修务训》'申包胥赢粮跣走','赢粮'二字连文,释文及高注皆云'赢,裹也','裹'、'赢'二字一义。'赢'不当作'羸'。'裹'与'赢',均非衍字,《考证》非。"按:亲裹赢粮:即亲自包装和背负军粮。裹:打包;赢:背负。《订补》说是也。

③与士卒分劳苦

《考证》曰:"枫山、三条本无'卒'字,《治要》、《类聚》无'苦'字。"

④卒有病疽者,起为吮之[一]

[一] 索隐 吮,邹氏音弋软反,又才软反。

《新注》曰:"疽:痈疮,多发于颈、背和臀部,严重时化脓糜烂,不及时治疗有生命危险。吮之:用嘴吸疽排脓。"《斠证》曰:"杨泉《物理论》引'疽'作'癕',并云'吴起吮疮者之脓,积恩以感下也'。《书钞》一一五,《御览》七四二引'疽'亦并作'癕'。"

【考辨】

吴起吮疽

吴起吮疽之事,又见《韩非子》、《说苑》。《韩非子·外储说左上》曰:"吴起为魏将而攻中山,军人有病疽者,吴起跪而自吮其脓,伤者之母立泣。人曰:'将军于若子如是,尚何为而泣?'对曰:'吴起吮其父之创而父死,今是子又将死也,今吾是以泣。'"此言吴起攻中山,跪着为士卒吮脓,较本传细腻,又云"伤者之母立泣",与本传略异。《说苑·复恩》引述此事,与《韩非子》大致相同。此事一经记传,颇为世人称道。唯郭沫若曰:"吴起能与士卒同甘苦,共衣食,这是可以相信的,但为收士卒欢心而至于吮疽,却有点令人难以相信。因为病疽者假使他的疽是生在自己能吮的地方，他绝不会让自己的主将来跪吮；假使是生在自己不能吮的地方，他的同僚也绝不会让主将去跪吮而作旁观，尤其是患者的母亲也不会只是旁立而泣。一位母亲的爱儿子，比任何良将爱士卒的心总要急切些，岂有将吮而母亲不能吮的事？大约吴起当时曾经作过要跪吮的表示，结果被人替代了，但那表示被粉饰了起来，便成了佳话。"（《青铜时代·述吴起》）

⑤非然也

按：不是这样啊，意谓哭有别的原因。

⑥其父战不旋踵

按：与敌人交战时，脚跟不向后转，比喻勇往直前。踵，脚跟；旋，旋转，指转身逃跑。

文侯以吴起善用兵，廉平①，尽能得士心，乃以为西河守②，以拒秦、韩。

魏文侯既卒，起事其子武侯③。武侯浮西河而下④，中流⑤，顾而谓吴起曰⑥："美哉乎！山河之固⑦，此魏国之宝也。"起对曰："在德不在险⑧。昔三苗氏左洞庭，右彭蠡⑨，德义不修，禹灭之⑩。夏桀之居⑪，左河济，右泰华⑫，伊阙在其南⑬，羊肠在其北⑭，修政不仁，汤放之⑮。殷纣之国⑯，左孟门⑰，右太行，常山在其北，大河经其南⑱，修政不德，武王杀之⑲。由此观之，在德不在险。若君不修德，舟中之人尽为敌国也⑳。"武侯曰："善。"

①廉平

按：廉洁不贪，待人公平。《史记评林》引董份曰：李克谓"起贪而好色"，而此言"廉平"，又云"节廉"，岂其性本贪，而因欲立功名，故自矫勉耶？按：即使李克之谓属实，也无妨起为将廉平，盖此一时彼一时也。参见前"吴起贪而好色辨"。

②乃以为西河守

《笺证》曰："西河郡的郡守。西河：也称'河西'，约当今陕西东部之黄河西岸地区，当时属魏。"

③起事其子武侯

按：武侯：魏武侯，姬姓，魏氏，名击，魏文侯之子，公元前395—前370年在位。

④武侯浮西河而下

按：乘船沿西河而下。浮：漂浮，游动，此指乘船。西河：指今陕西、山西交界的那段黄河。

⑤中流

按：水流的中央。

⑥顾而谓吴起曰

《校读记》曰："《说苑》'顾'下无'而'字。史公书中'顾谓'二字常连用，如《留侯世家》有'顾谓良曰'一语，《李斯列传》有'顾谓其中子曰'一语，《张释之冯唐列传》有'顾谓群臣曰'一语，《韩长孺列传》有'单于顾谓左右曰'一语，此传'顾'下'而'字似衍。"

⑦美哉乎！山河之固

《考证》曰："《群书治要》'哉'下无'乎'字。"《校读记》曰："《说苑》'山河'作'河山'，《魏策一》云'河山之险，岂不亦信固哉'，亦不言'山河'而言'河山'。此传言'山河'，与古人用词之例不合，殆后人传抄误倒。"

⑧在德不在险

按：此语仅见本传。《战国策·魏策一》载此事，吴起但称"河山之险，信不足保也"，"地形险阻，奚足以霸王矣"云云，未言"在德不在险"。《法言·寡见》曰："魏武侯与吴起浮于西河，宝山河之固。起曰：'在德不在固。'曰：'美哉言乎！'使起之固兵每如斯。"此又与本传略异。

【研讨】

"在德不在险"之说

吴起答魏武侯问，断言"在德不在险"，意谓国家的稳固，在于给人民以恩德，而不在于地形的险要。高似孙曰："武侯浮西河，下中流，喟然叹曰：'美哉！山河之固，魏之宝也。'起言之曰：'在德不在险。德之不修，舟中之人，尽敌国也。'斯言之善，质之经，求之古，奚惭焉。"（《子略》）清四库馆臣曰："起杀妻求将，啮臂盟母，其行事殊不足道。然尝受学于曾子，耳濡目染，终有典型，故持论颇不诡于正。如对魏武侯则曰在德不在险；论制国治军则曰教之以礼，励之以义；论为将之道则曰所慎者五，一曰理，二曰备，三曰果，四曰戒，五曰约；大抵皆尚有先王节制之遗。高似孙《子略》谓其尚礼义，明教训，或有得于司马法者，斯言允矣。"（《四库全书总目》卷九十九《子部九》）泷川曰："《左传》昭公四年，司马侯对晋侯曰：'四岳、三涂、阳城、太室、荆山、中南，九州之险也，是不一姓；冀之北土，马之所生，无兴国焉。恃险与马，不可以为固也，自古已然。是以先王务修德音，以享神人，不闻务险与马也。'吴起之对，盖本于此。《经典释文》云'左丘明作《春秋传》，以授曾申，申传卫人吴起'，或然。"（《史记考证》）诸祖耿曰："《太平御览》四百五十九引《韩非子》一百二十七字，与《史记·吴起列传》大同，而与此《策》则异。今《韩非子》无此文，而《说苑》从《史记》，《史记》从《韩非子》，《策》则别有所据也。"（《战国策集注汇考》）按：吴起与魏武侯对问，亦见《战国策·魏策一》。"魏武侯与诸大夫浮于西河，称曰：'河山之固，岂不亦信固哉！'王错侍王，曰：'此晋国之所强也。若善修之，则霸王之业具矣。'吴起对曰：'吾君之言，危国之道也；而子又附之，是重危也。'武侯忿然曰：'子之言有说乎？'吴起对曰：'河山之险，信不足保也；是伯王之业，不从此也。昔者三苗之居，左彭蠡之波，右有洞庭之水，文山在其南，而衡山在其北。恃此险也，为政不善，而禹放逐之。夫夏桀之国，左天门之阴，而右天溪之阳，庐睪在其北，伊洛出其南。有此险也，然为政不善，而汤伐之。殷纣之国，左孟门而右漳釜，前带河，后被山。有此险也，然为政不善，而武王伐之。且君亲从臣而胜降城，城非不高也，人民非不众也，然而可得并者，政恶故也。从是观之，地形险阻，奚足以霸王矣！'武侯曰：'善。吾乃今日闻圣人之言也！西河之政，专委之子矣。'"此段记述详于本传。又，《太平御览》卷四百八十九引《吕氏春秋》曰："吴起行，魏武侯自送之西河，而与吴起辞。武侯曰：'先生将何以治西河？'对曰：'以忠以信，以仁以义。'武侯曰：'四者足矣。'"此谓魏武侯亲送吴起过黄河，至西河郡，所言颇重德治。又，今本《吴子·图国》记述，吴起见魏文侯，谈论治国方略，特别强调"内修文德，外治武备"。此"文德武备"之说，更早于"在德不在险"之说。

⑨昔三苗氏左洞庭，右彭蠡

《全注》曰："《战国策·魏一》记吴起所对，这两句作'左彭蠡之波，右洞庭之水'，下文并'文山在其南，而衡山在其北'二句，表示三苗氏的活动范围，左右与此相反。案：古人习惯以前为南，后为北，左为东，右为西，洞庭湖在西，鄱阳湖在东，应以《战国策》所述方位为是。"《笺证》曰："古人通常称西边为右，东边为左，此以人之南向而言。今三苗北向以抗舜、禹，故称三苗'左洞庭，右彭蠡'。据史公此处文意，当时三苗居住在今湖南、江西、湖北三省之交界处，郭沫若《中国史稿地图集》即用此说。"按：《笺证》说是也。三苗氏：也称有苗氏，传说是远古时代生活在南方的原始部族。洞庭：即洞庭湖，在今湖南北部。彭蠡：即鄱阳湖，在今江西北部。张文虎《札记》曰："《吴郡志·考证门》引此文有裴骃注云'今太湖中包山有石穴，其深洞无知其极者，名洞庭'十九字，盖《集解》文。"

⑩德义不修，禹灭之

按：德义不修：不施德政，不讲信义。禹：又称大禹、夏禹，是远古时代中原地区的部落联盟首领，曾经带领部众疏通江河，治理洪水，后将王位传给其子启，从而开创王权制度。详见《夏本纪》、《五帝本纪》。

【考辨】

禹灭三苗之说

中国远古时代，三苗与中原交往频繁，发生过一连串战争。相传尧帝与三苗"战于丹水之浦"，舜帝把一部分三苗流放到西北，大禹打败三苗，三苗从此衰微。然在有夏一代，三苗仍活跃于江汉地区。故学者论三苗，以为不灭于禹。如梁玉绳曰：禹未尝灭三苗，《尚书》及诸子皆无其说，岂误以窜迁分北遏绝之事为禹耶？《国策》作"禹放逐之"。《笺证》曰："《五帝本纪》载舜有所谓'分北有苗'，又相传舜时三苗不服，舜乃执干戚而舞云云，亦无灭三苗之说。"

⑪夏桀之居

按：夏桀：夏朝的末代君主，国都在原（今河南济源西北），终被商汤打败，逃至鸣条（在今河南封丘），死于南巢（在今安徽巢湖），详见《夏本纪》。

⑫左河济，右泰华

《新注》曰："河济：指黄河、济水。泰华：指泰山、华山。"《全注》曰："泰应指今山西境内的霍山，霍山古亦名霍太山或霍泰山，若指为今山东境内的泰山，则应称'左'而不应称'右'；华指华山。霍山和华山在夏中心活动区的西面，故称'右'。"《笺证》曰："河济，黄河、济水，此指今河南温县东，其地为黄河与济水的分流处；泰华，即华山，在今陕西华阴南。"按：左河济，右泰华，此北向而言。泰华与河济相对为文，华字为衬字，谓夏人活动在河济、泰山之间，《新注》说是也。

⑬伊阙在其南

《注译》曰："山名，伊水经流其间，形成缺口，故名伊阙，后又名龙门，在今河南洛阳市东南。"

⑭羊肠在其北〔一〕

〔一〕集解瓒曰："今河南城为直之。"皇甫谧曰："壶关有羊肠阪，在太原晋阳西北九十里。"

《考证》引中井积德曰："羊肠，盖指太行山也。"《订补》引程恩泽曰："羊肠在怀泽间，即太行阪道。蔡泽谓应侯曰'决羊肠之险，塞太行之道'。《正义》：'太行山阪道，盘纡如羊肠，南属怀州，北属泽州，《吕氏春秋》九山之一是也。'"《注译》曰："羊肠：指羊肠坂，太行山上的坂道，萦曲如羊肠，故名，在今山西晋城东南，这里概指太行山。"

⑮修政不仁，汤放之

按：汤：也称商汤、成汤，是商朝的开国君主，率领商族打败夏桀，推翻夏王朝，建立商王朝。《夏本纪》记载："桀走鸣条，遂放而死。"放，放逐，流放。

⑯殷纣之国

按：殷纣：商朝的末代君主，国都在朝歌（今河南淇县），约公元前1075—前1046年在位，终被周武王打败，自焚而死。详见《殷本纪》。

⑰左孟门〔一〕

〔一〕索隐刘氏按：纣都朝歌，今孟山在其西(1)。今言左，则东边别有孟门也。

(1) 今孟山在其西：此以孟山释孟门，在朝歌的西边。按：依南向为言的习惯，应称说为"右孟门"，故下文曰："今言左，则东边别有孟门也。"孟门：指孟山上的隘道。《新注》曰："孟门：古隘道名，在今河南辉县西。"

⑱常山在其北，大河经其南

《新注》曰："常山：即恒山，古代五岳之北岳，在今河北曲阳县西北。大河：即黄河。"

⑲武王杀之

武王：即周武王，姓姬名发，周文王之子，约公元前1046—前1043年在位。公元前1046年，周武王率军进攻商朝，商纣王战败自杀，周王朝正式建立。详见《周本纪》。

⑳舟中之人尽为敌国也〔一〕

〔一〕 集解 《杨子法言》(1)曰："美哉言乎！使起之用兵每若斯，则太公何以加诸！"

(1)《杨子法言》：又称《法言》，西汉末杨雄撰，为拟《论语》而作，凡十三篇，今有传本。"杨"或作"扬"，未知所据。

《考证》曰："枫山、三条本、《治要》'舟'作'船'，'敌'上无'为'字。"《订补》曰："《说苑·贵德篇》'舟'作'船'，'敌'上无'为'字。《御览》四百五十九，'敌'上亦无'为'字。"《校读记》曰："《说苑·复恩篇》云'若君不修德，船中之人尽敌国也'，'尽'下无'为'字。《群书治要》引此传'尽'下亦无'为'字。此传今有'为'字者，殆后人按后代语例妄加，非此传旧有之也。"《笺证》曰："《左传纪事本末》引《尸子》谓范献子灭栾氏后，游于河，问诸人栾氏是否尚有后裔，舟人清涓谓范献子曰：'善修晋国之政，内得大夫，外不失百姓，虽栾氏子，其若君何；若不修晋国之政，内不得大夫，而外失百姓，则舟中之人皆栾氏子也。'与吴起对武侯语相同，不知孰为原始，孰为抄袭。"

吴起为西河守，甚有声名。魏置相，相田文①。吴起不悦，谓田文曰："请与子论功，可乎？"田文曰："可。"起曰："将三军②，使士卒乐死，敌国不敢谋，子孰与起③？"文曰："不如子。"起曰："治百官，亲万民，实府库④，子孰与起？"文曰："不如子。"起曰："守西河而秦兵不敢东乡⑤，韩赵宾从⑥，子孰与起？"文曰："不如子。"起曰："此三者，子皆出吾下⑦，而位加吾上⑧，何也？"文曰："主少国疑⑨，大臣未附，百姓不信，方是之时，属之于子乎⑩？属之于我乎？"起默然良久，曰："属之子矣。"文曰："此乃吾所以居子之上也。"吴起乃自知弗如田文。

①相田文〔一〕

〔一〕索隐按：《吕氏春秋》作"商文"。

【考辨】
田文与商文
　　此言"田文"、"商文"，是否为同一人？焦竑曰："《史记》称田文，《吕纪》为商文，所不可晓。太史公得于传闻，而《吕纪》先秦之书，或于记载为核。"（《焦氏笔乘》）梁玉绳曰："此本《吕览·执一篇》，而言各不同，未晓所以。"崔适曰："各本皆作'田文'，今依《索隐》引《吕氏春秋》正。"《斠证》曰："《吕览·执一篇》'田文'既作'商文'，而言又各不同，则此似非全本《吕览》也。"又，齐孟尝君曰田文，此田文是否指孟尝君？胡三省曰："此田文，非齐之田文。齐之田文，乃孟尝君也。"（《资治通鉴》注）《笺证》曰："此田文为魏国贵族，《吕氏春秋》作'商文'，与后来齐国的孟尝君田文非一人。"

②将三军
　　按：将：统率，率领。三军：春秋战国时期的军队常分为上、中、下或左、中、右三军，此指全军。

③子孰与起
　　按：您跟我相比，哪一个更好？

④实府库
　　《注译》曰："使仓库充实。府，收藏财物或文书的地方；库，储存物品的建筑物。"

⑤守西河而秦兵不敢东乡
　　按：不敢向东进犯。乡，通"向"。

⑥韩赵宾从
　　按：使韩、赵两国服从魏国。

⑦此三者，子皆出吾下

《考证》曰："'此三者子'，各本作'此子三者'，今从枫山本。"《斠证》曰："敦煌《春秋后语》残卷作'此三功者，子皆出吾下'，亦可证各本之误。"按："此三者子"，或作"此子三者"。王念孙曰："'子'字本在'三者'下，今误在'三者'之上，则文不成义。《后汉书·朱浮传》注引此作'此三者子皆出吾下'，《通鉴·周纪》一同，《吕氏春秋·执一篇》作'三者子皆不吾若也'。"（《读书杂志》）

⑧而位加吾上

按：加：任，居其位。

⑨主少国疑

按：国君年纪很轻，民众尚有疑虑。《史记札记》曰："案《六国年表》，魏文侯二十五年太子莹生，则武侯之立，年十四耳，此言置相当在武侯初立时，故有'主少国疑'之言。然文侯在位时久，内有魏成子、翟璜，外有西门豹、李克之属，吴起为将在文侯时，则亦老臣矣，不得复云'大臣未附，百姓不信'也。"

⑩属之于子乎

《新注》曰："属：注目。"《笺证》曰："属：瞩目，眼睛盯着，言其一身系天下之重。"

田文既死，公叔为相，尚魏公主①，而害吴起②。公叔之仆曰："起易去也③。"公叔曰："奈何？"其仆曰："吴起为人节廉而自喜名也④。君因先与武侯言曰⑤：'夫吴起贤人也，而侯之国小，又与强秦壤界⑥，臣窃恐起之无留心也。'武侯即曰：'奈何？'君因谓武侯曰：'试延以公主⑦，起有留心则必受之，无留心则必辞矣。以此卜之⑧。'君因召吴起而与归⑨，即令公主怒而轻君⑩。吴起见公主之贱君也，则必辞⑪。"于是吴起见公主之贱魏相，果辞魏武侯⑫。武侯疑之而弗信也⑬。吴起惧得罪，遂去，即之楚⑭。

①公叔为相，尚魏公主〔一〕

〔一〕索隐 韩之公族。

《全注》曰:"相:相邦,战国一来辅佐国君的最高官职。"《全译》曰:"尚:娶。古时臣下娶君主的女儿称'尚'。"《注译》曰:"公主:国君的女儿。"《斠证》曰:"宋高承《事物纪原》谓《春秋公羊传》曰:'天子嫁女于诸侯,至尊不自主婚,必使同姓者主之,谓之公主。'盖周事也。《史记》曰,公叔相魏,尚魏公主,文侯时也,盖僭天子之女号也。"按:公叔:即公叔座,也作公叔痤,娶魏武侯之女为妻,在魏武侯、惠王时连任魏相。《索隐》谓"韩之公族",即韩公族来魏为相。

【考辨】

公叔二事

公叔即公叔座,是韩人还是魏人,是否妒害吴起?历来存有异议。梁玉绳曰:"公叔,即魏公叔痤,《索隐》以为'韩之公族',妄也。但《魏策》有痤战胜浍北,辞赏田以让起后一篇,吴师道曰'痤以计疑起于武侯,起去之楚。浍北之战,乃归功于起之余教,而使其嗣受赏,何其前后之戾耶?'余谓让功必非公叔痤,《国策》误耳。"《考证》引张照曰:"按《战国策》,公叔,疑为魏公叔痤,非韩公族也。'公叔痤为魏将,而与韩、赵战浍北,禽乐祚,赏田百万禄之,反走再拜而辞,以让吴起之后。'则非害起者也。此与《国策》参差不同。"《斠证》曰:"公叔痤能荐公孙鞅于魏惠王,则痤亦是知人者。吴起深见重于文侯及武侯,痤为相虽妒害之,起既赴楚,痤妒害之心已消,浍北战胜,能让赏于起之后,诚有足多者。《史记》与《魏策》一所记,本为二事,虽参差不同,《魏策》未必误也。"按:公叔座若为魏之公族,不应尚公主,《索隐》谓"韩之公族"是也,梁玉绳曰"妄也"非是。出于权力之争,公叔座延起尚公主,又假手王错排斥起,当在情理之中。起既去魏,公叔座厚待起之后人,王叔岷谓"诚有足多者"是也。在缺失文献佐证的情况下,诸家之说皆为推论。《斠证》以情度理,虽是调停诸说,却也最近事实,故取之。事详后"吴起去魏"之考辨。

②而害吴起

《笺证》曰:"害:妒忌,忌恨。以其存在为己之病。"

③起易去也

按:意谓吴起这人,很容易排挤走。

④吴起为人节廉而自喜名也

《注译》曰:"节:风节;廉:廉隅,有棱角。"《新注》曰:"自喜名:重视自己的名誉。"按:为人高傲而好名声。

【集校】

王念孙曰:"'名'字后人所加,'自喜',犹'自好'也。《孟尝君传赞》'好客自喜',《田叔传》'为人刻廉自喜',《郑当时传》'以任侠自喜',皆其证。加一'名'字,则非其指矣。《太平御览·皇亲部》引此无'名'字。"(《读书杂志》)《考证》曰:"枫山、三条本无'名'字。"《斠证》曰:"《春秋后语》、《通鉴》并无'名也'二字。"按:综上所言,"名"字无义,似为衍文。

⑤君因先与武侯言曰

梁玉绳曰:"此及下三称'武侯'误。《史诠》谓俱当作'魏侯'。"《斠证》曰:"案生称谥,《史记》习见,《日知录》二十三有说。《通鉴》'武侯'作'君',有意改之也。"按:据此,《史记》称"武侯"不误。

⑥而侯之国小,又与强秦壤界

《新注》曰:"壤界:接界。"《考证》曰:"枫山、三条本'壤'作'接'。'壤界'二字连读一意,犹言接也。"《斠证》曰:"《春秋后语》'壤界'作'接壤'。"《笺证》曰:"当时秦未变法,国力未强,他国尚无以'强秦'相称者。而魏国之文侯、武侯时代,国力为天下第一,今乃谓其'国小',亦不合实情。"按:依疆域而言,此时秦大于魏,故称"强秦"。

⑦试延以公主

《新注》曰:"延以公主:延请吴起尚公主。"《笺证》曰:"以给公主招亲的办法来招揽吴起。延:请,招纳。"

⑧以此卜之

《新注》曰:"卜:占卜,算卦,此指探测。"

⑨君因召吴起而与归

《新注》曰:"与归:与之同归相府。"

⑩即令公主怒而轻君

按:轻:鄙薄,轻视。

⑪吴起见公主之贱君也，则必辞

《新注》曰："必辞：一定辞绝尚公主之事。"《考证》引冈白驹曰："必辞，必辞尚公主也。"

⑫果辞魏武侯

《新注》曰："吴起果然辞绝了魏武侯的招亲。"

⑬武侯疑之而弗信也

《斠证》曰："《御览》引'弗'作'不'，《通鉴》作'未'，'弗'、'不'并与'未'同义。"

【考辨】

吴起去魏

吴起去魏，是何缘故？本传称公叔忌恨吴起，受其仆人指点，借给公主招亲之名，使吴起无法面对，被迫向武侯辞行。然《吕氏春秋·仲冬纪·长见》曰："吴起治西河之外，王错谮之于魏武侯，武侯使人召之。吴起至于岸门，止车而望西河，泣数行而下。其仆谓吴起曰：'窃观公之意，视释天下若释躧，今去西河而泣，何也？'吴起抿泣而应之曰：'子不识。君知我而使我毕能，西河可以王。今君听谗人之议而不知我，西河之为秦取不久矣，魏从此削矣。'吴起果去魏入楚。"据此谗害吴起，逼迫他去魏者，则是王错所为。吴师道曰："按《史记》，田文既死，公叔为相而害吴起，以计疑起于武侯，起惧得罪而去之楚。公叔即痤也。浍北之战，痤乃归功于起之余教，而使其嗣受赏，何其前后之戾邪？"（《战国策校注》）林春溥曰："吴起去魏，《吕氏春秋》以为王错谮之魏武侯，则非痤也。百家传记往往有以证史之误者，此类是也。"（《战国纪年》）张照曰："按《战国策》，公叔疑为魏公叔痤，非韩公族也。公叔痤为魏将，而与韩、赵战浍北，禽乐祚，赏田百万禄之，反走再拜而辞，以让吴起之后，则非害吴起者也。此与《国策》参差不同。"（《殿本考证》）泷川资言引《吕氏春秋》此篇及《观表篇》，断言谮吴起者王错，非公叔。（《史记考证》）王叔岷曰："此记公叔计去吴起，《吕氏春秋》记王错谮去吴起，则吴起之去，盖有二因，当分别观之。《考证》谓'谮吴起者王错，非公叔'，是混二事为一事矣。"（《斠证》）郭沫若曰："尚公主的阴谋总当得是莫须有的事，但谗害吴起而收到成功的是王错，不是公叔痤。王错之所以要谮吴起，是因为他在武侯面前受过一次吴起的指摘。《战国策·魏策》曰：'魏武侯与诸大夫浮于西河，称曰："河山之险不亦信固哉？"王错侍王曰："此晋国之所以强也。若善修之，则霸王之业具矣。"吴起对曰："吾君之言，危国之道也，而子又附之，是重危也。"……'这个故事也见于本传，内容大略相同，只明揭出'在德不在险'一句，但疏忽地把王错一名略去了。"（《青铜时代·述吴起》）杨宽曰："《吕氏春秋》谓吴起去魏，有间而西河毕入秦，并非事实，仅魏在河西受秦侵，或为秦败而已，西河地犹未失也。又曰：《吴起列传》谓吴起去魏入楚，出于'公叔为相，尚魏公主，而害吴起'，此乃传闻异辞。公叔不知何名，《魏策一》有公叔痤为将，于魏惠王时与韩、赵战浍北，擒乐祚，得赏田百万，归功于吴起之余教，因索吴起之后赐之田二十万。公叔痤当非害吴起者。王错为武侯之侍臣而掌有权势者，吴起尝对之曰：'吾君之言，危国之道也，而子又附之，是危也。'王错与吴起有隙已非一日。"

⑭即之楚

《史记札记》曰："案《魏世家》，武侯九年'使吴起伐齐'，吴起事仅一见。而据《六国表》，楚悼王元年当魏文侯二十四年；文侯凡立三十八年，楚悼王立二十一年，则楚悼王之卒，当武侯六年，不应武侯九年吴起尚在魏地也。若吴起适楚在九年之后，是楚悼王之卒久矣。"钱穆曰："吴起为魏武侯伐齐至灵丘，在武侯九年，则去魏当在十年以后。"（《先秦诸子系年》）郭沫若曰："吴起去魏入楚，不知究在何年。其在楚为令尹仅及'期年'，其前则曾为苑守一年，《说苑·指武篇》载其事，《淮南子·道应训》亦载此事，然略去为苑守一节。为苑守一年，为令尹一年，则吴起在楚至少当得有三年，而吴起之入楚则当在楚悼王十八年，魏武侯之十三年。"（《青铜时代·述吴起》）

楚悼王素闻起贤①，至则相楚②。明法审令③，捐不急之官④，废公族疏远者⑤，以抚养战斗之士。要在强兵⑥，破驰说之言从横者⑦。于是南平百越⑧；北并陈蔡⑨，却三晋⑩；西伐秦。诸侯患楚之强。故楚之贵戚尽欲害吴起⑪。及悼王死⑫，宗室大臣作乱而攻吴起，吴起走之王尸而伏之⑬。击起之徒因射刺吴起，并中悼王⑭。悼王既葬，太子立⑮，乃使令尹尽诛射吴起而并中王尸者⑯。坐射起而夷宗死者七十余家⑰。

①楚悼王素闻起贤

按：楚悼王：楚国的君主，姓熊名疑，公元前401—前381年在位，在位时任用吴起变法，楚国再度强盛。

②至则相楚

《订补》曰："《淮南子·道应篇》，吴起为楚令尹。《说苑·指武篇》，吴起为苑守，居一年，王以为令尹。《渚宫旧事》，悼王时，魏吴起来奔，以为令尹。"

【存疑】

吴起相楚

吴起至楚，最初担任苑守，尝从楚贵族屈宜臼请益。《说苑·指武》载：吴起为苑守，行县适息，问屈宜臼曰："王不知起不肖，以为苑守，先生将何以教之？"屈公不对。居一年，王以为令尹，行县适息。问屈宜臼曰："起问先生，先生不教。今王不知起不肖，以为令尹，先生试观起为之也！"屈公曰："子将奈何？"吴起曰："将均楚国之爵而平其禄，损其有余而继其不足，厉甲兵以时争于天下。"屈公曰："吾闻昔善治国家者不变故，不易常。今子将均楚国之爵而平其禄，损其有余而继其不足，是变其故而易其常也。且吾闻兵者凶器也，争者逆德也。今子阴谋逆德，好用凶器，殆人所弃，逆之至也，淫泆之事也，行者不利。且子用鲁兵不宜得志于齐而得志焉；子用魏兵不宜得志于秦而得志焉。吾闻之曰：'非祸人不能成祸。'吾固怪吾主之数逆天道，至今无祸。嘻！且待夫子也。"吴起惕然曰："尚可更乎？"屈公曰："不可。"吴起曰："起之为人谋。"屈公曰："成刑之徒不可更已！子不如敦处而笃行之，楚国无贵于举贤。"由此可知，吴起居苑一年，而后被楚悼王擢为令尹，在开展变法活动前，曾经与屈宜臼会面，谈论变法措施。然据《淮南子·道应训》，吴起既为令尹，到访魏国，与屈宜臼会晤，则有别于《说苑》，兹且存疑。

③明法审令

按：明确制定法规，严肃下达命令。

④捐不急之官

按：捐：撤销，撤除。不急：不急需，用不着。《校读记》曰："'捐'乃'损'字传写之误。《韩非子·和氏篇》云'损不急之枝官，以奉选练之士'；本书《范雎蔡泽列传》云'损不急之官，塞私门之请'。此皆言吴起事者，而曰'损不急之枝官'、'损不急之官'，足证此传'捐'字为'损'字之误。"

⑤废公族疏远者

《新注》曰："废除国君远门宗族的爵禄。"按："公族"，指国君的同族。《韩非子·和氏篇》，吴起教楚悼王以楚国之俗曰："大臣太重，封君太众。若此，则上逼主而下虐民，此贫国弱兵之道也。不如使封君之孙三世而收爵禄，裁减百吏之禄秩，损不急之枝官，以奉选练之士。"悼王行之期年而薨矣。据此可知吴起变法之举措。

⑥要在强兵

按：要：致力于。

⑦破驰说之言从横者

《考证》曰："《秦策》蔡泽述吴起事曰：'破横散从，使驰说之士无所开其口。'按吴起相楚，先苏秦说赵五十年，秦孝未出，商鞅未用，何有言从横者。"《注译》曰："《汉书音义》曰：'以利合曰纵，以威力相胁曰横。'盖战国初，魏国最为强大，秦国偏处西陲，对山东诸侯并未构成威胁，也未产生纵横家。'纵横'一词的含义，只能如《汉书音义》所释说的那样。"《笺证》曰："《战国策·秦策三》有所谓'吴起事悼王，使私不害公，谗不蔽忠，言不取苟合，行不取苟容，行义不顾毁誉，必有伯主强国，不辞祸凶'，无'破驰说之言从横者'意。"按：破：揭穿，戳破。驰说：奔走游说。从横：即纵横。

⑧于是南平百越

《新注》曰："百越：又作百粤，指在今两广、闽浙一带的少数民族，因部族众多而称百越。"按：《战国策·秦策三》载蔡泽谓吴起"南攻杨越"，"杨越"指今江苏南部、浙江北部一带。《后汉书·南蛮传》称"吴起相悼王，南并蛮越，遂有洞庭、苍梧"，"蛮越"在今湖南、广西一带。杨宽曰："苍梧既为山名，又为渊名，同时又作部族名和地区名，在今湖南、广西之间。从长沙发现有春秋晚期楚国墓葬来看，洞庭湖周围地区当在春秋晚期已为楚国领土，不全是吴起在楚当政时所开拓的。蒋伯超《南漘楛语》卷五《吴起非商鞅比》条说：'按今南赣诸郡及楚粤毗连等处，皆吴起相楚悼王时所开。'这个论断是准确的。"（《战国史》）

⑨北并陈蔡

按：陈：陈国，周代妫姓封国，今河南东部、安徽一部分地区，国都在宛丘。详见《陈杞世家》。蔡，即蔡国，周代姬姓封国，有今河南中东部、安徽一部分地区，国都在蔡（今河南上蔡），后迁至吕（今河南新蔡），再迁至州来（今安徽凤台）。详见《管蔡世家》。梁玉绳曰："陈灭于楚惠王十一年（公元前478年），蔡灭于惠王四十二年（公元前447年），何待悼王（公元前401—前381年在位）时始并之？此与《蔡泽传》同妄，而实误仍《秦策》也。"杨宽曰："当时陈、蔡早已为楚所灭，所谓'北并陈蔡'，当指巩固所占陈、蔡旧地而言。"（《战国史》）

【考辨】

楚灭蔡考

西周初年，周武王分封诸侯，封其弟度于蔡。后经三监之乱，周公放逐蔡叔。"蔡叔度既迁而死，其子曰胡，胡乃改行，率德驯善。"（《管蔡世家》）周公言于成王，复封胡于蔡（今河南上蔡）。公元前531年，蔡国为楚所灭。后三年，蔡平侯复国，迁都于吕（今河南新蔡）。公元前506年，蔡国随从吴国伐楚，攻入郢都。公元前493年，蔡昭侯迁都州来（今安徽凤台）。公元前447年，楚国向东扩张，再度灭蔡国。自楚悼王开始，蔡地受楚统辖。故至战国末年，当郢都沦陷后，楚能向东迁徙。

⑩却三晋

《注译》曰："三晋：指韩、赵、魏三国，这里仅指韩、魏。"按：却：使退却，拒绝。杨宽曰："公元前383年，赵国便大举攻卫了，赵围攻卫的都城濮阳，采用了"蚁傅"（如同蚂蚁爬登城墙而围攻）的战术，并且在濮阳北面建筑刚平城（今河南清丰西南），作为进攻基地。卫在危急中向魏求救，魏武侯为此亲率大军前往救解，大败赵师于兔台。次年卫得魏的帮助攻取刚平，攻破了赵中牟（今河南鹤壁西）的外郭。第三年，楚出兵救赵伐魏，楚的先锋深入魏地，越过黄河，与魏战于州（今河南温县东北），随后攻出梁门（大梁西北的关塞），驻屯于林中，切断魏河内地区和河东国都安邑之间的联系，造成魏国破碎而危急的局势。赵借此进攻魏的河北地区，火攻棘蒲，取得大胜，于是南下攻克黄城。这时吴起正做楚的令尹，指挥楚军深入进攻魏的要害之地，穿越黄河，拦腰切断魏河内和河东联系的，正是吴起。所谓'却三晋'，即指这次大战而言。这场大战连续有四年之久，先是赵国受到创伤，后来魏国受到更大的创伤。"（《战国史》）

⑪故楚之贵戚尽欲害吴起

《笺证》曰："因吴起'捐不急之官，废公族疏远者'，触及了此等人的既得利益。害：嫉恨。"《考证》曰："'故'犹'旧'也，毛本无'欲'字。"《斠证》曰："上文'南平百越，北并陈蔡，却三晋，西伐秦'，即诸侯患楚强之故，已甚明白。上文'捐不急之官，废公族疏远者'，贵戚欲害起之故，亦略见端倪。《吕氏春秋·贵卒篇》称起'令贵人往实广虚之地，皆甚苦之'，则贵戚欲害起之故愈著耳。"按：故楚之贵戚：过去被剥夺爵禄的王室宗族。

⑫及悼王死

《新注》曰："楚悼王死，吴起被害死，在公元前381年。"

⑬吴起走之王尸而伏之

按：吴起跑过去爬在楚悼王的尸体上。

⑭击起之徒因射刺吴起，并中悼王〔一〕

〔一〕索隐《楚系家》悼王名疑也。

梁玉绳曰："《吕氏春秋》言'起拔矢而走，伏尸插矢'，谓拔人所射之矢插王尸也，与此小异。"《斠证》曰："《刘子·贵速篇》'昔吴起相楚，贵族攻之。起欲讨仇，而插矢王尸'，本《吕氏春秋》也。"《笺证》曰："史公每写及复仇事，必感情饱满，绘形绘声。此吴起临死设谋为自己复仇事，与《苏秦列传》之临死为自己设谋复仇，思路相同；而《吕氏春秋》的'拔矢而走，伏尸插矢'，则无疑是更狡狯、更生动，相比之下，史公在此还是留有余地。"

【考辨】

吴起之死

关于吴起之死，本传称起被楚之贵戚射杀，而《韩非子·难言》谓吴起"卒肢解于楚"，《和氏》谓"吴起肢解于楚"，《问田》谓"吴起支解而商君车裂",则吴起被肢解而死,抑或死后再遭肢解。杨宽曰:"吴起入楚,约在悼王十二年左右,其政绩、战绩颇有成功,蔡泽因谓吴起'功已成矣,而卒肢解',不似治一年即被杀者。又,《韩非子》之《和氏》、《难言》、《问田》以及《淮南子》之《主术》、《缪称》等皆谓吴起死后尚被'肢解'或'车裂'云云。"(《战国史》)

⑮悼王既葬,太子立〔一〕

〔一〕索隐肃王臧也。

按:楚悼王的太子,熊氏名臧,即位为楚肃王,公元前380—前370年在位。

⑯令尹

按:楚国的最高官职,对内掌管政务,对外指挥作战,总揽军政大权,相当于相国。

⑰坐射起而夷宗死者七十余家

《新注》曰:"坐:因事被判罪。夷宗,灭族。夷,消灭,杀尽。"《校读记》曰:"《淮阴侯列传》、《郦生陆贾列传》皆有'夷灭宗族'一语,疑此传'宗'下'死'字乃'族'字之误。"

太史公曰:世俗所称师旅①,皆道《孙子》十三篇、吴起《兵法》②,世多有,故弗论,论其行事所施设者③。语曰④:"能行之者未必能言,能言之者未必能行⑤。"孙子筹策庞涓明矣⑥,然不能早救患于被刑⑦。吴起说武侯以形势不如德,然行之于楚,以刻暴少恩亡其躯⑧。悲夫⑨!

①世俗所称师旅

按:称:称道,称谓。师旅:先秦时代军队的编制单位,大抵以二千五百人为师,五百人为旅,后遂用以代指军队,又引申为军队之事,即军事。

②吴起《兵法》

按:即《吴子兵法》,《汉书·艺文志·兵书略》著录《吴起》四十八篇,今本仅存六篇,依次为《图国》、《料敌》、《治兵》、《论将》、《应变》、《励士》六篇,共有五千余字,主要记述吴起和魏文侯、武侯论兵的内容。

【考辨】

《吴起兵法》真伪考

吴起所著兵法，称《吴子》、《吴起》、《吴子兵法》、《吴起兵法》。早在战国后期，《吴子》就与《孙子》并行于世，如韩非所言："境内皆言兵，藏孙吴之书者，家有之。"（《韩非子·五蠹》）依本传所述，直到西汉前期，《吴子》依然流传很广。《汉书·艺文志·兵书略》著录四十八篇。汉魏之际，贾诩注释《吴子》，开《吴子》研究之先河。然在流传过程中，该书不断散佚，至唐贞观时，《隋书·经籍志》仅录一卷。北宋神宗时，下诏校定《孙子》、《吴子》、《六韬》、《司马法》、《三略》、《尉缭子》、《李靖问对》为《武经七书》，刊行于天下，而朱服校定《吴子》二卷，作为单行本传世。后有施子美、晁公武、高似孙、王应麟、陈振孙等人，都认为《吴子》为吴起所著。其中，晁公武曰："《吴子》三卷，魏吴起撰，言兵家机权法制之说，唐陆希声类次为之，《说国》、《料敌》、《治兵》、《论将》、《变动》、《励士》，凡六篇。"（《郡斋读书志》）明代宋濂、王阳明认为是吴起所著。胡应麟曰："《吴起》或未必起自著，要亦战国人掇其议论成编，非后世伪作也。"（《少室山房笔丛》）。清代编纂《四库全书》，四库馆臣曰："司马迁称'起兵法世多有'，而不言篇数。《汉艺文志》载《吴起》四十八篇。然《隋志》作一卷，贾诩注。《唐志》并同。郑樵《通志略》又有孙镐注一卷。均无所谓四十八篇者。盖亦如孙武之八十二篇出于附益，非其本书世不传也。晁公武《读书志》则作三卷，称唐陆希声类次为之，凡《说国》、《料敌》、《治兵》、《论将》、《变化》、《励士》六篇。今所行本虽仍并为一卷，然篇目并与《读书志》合，惟《变化》作《应变》，则未知孰误耳。"（《钦定四库全书》卷九十九《子部九》）是说《吴子》的成书与《孙子》相近，原本为吴起所著，仅有六篇文字。所谓四十八篇，主要出自后学附益，不完全是吴起手笔。自唐代以来，通行本均为六篇，并没有什么疑义。然而，自清代至民国时期，这部著作仍遭质疑。姚鼐认为，魏晋以后始以笳笛为军乐，吴起不可能说"夜以金鼓、笳笛为节"，所以其书为伪作。（《惜抱轩全集·文集》）姚际恒曰："其论肤浅，自是伪托，中有屠城之语，尤为可恶。"（《古今伪书考》）梁启超考论《吴子》，仍断言全部是伪作。郭沫若认为：今本《吴子》半系吴起与魏文、武二侯之问答，非问答之辞者率冠以"吴子曰"，辞义浅屑，每于无关重要处袭用《孙子兵法》语句;更有所谓"四兽"数语,则显系袭用《曲礼》或《淮南子·兵略训》,因而判定"今存《吴子》实可断言为伪,以笔调觇之,大率西汉中叶时人之所依托"。(《青铜时代·述吴起》)以上伪作之说,其实难以成立。据今人多方考证,早在秦汉以前,"笳"作为指挥工具,已经用于军队;在出土的战国漆器上,可以看到青龙、白虎、朱雀、玄武的图像。何况《吴子》从未失传,汉唐之间有任宏、贾诩、孙镐、陆希声等人,做过相应的整理和注释。至于说它言论肤浅,则属于主观臆断,不足为凭。总起来说,《吴子》为吴起所著,成书于战国前期,虽在流传过程中经过后人的整理,有所增益和删改,但不能死抠个别文字,随意把它指为伪书。

③论其行事所施设者

《注译》曰:"评论他们生平行事所涉及的事实。"《新注》曰:"所施设者,指孙子、吴起的独特创造。"

④语曰

按:俗话说,俗语说。

⑤能行之者未必能言,能言之者未必能行

按:王世贞曰:"太史公称孙武'北威齐晋,显名诸侯',恐亦附会之过。当其时,武必先死矣。不然,而樵李之败绩,会稽之许成,舍腹心之越而从事于石田之齐,武胡为不谏救也。太史公亦云'能行之者未必能言,能言之者未必能行',盖颇见微指云。"

⑥孙子筹策庞涓明矣

《全注》曰:"孙子,指孙膑;筹策,是古人用来计数的工具,多用竹木小棍做成,行师用兵多用来计算敌我优劣,叫作定计、运筹、决策等,这里指算计、预料。"

⑦然不能早救患于被刑

按:被刑:指受膑刑。

⑧以刻暴少恩亡其躯

按:刻:刻薄。暴:暴虐。少恩:缺少恩惠。亡:失去,丧失。朱东润曰:"以传文较之,'明法审令,捐不急之官,废公族疏远者,以抚养战斗之士',无所谓'刻暴少恩'也。"(《史记考索》)《斠证》曰:"'刻暴'犹'刻薄'。《汉书·宣帝纪》'为取暴室啬夫许广汉女',师古注'暴室，或云薄室，薄亦暴也'，即暴、薄古通之证。又据上文'明法审令'云云，则起之'刻暴少恩'不太著，然不能以为无所谓'刻暴少恩'也。据《韩非子·和氏篇》，起教楚王'使封君之子孙，三世而收爵禄，绝灭百吏之禄秩，损不急之枝官，以奉选练之士'，则可谓'刻暴少恩'矣。"《新注》曰："这里的'刻暴少恩'，语意双关，既是批评，也是感叹吴起不曾为自己打算。"《笺证》曰："史公不喜法家人物，其指责多有不合理者，《商君列传》指责商鞅曰'天资刻薄'、'少恩'，《晁错列传》指责晁错曰'擅权，多所变更'，以及'变古乱常'云云，用词几乎相同。"按："刻暴少恩"，法之本质，执法严必无情，司马迁记其实，非是"不喜法家"之证。

⑨悲夫

《新注》曰："感叹孙膑、吴起二人能言不能行，乃至被人暗害，真是可悲。"按：司马迁此一长叹，就因为应了那句俗语："能行之者未必能言，能言之者未必能行。"孙膑擅于筹划军事行动，却不能预料凶险，被人施以酷刑；吴起明知德政更为重要，却一味推行暴政，结果葬送生命。从这两位兵家来看，要做到思想与行动的统一，原来如此困难。司马迁此一长叹，既为吴起和孙膑而发，也为他自身遭遇而发，值得后人玩味。

【索隐述赞】《孙子兵法》，一十三篇。美人既斩，良将得焉。其孙膑脚，筹策庞涓。吴起相魏，西河称贤；惨礉事楚，死后留权。

语　译

孙子名武，是齐国人。他向吴王阖庐进献《兵法》受到召见。吴王阖庐说："你的十三篇《兵法》，我全都读过了，能用来试一试练兵吗？"孙武回答说："可以。"阖庐说："能用妇女来试一试吗？"孙武回答："行。"于是吴王阖庐立即传旨，让宫中的美女都出来，总计一百八十人。孙武分为两队，并用吴王的两个宠姬分任队长，命令两队宫女都拿好戟，整队操练。孙武向她们发布命令说："你们知道自己的心、左右手和后背的位置吗?"众女兵回答说:"晓得。"孙武说:"我发口令向前,就是朝心胸所对的方向;口令向左转,就是朝左手的方向转;口令向右转,就是朝右手的方向转;口令向后转,就是朝自己后背的方向转,这些都明白吗?"女兵们回答说:"明白了。"孙武把规则约束都已宣示完毕,然后摆设了斧钺武器,再次把各项规则三令五申。说罢,便击鼓为号,发出口令向右转,女兵们哈哈大笑。孙武说:"规则约束没向你们说明白,军令下达你们还没记熟,这是将军的责任。"接着,孙武又把操练事项、规定动作,以及约束军令三番五次进行宣示,郑重告诫务必遵行,然后再次击鼓发出向右转的命令,结果女兵们又一次哈哈大笑起来,根本不把号令当一回事。孙武威严地说:"规则约束没说明白,军令下达没记熟,这是将军的责任,既然约束军令都已反复交代一清二楚,兵士仍不按规定的步法操练,这便是你们不遵号令的过错。"孙武于是按军法,下令把两个队长拉出斩首。吴王在阅兵台上观看女兵操练,看到两个爱姬将被杀头,非常惊骇,赶快派人传下旨令对孙武说:"寡人已明白将军能用兵了,寡人没这两个侍妾,吃饭不香,希望将军刀下留人。"孙武说:"臣已经受命为将军,将军在军队有随机处置之权,君王的命令有违实际可以不接受。"于是杀了两个队长号令全军。然后,依次序另选了宫女二人作队长。这时重新操练,击鼓发号,两队女兵无论左转右转前行后转,摸爬滚打或起或跪,动作规范,完全符合要求,再没人敢吭一声。于是孙武派人向吴王报告说:"队伍已训练整齐,请大王现场检阅,任凭大王随心所欲调遣,即使让她们赴汤蹈火也是可以的。"吴王说:"请将军停止训练,回到营帐休息,我没心情下场检阅。"孙武说:"大王只是爱好我的兵法理论,并不看重我的实践。"吴王失去爱姬虽然满脸不高兴,但心里明白孙武真能用兵,最终任命他为大将。吴王攻破强大的楚国,长驱直入楚国都城郢,北上中原威震齐晋两个大国,扬名诸侯,孙武的辅佐出力最大。

(以上为第一段,写孙武吴宫教战和破楚威齐、晋的战功,赞扬他不畏权贵、执法如山的大将品德。)

孙武死后,过了一百多年又出了一个孙膑。孙膑出生在阿城和鄄城一带,他是孙武的后代子孙。孙膑曾经与庞涓一起学习兵法。庞涓在魏国做官,当了魏惠王的将军,他自认为才能赶不上孙膑,就暗中召唤孙膑,孙膑来到后,庞涓担心孙膑超过自己,因而妒忌厌恶他,就找茬用法律陷害他,判刑砍了他的两脚,还在脸上刺字,想把孙膑掩藏起来,让他没办法在社会上抛头露面。

  齐国使臣到了魏国,孙膑以罪犯身份暗中去见齐使,说服齐使营救自己。齐使知道原委后,认为孙膑是个奇才,偷偷地用车载着孙膑到了齐国,齐国大将田忌友好地以贵宾礼节接待了孙膑。田忌多次与齐国宗室诸公子比赛跑马,赌押重金。孙膑观察双方马匹的脚力相差不多,但可分出上、中、下三等。于是孙膑对田忌说:"下次赛马你尽管下大赌注,我有办法包你取胜。"田忌深信不疑,同齐王和其他贵族公子押下一千金的大赌注。等到临场比赛,孙膑对田忌说:"现在你用下等马对抗对方的上等马,用上等马对抗中等马,用中等马对抗下等马。"等到三场赛完下来,田忌输了一场而胜了两场,赢了齐王一千金。田忌趁这机会向齐威王推荐孙膑。齐威王向孙膑咨询兵法,交谈之后,用为军师。

  后来,魏国攻打赵国,赵国危急,向齐国请救。齐威王打算用孙膑为将,孙膑婉言谢绝说:"我受过刑,身体残缺不可为将。"于是以田忌为大将,孙膑为军师,坐在斗篷车里,随军谋划。田忌领兵直插赵国去解围,孙膑说:"凡是解开乱丝不可用拳头乱砸,解劝斗殴不可以帮着去打,而要避实击虚,控制要害阻遏敌人,自然就会主动解围。如今魏国攻打赵国,精锐部队一定都调到前线,在国外拼命战斗,国内只剩下老弱,转运粮草也拖得筋疲力尽。你不如带领军队迅速向魏国都城大梁挺进,控制要冲,这正是攻击对方的空虚之处,那外出作战的魏兵必然要解开赵国之围而回头自救。这样,我军一举两得,既解救了赵国之围,又以逸待劳挫败魏军。"田忌听从了孙膑的建议,魏国军队果然离开了邯郸,与齐国军队在桂林交战,齐军大败魏军。

  又过了十三年,魏国和赵国联合进攻韩国,韩国向齐国告急。齐国仍派田忌为大将前往解救韩国,扬言直取魏都大梁。魏将庞涓得到警报,便舍弃攻韩,连忙回兵相救。这时齐国军队已经越过边界向西面的魏国挺进了。孙膑对田忌说:"那魏国的士兵,一向强悍勇敢而轻视齐兵,齐国士兵被称作胆小鬼,善于作战的将军,要因势利导转化被动为主动。兵法上说,急行百里去争利的军队,一定会使领兵的主将栽跟头,急行五十里去争利的军队只能有一半到达。我们应下令进入魏境的齐军营造十万人吃的炉灶,第二天减为五万人吃的炉灶,第三天减为只够三万人吃的炉灶。"庞涓追了三天,高兴地说:"我本来知道齐军胆小,进入魏境才三天,一大半士兵开了小差。"于是庞涓留下步兵辎重,亲自率领轻骑兵昼夜兼程加倍赶路追逐齐军。孙膑估量庞涓的行军速度,到天黑时将到达马陵。马陵的道路狭窄,而两旁地形险要,可设兵埋伏,因此选了一棵路旁的大树,削去树皮,露出树干,然后在上面写下八个大字:"庞涓死于此树之下。"又下令选出军中善于射箭的人有一万之众,埋伏在道路两旁,约定说:"晚上见树下有人点火,就万弩齐发。"庞涓一路追赶,果然在夜里赶到那棵被刮去树皮的大树之下,看到白白的树干上写了一行字,就打火照看,还没等庞涓把字读完,齐军已是万箭齐发,魏军大乱溃散。庞涓自知计穷兵败,无法逃脱,就拔剑自刎,临死还愤愤不平地说:"终于成全了这小子的声名。"齐军乘胜大破魏军,俘虏了魏国太子申,得胜凯旋。孙膑由此扬名天下,世上流传他的兵法。

(以上为第二段,叙写孙膑的悲惨遭遇和他两败魏军,智斩庞涓的军事才能。)

吴起是卫国人,爱好兵学。曾经在曾子门下求学,侍奉过鲁国国君。齐国人进攻鲁国,鲁国想用吴起为将,但吴起的妻子是齐国人,受到鲁国人的怀疑。吴起想成就功名,就杀了妻子,用以表明不向着齐国。鲁国终于任用吴起为将,率兵攻齐,大败齐军。

鲁国有厌恨吴起的人就议论道:"吴起是一个疑忌残忍的人。他青年时,家里积聚了千金之财,游历求官不成,还把整个家败落了。家乡的人讥笑他,吴起一气杀死了三十多个说他坏话的人,然后走出卫国东城门,与母亲告别,咬着臂膀发誓说:'我吴起做不了卿相,就不再回卫国了。'于是投到曾子门下。过了没多久,吴起的母亲死了,他也没回家奔丧。曾子看不起吴起,和他断绝了关系。吴起就到了鲁国,改学兵法为鲁君效劳。鲁君怀疑吴起,吴起竟然杀妻求将。鲁国是一个小国,而有打败大国的名声,诸侯国恐怕要联合起来对付鲁国了。再说,鲁卫两国是兄弟之国,鲁国重用一个卫国的杀人武夫,岂不是要开罪卫国吗?"鲁君起了疑心,罢了吴起的官。

这时,吴起听说魏文侯贤明,就投奔了魏文侯。魏文侯询问魏国大臣李克，说："吴起是什么样的人啊？"李克说："吴起贪财又好色，但是他打仗用兵，齐国的司马穰苴也比不上他。"求贤若渴的魏文侯任用吴起为将，攻击秦国，占夺了五座城池。

吴起担任将帅，他的饮食与衣着与士兵中最下一级一样。晚上睡觉不铺设垫褥而卧草具，走路不骑马，亲自背粮，与士兵同甘共苦。士兵中有一人长了脓疮，吴起用嘴吸疽排脓。这个士兵的母亲知道了哭了一场。有人说："你的儿子只是一个士兵，将军亲自为他吸脓，你为什么还哭呢？"那位母亲说："事情不是这么简单。往年吴将军为他父亲吸吮脓疮，他父亲作战勇往直前，就死在敌人手里。吴将军现今又吸吮我儿子的脓疮，我不知他将死在什么地方。想到这里，我禁不住哭起来。"

魏文侯认为吴起善于用兵，廉直公平，能取得全军的拥戴，于是任用他做西河地区的守将，抵抗秦国和韩国。

魏文侯死后，吴起侍奉魏文侯的儿子魏武侯。魏武侯巡视西河，顺流而下，到了中流，回头对吴起说："壮美啊，山河如此险固！这是魏国的珍宝啊！"吴起回答说："国家的稳固靠的是德义修明，而不是山河险固。从前三苗氏在南方，左有洞庭湖，右有彭蠡湖，自恃山河险要，不修德义，结果被大禹王吞灭了。还有夏桀王继承了夏朝的天下，左有黄河和济河的天险，右有泰山和华山的屏障，在南边有伊阙关口，在北边有羊肠坂的险道，但他不施仁政，商汤放逐了他。殷纣王的国土，左边有孟门，右边有太行山，常山挡在北边，大河横在南边，但他不行德政，周武王杀死了他。如果君王不行德义，现在船上的人都是魏国的敌人。"魏武侯说："说得好。"

吴起为西河守将，很有名声。魏国选拔国相，任用了田文。吴起不服，对田文："想和你比较一下功劳，可以吗？"田文说："可以。"吴起说："统领三军，让士兵愿意死战，敌国不敢图谋，你与我吴起，哪一个能干？"田文说："我不如你。"吴起又说："治理百官，使万民亲附，府库充实，你与我吴起，哪一个强？"田文说："我不如你。"吴起又说："防守西河使秦国不敢东向，韩国、赵国都来归附，你与我吴起，哪一个强？"田文说："我还是不如你。"吴起说："这三个方面你都在我之下，而职位却在我之上，是什么道理？"田文说："国君年少，国人疑虑，大臣不亲附，百姓不信任，在这种时候，把国家托付给你呢，还是托付给我？"吴起沉默了很久，说："还是托付给你妥当。"田文说:"这就是我的职位在你之上的原因啊。"吴起这才知道自己赶不上田文。

田文死后,公叔担任魏国国相,娶了魏国公主为妻,担心吴起夺位。公叔的仆人说:"要挤走吴起,太容易了。"公叔说:"用什么办法?"他的仆人说:"吴起为人,很有骨气又爱面子和名誉。你先去对魏武侯说:'吴起是一个很有才干的人,而魏国较小,又与强大的秦国连界,依臣个人之见,吴起不会长期留在魏国的。'魏武侯将会这样说:'那怎么办呢?'你趁机对魏武侯说:'可以用给公主招亲的办法来考验吴起。吴起打算长久留在魏国那一定会接受君王的好意,吴起不想留在魏国那一定要推辞。用这办法来试探吴起的心。'如果魏武侯接受了这个建议,那时你就把吴起请到相府来做客,让你的公主当着吴起的面对你发脾气,看不起你。吴起眼见公主这样瞧不起你,他一定会推辞魏武侯招亲。"果然,吴起看到了公主慢待国相的骄横态度,推辞了魏武侯的招亲。魏武侯真的起了疑心,渐渐不信任吴起。吴起害怕招祸,于是离开魏国,立即前往楚国。

楚悼王一向听说吴起贤能,吴起一到楚国就被任命为国相。吴起严明法规,审定律令,裁减闲散多余的官员,废除国君远门宗族的爵禄,节省的行政费用全部用来抚养战士。改革的目标是增强兵力,打击那些靠嘴皮纵横驰骋游说的人。于是向南平定了百越,向北吞并了陈国和蔡国,打退了三晋的进攻,还向西讨伐了秦国。这样一来,各诸侯国都害怕楚国的强盛,不满改革的楚国旧贵族都想加害吴起。等到楚悼王一死,宗室大臣立即兴风作浪,追杀吴起,吴起跑到楚悼王尸体之前伏在上面。攻击吴起的那伙人用乱枪乱箭射杀吴起,吴起死了,楚悼王的尸体也成了马蜂窝。安葬了楚悼王后,太子楚肃王即位,下令楚国相令尹追究诛杀吴起并刺中悼王尸体的人。被这一事件牵连判罪遭全家诛灭的人有七十余家。

(以上为第三段,写吴起的生平、为人及其军事、政治才能。)

太史公说:世间所传行师用兵的事,都称道《孙子》十三篇,以及吴起《兵法》。这两部书流传甚广,所以不再记载,这里专载他们独特创造的事迹。俗话说:"能做的人未必能说,能说的人未必能做。"孙膑擒拿庞涓的计谋真是料事如神。但他不能及早使自己免于庞涓的暗害。吴起谏说魏武侯依凭险阻不如施行德政,但他在楚国推行改革,却因残暴少恩丢了自己的性命。真是可悲。

(以上为作者论赞,慨叹孙膑、吴起有过人之智,而不能救自己之难,发人深思。)

集　评

【论宗旨】

太史公曰:"非信廉仁勇不能传兵论剑,与道同符,内可以治身,外可以应变,君子比德焉。作《孙子吴起列传》第五。"(《太史公自序》)

茅坤曰:"斩王之宠姬二人,此与田穰苴斩庄贾同律。"(《史记评林》引)

杨慎曰:"不愿下观,盖有憾于杀二姬也。"(《史记评林》引)

何大复曰:"古者天子之遣将,躬为推毂,曰'阃以外将军制之'。故吴王用孙子而宠姬戮,齐景公用穰苴而庄贾诛。二君者非不顾宠幸也,知将不可以宠幸夺也。"(《史记评林》引)

凌稚隆曰:"通篇以'兵法'二字作骨。首次武以兵法见吴王,卒斩二姬,为名将。后次膑与庞涓俱学兵法,而膑以兵法为齐威王师,及死庞涓,显。当时传后世者皆兵法也。篇终结'兵法'二字,与首句相应。"(《史记评林》)

张履祥曰:"孙子以'兵法'二字作骨,吴子以'用兵'二字作骨,已而断之曰,能言之者未必能行,能行之者未必能言,见孙吴之法,惟孙吴能用之矣。"(《杨园先生全集》)

茅坤曰:"孙膑减灶与韩信背水阵同。韩信以孤军深入赵危地,非为背水阵则不可诱之空壁而出逐,空壁而出逐,则夜半所遣二千人间道而伏赵壁之旁者,可以拔赵帜而立汉帜矣。孙膑疾走大梁,故知庞涓之轻之以齐为怯也。日为减灶则可以诱其轻我之心,而倍日并行以逐则旁多阻隘,彼且不及搜而吾为伏以袭之矣。"(《史记钞》)

洪迈曰："孙膑胜庞涓之事，兵家以为奇谋，予独有疑焉。云齐军入魏地为十万灶，明日为五万灶，又明日为二万灶。方师行逐利，每夕而兴此役，不知以几何给之？又必人人各一灶乎？庞涓行三日大喜曰：'齐士卒亡者过半'，则是所过必使人枚数矣，是岂救急赴敌之师乎？又云：'度其行，暮至马陵，乃斫大树白而书之曰庞涓死乎此树之下，遂伏万弩，期日暮见火举而俱发。'夫军行迟速，非他人所料，安能必以其暮至，不差晷刻乎？古人坐于车中，既云暮矣，安知树间之有白书，且必举火读之乎？齐弩尚能俱发，而涓读八字未毕，皆深不可信，殆好事者为之，而不精考耳。"（《容斋随笔》）

吕祖谦曰："乐羊之食其子，易牙之杀其子，吴起之杀其妻，皆是于其所厚者薄也，故终为君之疑。起为人贪财好色，及为将，则与士卒同甘苦，卧不设席，行不骑乘，是起前则贪后则廉也。起非是后能廉也，前之贪是贪财，后之与士卒同甘苦乃是贪功名之心使之，其贪则一。今渔人以饵致鱼，非是肯舍饵也，意在得鱼也。"（《增评历史纲鉴补》）

李贽曰："吴起料敌制胜，号知兵矣，而卒困于公叔之仆何哉？其废公族疏远以养战士。所以强楚者以是，所以杀身者亦以是，其晁错之徒矣。任事者必任怨，虽杀身可也。"（《藏书》）

林伯桐曰："孙、吴自古并称，然孙武用兵之外无闻焉，吴起相楚能明法审令，捐不急之官，破纵横之说；其与田文论功，以治百官，亲万民，实府库自负；其对魏武侯，以在德不在险为言，异乎以勇力见长者矣。"（《史记蠡测》）

韩兆琦曰："作品记叙了孙武、孙膑、吴起三个军事家的生平事历，赞扬了他们杰出的军事才能，和他们各自为所在国家做出的历史贡献。作者对他们的才能是称颂的，但对于他们的品德为人却不见褒美之意。尤其是对于吴起，其态度之偏颇与指责商鞅、晁错之无理相同。史公如此，后世之评论亦然。吴起不仅是军事家，而且是战国时期杰出的政治家，其在楚国的变法卓有成效，而且较之秦国的商鞅变法尚早二十年。后虽失败被杀，其历史意义不可低估。"（《史记选注集说》）

【论书法】

茅坤曰："吴起传本诸家之言而成文，所以首尾无呼应处。"（《史记评林》引）

吴见思曰："比是两扇对峙格，故不必关合，而写来恰是一样，是

合传体也。马陵一段奇事，只用短峭简净法序，虽不及火牛奇肆，而情事恰好。"（《史记论文》）

李景星曰："孙吴传，以兵法连合。如孙子传，'以兵法见于吴王阖庐'，'于是阖庐知孙子能用兵'。吴起传，'好用兵'，学兵法以'事鲁君'。此传中首尾点逗处也。中间附孙膑传，曰'孙膑尝与庞涓俱学兵法'，曰'孙膑以此名显天下，世传其兵法'。此又如常山之蛇，击中间则首尾俱应矣，至于叙世处，多用旁击侧写。较穰苴传另是一格。赞语论孙子、吴起短处，皆中肯要。而悲慨，亦自深远。"（《史记评议》）

【论两孙子兵法】

范文澜曰："孙武总结军事经验，著兵法十三篇，成为军事学的经典。十三篇中包含着丰富的唯物辩证法思想的因素，与五千言的《老子》同为研究中国古代哲学思想的重要著作。""兵法是战争指挥者高度智慧的表现，军事家总结战争经验著成兵法书，在文化上也是一种重要的贡献。东周时期北方齐国，南方楚国都是积累起丰富的军事知识的国家，特别是齐国，军事家尤多。孙武著兵法十三篇，最为杰出；战国时齐孙膑著兵书，主张用骑兵；春秋齐景公时，大夫穰苴作《司马法》；战国时齐威王使大夫论述古兵法，成《司马穰苴兵法》一百五十四篇。"（《中国通史简编》）

杨善群曰："自西周以来，还有一部专门讲述古代军事礼仪和用兵方法的书，名《司马法》，为历朝掌管军事的司马陆续编撰而成。但到春秋后期，此书遭到冷遇，被搁置一旁。齐景公时的将军，后被尊为'大司马'的田穰苴，曾经'申明'其法（《史记·太史公自序》）；他自己也作过总结军事经验的'兵法'之类的书。可惜到战国中期，两者又都散佚阙失，不能卒读。齐威王喜欢古代兵法，乃请齐都稷下学宫中被尊为'大夫'的学者重新整理。《史记·司马穰苴传》云：'齐威王使大夫追论古者《司马兵法》，而附穰苴于其中，因号曰《司马穰苴兵法》。'这部战国中期重新编纂，古《司马兵法》和《穰苴兵法》二者合一的书，《汉书·艺文志》著录为'《军礼司马法》'，有'百五十五篇'，而今存《司马法》不过五篇。可见《司马法》的原作者虽然为时甚早，但它是经过散失后又重新编纂的，且其大部分今已不存。此外，据《汉志·兵书略》著录，春秋时期的兵书，尚有《范蠡》二篇、《大夫种》二篇、《楚兵法》七篇、《师旷》八篇、《苌弘》十五篇、《鲍子兵法》十篇、《五(伍)子胥》十篇等。这些兵法著作,亦已全部亡佚。而只有孙武撰的《孙子兵法》十三篇,尚保存完好,一直流传至今。"又曰:"从世界范围来看,《孙子兵法》也是为时最早的系统精辟地论述战略战术问题的军事著作。它在世界上享有盛誉,成为各国兵家学者研究军事、探讨战略战术时必须阅读的古代名著,取之不尽的思想源泉。""世界军事科学发展的历史表明,《孙子兵法》不仅是东方兵学最早最杰出的代表,而且是世界上最先出现的专门论述军事谋略的优秀著作。它是古代军事学的智慧结晶,也是世界古代军事学史上的奇迹。美国当代战略理论家约翰·柯林斯说:'孙子是古代第一个形成战略思想的伟大人物。'"(《孙子评传》)

黄朴民曰:"《孙子兵法》堪称古代军事理论的集大成者,它构建了古典兵学理论的框架,以致后世许多兵学家难以逾越,而只能囿于其内进行发挥创造。在中国古代兵学史上,继孙武之后的兵学理论建树,多是在《孙子兵法》基本精神与原则的指导下进行的。《孙子兵法》对后世军事的深远影响,不仅表现在军事理论的建树上,而且也表现在战争实践中,中国古代史上创造的众多以弱胜强、出奇制胜的光辉战例,如齐魏桂陵之战、马陵之战,韩信背水破赵之战,邓艾偷渡阴平灭蜀之战,等等,都反映出运用《孙子兵法》所阐述的某些原理和制胜之道。"(《中国军事通史·春秋军事史》)

褚良才曰:"法国的拿破仑曾说:'倘若我早见到这部兵书,我是不会失败的。'发动第一次世界大战的德皇威廉二世被废黜之后,在侨居中看到《孙子兵法》,当他读到《孙子兵法·火攻篇》最后一段:'主不可怒以兴师,将不可愠而致战。合于利而动,不合于利而止。怒可以复喜,愠可以复悦,亡国不可以复存,死者不可以复生。故明君慎之,良将警之,此安国全军之道也。'不禁掩书喟然长叹:'早二十年读到此书,则决不至于遭受失败之痛苦了。'"(《军事学概论》)

吴如嵩曰:"孙膑能根据魏国军队和将帅的心态及地形情况,运筹演谋,掌握主动,调动敌人,将其全歼,的确不愧为古代杰出的军事家。值得一提的是,在削弱魏国的过程中齐得其名而秦得其实,最大的赢家是秦国。齐国利用魏与韩、赵的矛盾,战胜了强大的魏国,夺得了中原霸主的地位,但获得实利不多。秦国运用外交手段转移矛盾的焦点,将魏侯推上王位,挑起、激化魏国与其他大国尤其是齐国的矛盾,使自己得以免遭魏祸，置身于冲突的漩涡之外，冷眼旁观，待机而动。等到齐大败魏军，魏已成强弩之末，秦国再动用强大的军事力量夺占河西之地。尔后，秦又利用魏、楚的矛盾出兵助魏攻楚，然后乘魏师老兵疲之际，又以大兵伐魏相威慑，得到了魏上郡的大片土地。秦国夺占河西和上郡，不但开拓了疆土，而且为以后的兼并战争开创了十分有利的战备形势，在大国争雄的多极斗争中秦国的策略的确是棋高一着。"（《中国军事通史·春秋军事史》）

史记疏证
白起王翦列传

补 白

白 起　（宋）刘克庄

太息臣无罪，胡为伏剑铓。
悲哉四十万，宁不诉苍苍。

王 翦　（清）徐公特

肯放频阳老病辞，始皇灞上送旌旗。
行军讵让廉颇勇，伐将横增李信师。
翦灭四王夷郁县，临行王辈请园池。
项燕死难蕲南地，打破荆兵奏凯时。

题 评

【题解】

白起，战国时著名秦将，昭王时代封武安君，凡战胜攻取七十余城，破赵长平军四十余万，名震诸侯。王翦，秦始皇时著名秦将，他与其子王贲，在辅助秦始皇统一六国的战争中立有大功，除韩外，其余五国均为王翦父子所灭。白起、王翦两人合传，前后辉映，鲜明地勾勒出秦统一六国的战争过程。

【评说】

《白起王翦列传》的传主是秦国历史上两位著名的将领白起和王翦，从传中看，两个人有很多共同之处，可以归纳为以下三点：第一，他们都是善于用兵的军事家。《白起传》起首有"善用兵"之语，而《王翦传》也以"少而好兵"作首，两个人一生都与沙场征战结下不解之缘，荣辱生死都与"兵"字相关。第二，他们一生中战功累累，又都在一次重大的军事行动中为秦取得了决定性的胜利。《太史公自序》说："南拔鄢郢，北摧长平，遂围邯郸，武安为率；破荆灭赵，王翦之计。"传中详写了长平之战和王翦的破荆之战，用意都是在记录他们最突出的历史功勋。第三，他们都曾与秦国统治者闹过矛盾，称病不出。清人张文虎说："起、翦同传，不特其功相等，即其谢病事亦先后一辙。"（《校刊史记札记》）

作者通过对这两个将领事迹的叙述，表达了一种反对滥用武力的态度。司马迁认为这样的战争不仅有害于别人，同时也有害于自己。白起、王翦在战场上都"料敌合变，出奇无穷，声震天下"，但却都不能以自己的才能造福天下苍生，白白地引起了君主的猜忌和大臣的嫉妒。白起终于被谗言所害，落得个"自裁"的可悲结局；王翦战战兢兢，唯恐秦始皇加害于己，惶惶不可终日。司马迁理想中的军事家应该是谨慎用兵、不滥杀无辜的，是把军事与善政紧密联结起来，发挥军事才能是为了救民于水火。白起和王翦都不是这样的人，他们只会打仗，致使生灵涂炭。司马迁在论赞中说"尺有所短，寸有所长"，又说王翦"不能辅秦建德，固其根本"，就是指的这个意思。《白起传》写白起临死时后悔自己坑杀赵国降卒；《王翦传》中附带交代了后来王翦的孙子王离被项羽打败、俘虏的事，并提出"为将三世必败"带有宿命色彩的观点，用意即在引起后世警诫。清代储欣说："太史公责王氏、蒙氏，俱以人事准天道，足为万世炯戒。"（《史记选》）

《白起王翦列传》还暴露了秦国统治者的残暴，揭示了专制统治下君主与大臣之间的紧张关系。战国末年，秦国的残暴引起了各国人民的恐慌，文中指出"天下不乐为秦民久矣"，被包围的韩国上党之民宁可投降赵国，也不愿为秦所驱使，就是一个明显的例证。当秦国尚未最后消灭东方六国时，秦王还"礼贤下士"，还有容人之量，但随着形势的变化，秦国统治者变得越来越残暴。《始皇本纪》记载尉缭曾对秦王评论说："居约易出人下，得志亦轻食人。诚使秦王得志天下，天下皆为虏矣。"秦始皇如此，他的祖辈其实早就如此了。当白起的功劳越来越大时，秦昭王对他的猜忌也随之越来越大，直到最后逼着白起自杀了。王翦正是看清了这种君臣关系的险恶，所以才在出征前多多请封良田美宅，竭力清除秦王对他的怀疑。这种情况也正和后来的汉初形势相同，韩信、彭越等不懂得韬晦，都被杀掉了；萧何、张良等都有好的对策，遂得以善终。司马迁在这里的感慨是很深的。

《白起王翦列传》的写法善于同中求异，清代吴见思说："《白起传》以逐节写来，顿挫法胜；《王翦传》以两两抑扬，反衬法胜，又各有一妙。"（《史记论文》）两人同是"称病"，白是以"病"要挟秦王，与秦王斗气争强，逆人主之鳞，最后被迫自杀；而王翦则是知难而退，不与人争，最后得了良田美宅。司马迁通过这种对比、映衬的手法，活脱脱地展示了人物的不同气质与不同的内心世界。

集　注

　　白起者，郿人也①。善用兵，事秦昭王②。昭王十三年，而白起为左庶长③，将而击韩之新城④。是岁，穰侯相秦，举任鄙以为汉中守⑤。其明年，白起为左更⑥，攻韩、魏于伊阙⑦，斩首二十四万，又虏其将公孙喜，拔五城⑧。起迁为国尉⑨。涉河取韩安邑以东⑩，到乾河⑪。

明年，白起为大良造，攻魏，拔之，取城小大六十一⑫。明年，起与客卿错攻垣城⑬，拔之。后五年，白起攻赵，拔光狼城⑭。后七年，白起攻楚，拔鄢、邓五城⑮。其明年，攻楚，拔郢⑯，烧夷陵⑰，遂东至竟陵⑱。楚王亡去郢，东走徙陈⑲。秦以郢为南郡⑳。白起迁为武安君㉑。武安君因取楚，定巫、黔中郡㉒。

昭王三十四年，白起攻魏，拔华阳，走芒卯，而虏三晋将，斩首十三万㉓。与赵将贾偃战，沈其卒二万人于河中。昭王四十三年，白起攻韩陉城，拔五城㉔，斩首五万。四十四年，白起攻南阳太行道，绝之㉕。

①白起者，郿人也〔一〕

〔一〕 正义 郿，音眉，岐州县。

《新注》曰："白起：战国时著名秦将，昭王封为武安君，凡战胜攻取七十余城，破赵长平军四十余万，名震诸侯。"《注译》曰："郿：秦邑名，在今陕西眉县东。"《考证》曰："《穰侯传》云：'白起者，穰侯之所任举也。'"

②事秦昭王

《笺证》曰："秦昭王：名则，惠文王之子，武王之弟，公元前306—前251年在位。"按：事：服侍，侍奉。

③昭王十三年，而白起为左庶长〔一〕

〔一〕 正义佚文 长，展两反。

《新注》曰："左庶长：秦国军功爵的第十级。第十一级为左更，第十六级为大良造，又称大上造，皆白起历任的爵级。"

【考辨】
白起何时为左庶长

本传在秦昭王十三年，公元前294年，而《秦本纪》曰：昭王十三年,"左更白起攻新城。"两者记述不一。《考证》曰:"《秦纪》'左庶长'作'左更',疑纪误。"《全注》曰:"按秦爵制,左庶长为二十等爵的第十级,左更为二十等爵的第十二级。起为左更在昭王十四年,下文可证。《秦本纪》误为昭王十三年。"按:本传下文称"其明年,白起为左更",明年即昭王十四年;《秦本纪》亦称昭王十四年,"左更白起攻韩、魏于伊阙"。则上述二说是。

④将而击韩之新城〔一〕

〔一〕索隐在河南也。正义今洛州伊阙。

《斠证》曰:"《秦本纪》正义引此'将而'作'将兵'。"《新注》曰:"新城:韩邑,在今河南伊川县西。"

⑤是岁,穰侯相秦,举任鄙以为汉中守

穰侯:姓魏名冉,秦昭王的舅父,屡任秦相国,封于穰(在今河南邓州),详见《穰侯列传》。任鄙:秦国大力士,得宠于秦武王。秦人有谚语:"力则任鄙,智则樗里。"见《樗里子甘茂列传》。汉中:郡名,秦惠王十三年设置,郡府在南郑(今陕西汉中)。

【存异】

梁玉绳曰:"是岁,承上秦昭十三年也,而纪、表并在十二年,此误。"《考证》曰:"是岁,承上秦昭十三年也,而纪、表并在十二年。任鄙为汉中守,上下无所承,盖连书之也。"《订补》曰:"是岁,承上秦昭十三年而言,即十三年也。此谓秦昭十三年,时穰侯为相,而举任鄙以为汉中守也。《秦本纪》:秦昭十二年,楼缓免,穰侯魏冉为相。十三年,任鄙为汉中守。表同。据本传,则知纪、表所云任鄙为汉中守,为穰侯所举矣。"

⑥其明年,白起为左更

按:明年:即秦昭王十四年,公元前293年。左更:秦国军功爵的第十二级。

⑦攻韩、魏于伊阙〔一〕

〔一〕正义今洛州南十九里伊阙山,号曰龙门是也。

《注译》曰:"伊阙:山名,在今河南洛阳市南。伊水流经其间,形成缺口,故名。"

⑧又虏其将公孙喜，拔五城

《订补》曰："《穰侯传》作'虏魏将公孙喜'，《秦本纪》'魏使公孙喜伐楚'，是喜为魏人、魏将也。《通鉴》书'韩公孙喜，魏人伐秦'。胡注：'魏书人，其将微也。'则以喜为韩将，盖温公误尔。"《笺证》曰："上文既言'攻韩、魏'，则此处'公孙喜'与'五城'之所属实不分明。梁玉绳考证《秦本纪》云：'上文言"魏使公孙喜攻楚"，则喜是魏将也，故《穰侯传》称"虏魏将公孙喜"。乃此《纪》及《白起传》不言喜为何国之将，而《六国表》书"虏喜"于韩表中，《韩世家》谓"使公孙喜攻秦，秦虏喜"，似喜又为韩将也。盖伊阙之役，韩为主兵，而实使魏之公孙喜将之，故所书不同。'"

⑨起迁为国尉〔一〕

〔一〕 正义 言太尉。

《新注》曰："国尉：秦最高军事长官，秦始皇统一六国后，更名为太尉。"

⑩涉河取韩安邑以东

《全注》曰："涉河：渡黄河。安邑：在今山西夏县西北，本魏首邑，秦既渡河，当已先取安邑。"《笺证》曰："安邑：原是魏国的都城，在今山西夏县西北。梁惠王六年，为了加强对魏国东部地区的控制，而将都城东迁到大梁（《魏世家》系魏国迁都于魏惠王三十一年，大误）；梁惠王十八年，亦即秦孝公十年，秦兵攻占安邑，从此安邑归于秦，见《秦本纪》。"

⑪到乾〔一〕河〔二〕

〔一〕 集解 徐广曰："音干。"

〔二〕 集解 骃案：郭璞曰："今河东闻喜县东北有乾河口，因名乾河里，但有故沟处，无复水也。" 索隐 魏以安邑入秦，然安邑以东至乾河皆韩故地，故云取韩安邑。 正义佚文 乾河源出绛州绛县东南毂山，南流注河，其水冬乾夏流，故曰乾河。

《笺证》曰："乾河：也称教水，在今山西垣曲东，自北向南流入黄河。"

⑫明年，白起为大良造，攻魏，拔之，取城小大六十一

按：明年：指秦昭王十五年，公元前292年，白起为大良造攻魏取

垣。后三年，秦昭王十八年，白起攻魏取城大小六十一。详考辨。大良造：又称大上造，秦国军功爵的第十六级。

【考辨】
白起攻魏拔楚考

梁玉绳曰："此明年是昭王十五年，下明年是十六年，但起无拔魏之事。取魏城六十一在昭王十八年，与司马错拔垣、河雍同时，而攻赵在二十七年，攻楚在二十八年。拔赵是二城，拔楚是三城，则此言拔魏，误一。言取六十一城在十五年，误二。言拔垣在十六年，误三。以错之取垣为起共之，误四。言拔垣而不及河雍，误五。以左更错为客卿，误六。以攻赵为攻垣后五年，误七。以攻楚为攻赵后七年，误八。书拔光狼而不书代，误九。改拔郢、邓、西陵三城作鄢、邓五城，误十。宜书曰'明年，白起为大良造，攻魏垣拔之。后三年，起攻魏，取城大小六十一。左更错攻垣城、河雍，拔之。后九年，白起攻赵，拔代光狼城。明年，白起攻楚，拔鄢、邓、西陵三城'。"《殿本考证》曰："此与《秦本纪》、《魏世家》、《六国表》所载互异。纪云：'十五年，大良造白起攻魏，取垣，复予之。十六年，左更错取轵及邓。'《魏世家》云：'秦拔我城大小六十一。'则当在昭王十七年，此传都在昭王十五年。《六国表》：'昭王十八年，客卿错击魏至轵，取城大小六十一。'年份不同，事亦不一。"《考证》引沈家本曰："按《秦纪》，是年白起攻魏取垣，复予之，不言取城六十一。《魏世家》及《六国表》，取城大小六十一，事皆在昭王十八年，言客卿错，非白起。"《斠证》曰："梁氏所谓'取魏城六十一，在昭王十八年'，详《秦表》、《魏表》及《魏世家》，《通鉴》同。'与司马错拔垣、河雍同时'，详《秦本纪》。'攻赵在二十七年'，详《秦纪》、《秦表》及《赵表》，《通鉴》同。'攻楚在二十八年'，详《秦本纪》、《楚表》及《楚世家》，《通鉴》同。'拔赵是二城'，详《赵世家》。'拔楚是三城'，参看《秦本纪》、《楚表》、《楚世家》。《通鉴》正作鄢、邓、西陵三城。据《秦策四》，'顷襄王二十年，秦白起拔楚西陵，或拔鄢、郢、夷陵'。加此传及《秦本纪》之邓，则与此云'五城'合。惟此传及《楚表》、《楚世家》'拔郢，烧夷陵'，皆在次年，则此传自不得云'五城'矣。'五城'盖本作'三城'，涉上'后五年'而误与？"杨宽曰："《秦本纪》言是年'白起攻魏，取垣，复予之'。而《白起列传》称：'攻魏，拔之，取城小大六十一。'但《魏世家》记'秦拔我城大小六十一'在后三年，《六国表》亦记在秦昭王十八年、魏昭王七年。当以《魏世家》、《六国表》为是。"(《战国史料编年辑证》)

⑬起与客卿错攻垣城〔一〕

〔一〕集解徐广曰："河东垣县。"正义佚文故垣城在绛州垣县北二十里，本魏王垣也。

《注译》曰："客卿：指在本国做官的他国人。错：人名。垣城：邑名，在今山西垣曲县东南。"《笺证》曰："客卿错：即司马错，秦国名将，司马迁的祖先，为秦国取蜀有大功，事迹见《张仪列传》。客卿：他国人居此国享受列卿待遇的参谋人员。"

⑭拔光狼城〔一〕

〔一〕索隐《地理志》不载光狼城，盖属赵国。正义光狼故城，在泽州高平县西二十五里也。

《新注》曰："光狼城：在今山西高平县西。"

⑮拔鄢、邓五城〔一〕

〔一〕集解徐广曰："昭王二十八年。"正义鄢、邓二邑在襄州。

《新注》曰："鄢：在湖北宜城。邓：在襄樊市北。按：本传记年有误。据《秦本纪》和《六国年表》，白起拔楚鄢、邓，事在秦昭王二十八年（公元前279年）。"杨宽曰："《读史方舆纪要》云：'秦昭王二十八年使白起攻楚，去鄢百里立堨，雍鄢水为渠，以灌鄢。鄢入秦，而起所为渠不废，今长渠是也。'今案白起引水灌鄢，乃此次秦大举攻楚之重要战役。今鄢之遗址尚存，在今湖北宜城县东南，俗称楚皇城，白起渠之遗迹亦存于古城之西北。今古城东北角有缺口，即引水灌城之入口，东城墙南端又有出口，东南更有洼地。"(《战国史料编年辑证》)

⑯拔郢

《注译》曰："郢：楚都城。此为鄢郢，即鄢，又名郢。楚昭王自郢迁于鄢，即以此邑名郢。又名鄢郢，以别于原来郢都。上文已说拔鄢，此又说拔郢，下文再说'楚王亡去郢'。从文意看，鄢、郢在这里为两邑，从史实考证，鄢与郢在这里当为一邑。"《笺证》曰："郢：楚国都城，即今湖北荆州江陵西北之纪南城。"

⑰烧夷陵〔一〕

〔一〕 正义 夷陵，今峡州郭下县。

《考证》曰："夷陵，楚先王墓所在，后为县，今湖北东湖县。"《订补》引张琦曰："夷陵，今宜昌府是。"《注译》曰："夷陵：邑名。楚先王墓地。在今湖北宜昌市东南。"

⑱遂东至竟陵〔一〕

〔一〕 正义 故城在郢州长寿县南百五十里，今复州亦是其地也。

《新注》曰："竟陵：在湖北潜江县西北。"杨宽曰："是年白起攻楚拔郢，郢在今湖北江陵，又西向攻至夷陵而烧楚先王陵园，夷陵在今湖北宜昌东南，又东向攻至竟陵，竟陵在今湖北潜江东北，横扫郢之周围地区，继而又南下攻至洞庭湖周围地区。"（《战国史料编年辑证》）

⑲楚王亡去郢，东走徙陈

《注译》曰："楚王：指楚顷襄王，熊横。郢：此为鄢郢，在今湖北宜城县南。陈：都邑，在今河南淮阳县。楚徙都于陈后，即以陈改名为郢，故陈又名郢陈。"

⑳秦以郢为南郡

南郡：郡名，辖地为今湖北中西部，郡府在郢。此郢即楚都郢城，在今湖北荆州。

㉑白起迁为武安君

《笺证》曰："武安君：白起的封号。《秦本纪》之《正义》曰：'言能抚养军士，战必克，使百姓安集，故号武安。'崔适曰：'七国时或有封邑而别为名号，如以尉文封廉颇为信平君，封乐毅于观津号曰望诸君，秦相吕不韦封为文信侯，食河南洛阳十万户。或有封号而无封邑，如秦相蔡泽为刚成君，赵赐赵奢为马服君，汉初封刘敬为奉春君，叔孙通为稷嗣君，则位下于列侯，《始皇本纪》谓之"伦侯"，汉曰"关内侯"，即名号侯之类也。赵有两"武安君"，始苏秦，终李牧，而秦亦以此名封白起，亦但有名号耳。'"

㉒定巫、黔中郡

《注译》曰："巫：郡名，地在今四川、湖北交界地区，治所在巫县（今四川巫山县北）。黔中郡：郡名，地在今湖南、湖北、四川、贵州交界地区，治所在临沅（今湖南常德）。"

【考辨】
秦设黔中郡考

胡三省曰:"《括地志》:'黔中故城在辰州沅陵县西二十二里江南,今黔府亦其地。'按:秦黔中郡地,非唐黔州地也。宋白曰:'秦黔中郡所理在今辰州西二十里黔中故郡城。'汉改黔中为武陵郡,移理义陵,即今辰州溆浦县。后汉移理临沅,即今朗州所理。今辰州溆、奖、溪、沣、朗、施八州,是秦、汉黔中郡之地。"(《通鉴》注)《史记考证》曰:"《秦本纪》:'蜀守若伐取巫郡及江南,为黔中郡。'非起所取,与此互异。"梁玉绳曰:"白起及春申君传,言起取之,非蜀守张若。岂伐巫之役,起与若共之与?"杨宽曰:"《华阳国志》载周赧王七年,司马错从枳南入,以巴蜀水师攻取楚商於地为黔中郡,实则此役未能攻拔楚之黔中,后十年,楚怀王受骗入秦而被留,秦尝'要以割巫、黔中之郡'。秦亦未得楚黔中,因而是年又遣司马错调发陇西之众入蜀,而再攻楚黔中,拔之。考《秦本纪》又云:秦昭王三十年'蜀守若伐楚,取巫郡及江南为黔中郡'。《水经·沅水注》云:'秦昭襄王二十七年使司马错以陇蜀军攻楚,楚割汉北与秦。至三十年,秦又取楚巫黔及江南地,以为黔中郡。'未叙及司马错拔黔中事。盖秦昭王二十七年至三十年间,楚尝一度收复黔中,因而秦之设黔中郡在蜀守若伐楚取得巫黔及江南之后。"(《战国史料编年辑证》)按:据上述,秦从出兵伐楚到设黔中郡,白起、司马错和张若都曾参与战事。仅就昭王三十年伐楚而言,白起应为秦军主将,张若则率领蜀郡兵协同作战,战后设立黔中郡。《秦本纪·正义》引《括地志》曰:"黔中故城在辰州沅陵县西二十里。"《元和郡县志》辰州沅陵县下亦云:"秦黔中故郡城在县西二十里。"依此可知,秦之黔中郡府在黔中,即今湖南沅陵县。

㉓白起攻魏,拔华阳,走芒卯,而虏三晋将,斩首十三万

《注译》曰:"华阳:邑名,在今河南郑州市东南。芒卯:齐国人,任魏相。三晋:指韩、魏、赵三国,有时也指其中的一国或二国。"

【考辨】
华阳之役考

《史记考证》曰:"《秦本纪》及《六国表》皆作'十五万','五'讹为'三',或传写之误。《穰侯传》又作'十万'。"梁玉绳曰:"是役

也、穰侯、白起、胡阳同帅师,不当专言起。华阳乃韩地,不可言魏,盖破魏于华阳耳。秦攻赵、魏以救韩,与韩何干?不得言三晋将。"《史记札记》曰:"秦昭襄王三十四年,击魏华阳军,实赵惠文王二十六年、魏安釐王四年、韩釐王二十三年。《赵世家》云:'与魏共击秦,秦将白起破我华阳,得一将军。'《魏世家》则云:'秦破我及韩、赵,杀十五万人。'《韩世家》又云:'赵、魏攻我华阳,韩求救与秦,败赵、魏于华阳之下。'据此,则华阳,韩地,赵、魏攻韩而秦救之。魏军亡者十三万,而以赵二万合之,乃为十五万也。《魏世家》所云'杀十五万人',合韩、赵言之也。"《考证》:"《秦纪》及《六国表》作'十五万人',《穰侯传》作'十万'。沈家本曰:此言十三万,又言二万,纪、表统言之耳。《穰侯传》则夺'五'字。"《订补》曰:"按《六国表》、《穰侯传》、《春申君传》,此役,秦攻赵、韩、魏于华阳也。同年,魏与赵伐韩,秦救之,败赵、魏于华阳下,见《韩世家》,是另一战役耳。"《斠证》曰:"'斩首十三万',《水经注》引作'十五万',与《秦本纪》、《秦表》、《魏世家》合。'五'之作'三',盖涉上文两'三'字而误耳。'十五万',乃专就魏卒言之,非合沉赵卒二万言之也。是役也,穰侯、白起、胡阳同帅师,见《穰侯传》,《通鉴》同。《秦表》、《赵世家》及《春申君传》皆专言白起,与此传合。盖偏重起,则专言起耳。史公记事,往往如此。"杨宽曰:"此役秦之主将,《秦本纪》只言胡伤,《六国表》、《赵世家》、《白起传》、《春申君传》皆言白起,《穰侯传》则谓穰侯与白起、客卿胡阳,盖穰侯主其事,白起为指挥作战之大将,而胡伤为主攻之将军也。梁玉绳谓'伤'乃'阳'之讹,作'阳'为是。今案阳、伤均从'易'声,音同字通,'伤'非讹字。又,《秦本纪》、《六国表》言'斩首十五万',据《白起传》,当是指华阳之役十三万,又沉赵卒二万人而言。《白起传》称'虏三晋将',《六国表》作'得三晋将','晋'字当为衍文。《通鉴》作'虏三将',是也。"(《战国史料编年辑证》))

㉔白起攻韩陉城[一],拔五城

[一] 正义陉庭故城,在曲沃县西北二十里(1),在绛州东北三十五里也。

(1) 王念孙曰:"今曲沃县西北十里汾水旁有陉庭城,即《左传》桓三年所谓'曲沃武公伐翼,次于陉庭,逐翼侯于汾隰'者也。"

《新注》曰："陉城：在山西曲沃西北。"《全注》曰："白起攻韩：在韩桓惠王九年，仅拔陉城。下作'拔五城'者误，梁玉绳、王叔岷皆有说。"

【考辨】
"拔五城"为"拔其城"考

《史记考证》曰："《秦本纪》云：'拔九城。'《韩世家》、《六国表》云：'秦拔我陉，城汾旁。'"梁玉绳曰："'五城'二字误，当作'拔之'"。《订补》曰："《范雎传》：'昭王四十三年，秦攻韩汾、陉，拔之。'"《斠证》曰："是役，白起攻韩，仅拔陉城，《韩表》、《韩世家》、《范雎传》并可证。《秦本纪》'拔九城'，梁氏谓当云'拔陉城'。'陉'之作'九'，盖涉彼上文'九月'字而误与？此文'拔五城'，梁氏谓当作'拔之'，窃以为上文'白起攻韩陉城'，'城'字涉'拔五城'之城字而衍。而'拔五城'，本作'拔其城'，'其'之作'五'，盖涉下'五万'字而误耳。"

㉕白起攻南阳太行道，绝之〔一〕

〔一〕集解徐广曰："此南阳，河内修武是也⁽¹⁾。"正义案：南阳属韩，秦攻之，则韩太行羊肠道绝矣⁽²⁾。

(1) 杨宽曰："韩魏有两处名南阳，一处即秦汉之南阳郡，与楚上庸相近。另一处乃太行山之南阳，因地处太行山之南而得名。《后汉书·郡国志》：河内郡修武，故南阳。修武在今河南获嘉县。"（《战国史料编年辑证》）

(2) 《史记札记》曰："此谓攻南阳，将缘太行而上，以横裁韩之腹背，是以上党道绝也。《正义》误。"按：南阳属魏，非韩也。

《注译》曰："南阳：地区名，今河南济源县一带。太行道：指太行山的羊肠阪道，在今山西晋城县南。绝：堵绝，断绝。"《笺证》曰："南阳：魏国的地区名，相当于今河南北部王屋山以南、黄河以北的部分地区。太行道：指今山西上党地区翻越太行山与今河南郑州一带相通的山道，即'羊肠坂'。"

四十五年，伐韩之野王①。野王降秦，上党道绝②。其守冯亭与民谋，曰："郑道已绝③，韩必不可得为民④。秦兵日进，韩不能应，不如以上党归赵⑤。赵若受我，秦怒，必攻赵。赵被兵，必亲韩。韩、赵为一，则可以当秦。"因使人报赵。赵孝成王与平阳君、平原君计之⑥。平阳君曰："不如勿受。受之，祸大于所得。"平原君曰："无故得一郡，受之便。"赵受之，因封冯亭为华阳君⑦。

①伐韩之野王〔一〕

〔一〕 索隐 《地理志》野王县属河内，在太行东南。孟康曰"古邢国也"。正义佚文 野王，怀州河内县，本春秋野王邑也。太行山在县北二十五里。

《笺证》曰："野王：韩县名，即河南沁阳县。"

②上党道绝

《全注》曰："上党：韩地，后归赵。秦置上党郡，治所在壶关，即今山西长治市。"《笺证》曰："上党道绝：韩国的上党郡与韩国首都新郑的联络被斩断。胡三省曰：'自上党趣郑，由野王渡河。'按：由今河南沁县渡河南行，经古荥阳、成皋间的狭窄通道抵新郑。"

③郑道已绝〔一〕

〔一〕 集解 徐广曰："河南新郑，韩之国都是也。"索隐 郑国即韩之都，在河南。秦伐野王，是上党归韩之道绝也。正义佚文 郑县本韩之国都，秦攻韩南阳、野王，则野王、上党之道绝矣。

《新注》曰："上党通向韩都新郑的道路被切断。"《笺证》曰："郑道：联络新郑的通道，即经由壶关南至野王县的太行坂。"

④韩必不可得为民

《考证》曰："不可得为韩之民也。"《笺证》曰："原文用字不顺，意即韩国统治者无法再拥有上党地区的军民。"

⑤韩不能应，不如以上党归赵

《笺证》曰："韩不能应：谓韩国无法援救上党。应，支应，救援。不如以上党归赵：上党地区东与赵国为邻，其东北不远即赵国的都城邯郸。"

⑥赵孝成王与平阳君〔一〕、平原君计之

〔一〕 索隐 平阳君，未详何人。正义佚文 《赵世家》曰："封赵豹为平阳君。"按：平阳故城在相州临漳县西二十五里。

史记疏证　白起王翦列传

《殿本考证》曰："平阳君赵豹，《赵世家》注云：'《战国策》曰：惠文王母弟也。'"《笺证》曰："赵孝成王：赵惠文王之子，名丹，公元前265—前245年在位。平阳君：赵豹，赵惠文王之弟，孝成王之叔。同母弟，封地平阳，在今河北临漳西南。平原君：赵胜，惠文王的同父异母弟，孝成王之叔，事迹详见《平原君列传》。"

⑦因封冯亭为华阳君〔一〕

〔一〕正义　常山，一名华阳，解在《赵世家》。

《注译》曰："华阳：赵地名，在今河北曲阳县西北。"

【存异】

冯亭辞入韩

关于冯亭的去处，《史记》缺少叙述，而冯氏后人的说法，又与《战国策·赵策一》所述不同。《考证》曰："按《赵策》云：'冯亭辞封入韩。'与此异。"《订补》曰："按《汉书·冯奉世传》，赵封冯亭为华阳君，与赵将括拒秦，战死于长平。"《斠证》曰："《赵世家》言赵王'以万户都三封太守'，亭未受封，与《赵策一》合，惟未言亭入韩耳。"杨宽曰："《赵策一》言冯亭辞封而入韩，而《白起列传》谓赵封冯亭为华阳君。《汉书·冯奉世传》云：'赵封亭为华阳君，与赵将括距秦，战死于长平。宗族由是分散，或在赵。在赵者为官师将，官师将子为代相，及秦灭六国，而冯亭之后冯无择、冯去疾、冯劫皆为秦将相焉。汉兴，冯唐即代相之子也。'《赵世家·集解》曾引此为证。《后汉书·冯衍传》亦有相同之记载。可知《白起列传》所载确实。"（《战国史料编年辑证》）

四十六年，秦攻韩缑氏、蔺①，拔之。

四十七年，秦使左庶长王龁攻韩②，取上党。上党民走赵。赵军长平③，以按据上党民④。四月，龁因攻赵。赵使廉颇将。赵军士卒犯秦斥兵⑤，秦斥兵斩赵裨将茄⑥。六月，陷赵军，取二鄣四尉⑦。七月，赵军筑垒壁而守之。秦又攻其垒，取二尉，败其阵⑧，夺西垒壁⑨。廉颇坚壁以待秦，秦数挑战⑩，赵兵不出。赵王数以为让⑪。而秦相应侯又使人行千金于赵为反间⑫，曰："秦之所恶，独畏马服子赵括将耳⑬，廉颇易与，且降矣⑭。"赵王既怒廉颇军多失亡，军数败，又反坚壁不敢战，而又闻秦反间之言，因使赵括代廉颇将以击秦。

秦闻马服子将，乃阴使武安君白起为上将军，而王龁为尉裨将⑮，令军中有敢泄武安君将者斩。赵括至，则出兵击秦军。秦军详败而走⑯，张二奇兵以劫之⑰。赵军逐胜，追造秦壁⑱。壁坚拒不得入，而秦奇兵二万五千人绝赵军后⑲，又一军五千骑绝赵壁间⑳，赵军分而为二，粮道绝。而秦出轻兵击之㉑。赵战不利，因筑壁坚守㉒，以待救至。秦王闻赵食道绝，王自之河内㉓，赐民爵各一级㉔，发年十五以上，悉诣长平㉕，遮绝赵救及粮食。

①秦攻韩缑氏、蔺〔一〕

〔一〕集解徐广曰："属颍川。"索隐今其地阙。西河别有蔺县也。
　　正义按：检诸地记，颍川无蔺。《括地志》云："洛州嵩县本夏之纶国也，在缑氏东南六十里。"《地理志》云："纶氏属颍川郡。"按：既攻缑氏、蔺，二邑合相近，恐"纶"、"蔺"声相似，字随音而转作"蔺"(1)。

(1)《考证》引恩田仲任曰："韩献子玄孙曰康，食采于蔺，因氏。据此，《正义》说非。"

《新注》曰："缑氏：在河南偃师东南。蔺：韩邑之蔺，当临近缑氏。"《全注》曰："秦攻韩缑氏、蔺，在韩桓惠王十二年。在韩桓惠王三年，秦、韩即启战端。桓惠王九年，秦攻取韩陉。十年，秦击韩于太行。《战国策》有'今韩受兵三年'语。十一年，韩上党郡守以郡降赵。韩桓惠王十二年，赵使廉颇拒秦于长平。缑氏：春秋时滑国，今河南偃师东南。蔺：在今山西离石县西。"杨宽曰："缑氏在今河南登封县西北，纶氏在今登封县西南。"(《战国史料编年辑证》)

②秦使左庶长王龁〔一〕攻韩

〔一〕集解音纥。

《全注》曰："王龁：秦将，屡代武安君为将，至秦庄襄王三年，犹统军击上党，秦始皇时为将军，始皇二年死。"

③赵军长平〔一〕

〔一〕集解徐广曰："在泫氏。"(1) 索隐《地理志》泫氏今在上党郡也。正义长平故城,在泽州高平县西二十一里也。

(1) 杨宽曰："今案泫氏与长平并非一城,泫氏在今山西高平县,长平故城则在高平县西北二十一里,汉时属于泫氏县,故徐广谓在泫氏。"(《战国史料编年辑证》)

《注译》曰："军:驻扎。长平:城名,旧址在今山西高平县西北。"

④以按据上党民〔一〕

〔一〕索隐谓屯兵长平,以据援上党(1)。

(1) 胡三省曰："此按、据二字,'按'字当以抑止为义;据,依据也,引援也,拒守也。言廉颇依据上党地险,引援上党之民而拒守也。"(《通鉴》注)《考证》引中井积德曰："上党既破矣,'按据'犹言镇抚也,乃是镇抚其走民,不使散亡也,《索隐》谬。"

《全注》曰："按据:复语,义并同'抑',控制的意思。"《新注》曰："按据:安抚。"

⑤赵军士卒犯秦斥兵〔一〕

〔一〕索隐谓犯秦之斥候兵也。

按:斥兵:又称"斥候"、"斥候兵",古时的侦察兵。

⑥秦斥兵斩赵裨将茄〔一〕

〔一〕索隐音加,裨将名也。

《新注》曰:"裨将:副将,偏将。"

⑦取二鄣四尉〔一〕

〔一〕索隐鄣,堡城。尉,官也。正义《括地志》云:"赵鄣故城,一名都尉城,今名赵东城,在泽州高平县西二十五里。又有故縠城。此二城即二鄣也。"

《考证》引中井积德曰:"二鄣,原不言处所,勿论可也。且鄣似城而小,犹塞也。"《注译》曰:"鄣:通'障',要塞,城堡。尉:武官名,职位低于将军。"杨宽曰:"今案'鄣'乃'障'之通假。亭、障原为作战前线或关塞、长城上所建守望之所,设有尉主管。"(《战国史料编年辑证》)《笺证》曰:"尉:都尉、校尉,都是将军部下分统各部士伍的军官,犹如今之师、团校官。"

⑧败其阵〔一〕

〔一〕集解徐广曰:"一作'乘'。"

阵：战阵，阵势，军队作战时的队形。

⑨夺西垒壁〔一〕

〔一〕正义赵西垒在泽州高平县北六里是也。即廉颇坚壁以待秦，王龁夺赵西垒壁者。

按：垒壁：壁垒，营垒，古时军营的围墙。

⑩秦数挑战〔一〕

〔一〕正义数，音朔。挑，田鸟反。

按：数：屡次。

⑪赵王数以为让

按：让：责备，指责。

⑫而秦相应侯又使人行千金于赵为反间〔一〕

〔一〕正义纪苋反。

《注译》曰："应侯：范雎，魏国人，担任秦相，封应侯。详见《范雎蔡泽列传》。反间：用计谋离间敌人，使其内讧。"

⑬秦之所恶，独畏马服子赵括将耳

《注译》曰："恶：憎恨，引申为忧虑。马服：指赵国名将赵奢。他被封为马服君。马服，山名，在今河北邯郸市西北。赵括：赵奢之子。只能死记其父所传兵法，缺乏实际作战经验。"《笺证》曰："马服子：马服君赵奢的儿子。赵奢是赵国名将，曾大破秦兵于阏与，因功被封为马服君，事迹见《廉颇蔺相如列传》。或谓'马服'既是赵奢的封号，也是赵括的封号，'子'是对人的敬称，'马服子'在这里即称赵括。"

⑭廉颇易与，且降矣

《斠证》曰："'易与'犹'易取'。"《注译》曰："易与：容易对付。"

⑮乃阴使武安君白起为上将军，而王龁为尉裨将

《斠证》曰："《御览》二八二引《战国策》有此文，'尉裨将'作'裨将军'。'军'字衍。《通鉴》亦作'裨将'。"《注译》曰："阴：暗中。上将军：武官名。古代帝王统兵称上将军，意即最高统帅。战国时才有由武将任上将军的，职位在大将军之上。尉裨将：武官名。临时设置的上将军的副手。"《笺证》曰："王龁为尉裨将：将王龁降为白起的助手，作为白起的副将。但这里的'尉'字似不应理解为将军部下的'都尉'、'校尉'之职，而应该是管理全军司法的'军尉'、'中尉'之类。"

⑯秦军详败而走[一]

〔一〕正义详，音羊。

《斠证》曰："《御览》、《通鉴》'详'并作'佯'，俗。"《注译》曰："详：通'佯'，假装。走：逃跑。"

⑰张二奇兵以劫之

《新注》曰："秦军在主力两翼出动两支奇兵，准备包围赵兵。劫：拦截。"《笺证》曰："左右翼埋伏下两支部队，准备截断赵军的退路。"

⑱赵军逐胜，追造秦壁[一]

〔一〕正义秦壁，一名秦垒，今亦名秦长垒。

《笺证》曰："逐胜：乘胜追击。追造：一直追到。造，到，到达。"

⑲而秦奇兵二万五千人绝赵军后

《新注》曰："绝赵军后：切断赵军的退路。"

⑳又一军五千骑绝赵壁间

《新注》曰："绝赵壁间：把赵军的垒包围起来，切断与外间的联系。"

㉑而秦出轻兵击之[一]

〔一〕正义佚文人马不带甲为轻兵。

㉒因筑壁坚守[一]

〔一〕正义赵壁，今名赵东垒，亦名赵东长垒，在泽州高平县北五里，即赵括筑壁败处。

按：据《正义》可知，长平之战的遗址至唐时尚存，在今高平县西北的山地中。

㉓王自之河内[一]

〔一〕正义时已属秦，故发其兵。

《全注》曰："自：义为'即'，《韩非子·说林篇上》：'韩魏反于外，赵氏应于内，智氏自亡。''自'为'即'义之例。"按：之：往，到。河内：指太行山东南与黄河以北地区。

㉔赐民爵各一级

《笺证》曰："给河内地区的每个百姓都长一级。秦汉时代一般的平民也可以有级，即按照前面所说二十级进行累计，这种'级'多了，可以做官，可以享受特权，可以用以赎罪，甚至可以卖钱花。"

㉕发年十五以上，悉诣长平〔一〕

〔一〕索隐时已属秦，故发其兵。

《注译》曰："发：征集，征调。悉：全部，都。诣：往，到。"《笺证》曰："意思是让河内地区十五岁以上的男人一律开赴前线。古代规定，男人二十三岁（有时也规定为二十岁）算是'成丁'，开始为国家当兵、服徭役；至于战争年代，就全凭掌权者的需要了。这里是征调'年十五'以上的。悉诣：全部到达，全部送到。"按：董说《七国考》引刘向《别录》："长平之役，国中男子年十五者尽行，号为小子军。"此称"小子军"，即后世所谓"童子军"。

【研讨】

长平之战对双方势力的消长

张大可曰："秦昭王亲临河内前线督战，年十五岁以上的男子都要出征，倾全国之力与赵战斗。秦军虽大胜而消耗很大，故围邯郸已成强弩之末。赵国长平战败，乃用人不当之过。赵虽元气大伤，却严重挫伤了秦军，迟滞了秦的统一步伐。"（《史记通解》）

至九月，赵卒不得食四十六日，皆内阴相杀食①。来攻秦垒，欲出。为四队，四五复之②，不能出。其将军赵括出锐卒自搏战，秦军射杀赵括。括军败，卒四十万人降武安君。武安君计曰："前秦已拔上党，上党民不乐为秦而归赵③。赵卒反覆④，非尽杀之，恐为乱。"乃挟诈而尽坑杀之⑤，遗其小者二百四十人归赵⑥。前后斩首虏四十五万人⑦。赵人大震。

①赵卒不得食四十六日，皆内阴相杀食

按：不得食：得不到粮食。皆内阴相杀食：都在营内偷偷地杀人来吃。阴，暗中，暗地。

②四五复之

按：胡三省曰："言括欲分其卒为四队，更攻秦垒，自一队至四队，至五则复之，而不能出也。"《注译》曰："复：反复。之：指突围。"

《新注》曰:"轮番突围了四五次。"

③上党民不乐为秦而归赵〔一〕

〔一〕 正义佚文 乐为,上音洛,下于危反。情不乐为秦民。

④赵卒反覆

按:反覆:变化无常。

⑤乃挟诈而尽坑杀之

《新注》曰:"挟诈:使用欺诈手段。坑杀:活埋。白起坑杀赵卒筑台为记,号白起台,在今山西原高平县西五里。在县西二十里处有'冤谷',又称'杀谷',今属高平永禄乡,其地区发现多个尸骨坑。"

⑥遗其小者二百四十人归赵

张文虎《札记》曰:"毛本'遗'作'遣'。"按:遗:留下,遗留。胡三省曰:"四十余万人皆死,而独遗小者二百四十人得归赵,此非得脱也,白起之谲也。强壮尽死,则小弱得归者必言秦之兵威,所以破赵人之胆,将以乘胜取邯郸也。"(《通鉴》注)此说甚是。

⑦前后斩首虏四十五万人

胡三省曰:"此言秦兵自挫廉颇至大破赵括,前后所斩首虏之数耳。兵非大败,四十万人安肯束手而死邪?"(《通鉴》注)《笺证》曰:"首虏:原指斩敌之首与捉得俘虏,有时也单指'首级'或俘虏,此处意谓在战场上斩杀与俘获、投降后活埋共四十五万人。"

【研讨】

长平之战的意义

秦赵长平之战,作为中国军事史上的一次著名战役,颇受当代学者关注,由此产生许多观点。慕中岳、武国卿曰:"春秋战国以来规模最大的大决战——秦赵长平之战以秦军大获全胜并坑杀赵军四十五万人而告终。秦军所以能够获胜,除了它在战国七雄中占有政治上、经济上的优势地位这些基本因素外,诱使赵国换将成为一个至关重要的因素。当然,赵王在秦军重兵压境时,不听虞卿以重宝赂魏、楚,以构成赵、楚、魏之合纵,也是赵国失败的重要因素。如若当时三国合纵成功,外有楚、魏之援兵,内有廉颇之赵军,三面夹击秦军,那么长平之战的结局恐又当别论了。"(《中国战争史》)靳生禾、谢鸿喜曰:"秦赵长平之战是中国古代史上规模首屈一指的战役,是由春秋战国五百年列国林立、割据混战过渡到中央集权统一国家的决定性战役,对中国古代历史的发展产生了极其深远的影响。此役为战国末叶秦、赵两强在政治力、经济力和军力上的全方位决战,双方成败得失——朝廷之庙算、统帅之运筹帷幄、地理形势之遴选取舍……都有着丰富而深刻的历史经验教训。"(《长平之战》)任力曰:"秦国长平之战的胜利,是其'远交近攻'战略的成功,不但削弱了'心腹之病'韩国,夺取了要地上党,更重要的是沉重地打击了当时关东唯一堪与秦国争雄的赵国,消灭了赵军的有生力量。赵国在外交上的孤立无援,在战略指导和作战指挥上的失误,直接导致了赵国的失败。白起因长平之胜而闻名,但他坑杀降卒40万,也因此臭名昭著。"(《中国军事通史·战国军事史》)张大可曰:"从统一战争的角度看,长平之战是秦与东方六国的一次大决战,是促使历史转折的关键之战,秦胜赵败,基本奠定了统一的格局。从战争进程来看,长平之战并不是秦、赵两国事先谋划的一场大战,而是秦国统一战争必然要发生的一场大决战,是形势的发展使然。秦国的野蛮战法,可以彻底消灭对方有生力量,在军事角逐上有一定意义,大残暴地杀降,报复平民,也增加了统一进程的难度。"(《张大可讲〈史记〉》)

四十八年十月,秦复定上党郡①。秦分军为二②:王龁攻皮牢③,拔之;司马梗定太原④。韩、赵恐,使苏代厚币说秦相应侯⑤曰:"武安君禽马服子乎?"曰:"然。"又曰:"即围邯郸乎?"曰:"然。""赵亡则秦王王矣⑥,武安君为三公⑦。武安君所为秦战胜攻取者七十馀城,南定鄢、郢、汉中⑧,北禽赵括之军,虽周、召、吕望之功,不益于此矣⑨。今赵亡,秦王王,则武安君必为三公,君能为之下乎?虽无欲为之下,固不得已矣。秦尝攻韩,围邢丘⑩,困上党,上党之民皆反为赵,天下不乐为秦民之日久矣。今亡赵,北地入燕,东地入齐,南地入韩、魏⑪,则君之所得民亡几何人⑫。故不如因而割之⑬,无以为武安君功也⑭。"于是应侯言于秦王曰:"秦兵劳,请许韩、赵之割地以和,且休士卒。"王听之,割韩垣雍⑮、赵六城以和。正月,皆罢兵。武安君闻之,由是与应侯有隙⑯。

①四十八年十月，秦复定上党郡〔一〕

〔一〕索隐秦前攻赵，已破上党，今回兵复定其郡，其余城犹属赵也。

按：四十八年：秦昭王四十八年，当公元前259年。梁玉绳曰："'十月'两字衍。""时秦尚未以十月为岁首，不应先书'十月'。"《斠证》："'十月'，疑作'七月'。"张文虎《札记》曰："此年先书十月，后书正月，《大事记》《古文尚书疏证》谓秦先世已尝改十月岁首是也。此年以后复用夏正，故下文书'其十月'云云，遂不以为岁首。四十九年先书正月，后书其十月，文甚明白。梁玉绳《志疑》乃以四十二年之'十月'为'七月'之误，四十八年之'十月'为衍，考之未审矣。"《笺证》曰："上党地区原已于三年前降秦，后由于冯亭降赵，生出枝节，今已破赵军，重得上党，故曰'复'。"

②秦分军为二

按：梁玉绳曰："《秦纪》云分军为三，此只言王龁、司马梗二军者，不数武安君先归之一军也。"

③王龁攻皮牢〔一〕

〔一〕正义故城在绛州龙门县西一里。

《新注》曰："皮牢：在山西翼城县东。"按：胡三省曰："余谓秦兵已至上党，不应复回攻绛州之皮牢。宋白曰：'蒲州龙门县，秦为皮氏县，今县西一里八十步古皮氏城是也。'恐不可以皮氏为皮牢。"（《通鉴》注）胡说有理。

④司马梗定太原〔一〕

〔一〕正义太原，赵地，秦定取也。

《新注》曰："太原：赵郡名，治晋阳，在今太原市西南。"

⑤韩、赵恐，使苏代厚币说秦相应侯

《全注》曰："赵：《通鉴》作'魏'。苏代：东周洛阳人，纵横家。"《笺证》曰："苏代：战国后期有名的辩士，《苏秦列传》以为是苏秦之弟，实应为苏秦之兄。厚币：厚礼，一般用璧、帛、马匹等物充之。"

【考辨】
苏代说应侯辩

有关苏代说应侯事，《考证》曰："《策》无'韩赵恐使苏代厚币'

八字,盖史公以意补之也。"《校读记》曰:"此传所载苏代说应侯事,见《国策·秦策三》。然见《秦策三》章首前言'谓应侯曰',不言说者为何人。据《苏秦列传》,苏代为苏秦之弟,苏秦死于燕王哙初立之年,至昭王四十八年,苏秦死已六十一年矣,苏代岂犹健在乎?且何以能为韩、赵入秦说秦相应侯也?此传苏代说应侯事,殆后人妄据《秦策三》增入,必非史公此传之旧也。"按:司马迁记苏代说应侯事,是否仅凭今本《战国策》,殊难论断,而上述两说单依《秦策三》,即否认司马迁之叙述,亦未可确信。

⑥赵亡则秦王王矣

胡三省曰:"秦之称王,自王其国耳。今破赵国,则将王天下也。"《考证》引中井积德曰:"下'王'字,疑当作'帝'。"《新注》曰:"秦王王矣:秦王将统一天下。"《笺证》曰:"赵国一被消灭,则秦王即将称王于天下。"

⑦武安君为三公

《注译》曰:"三公:古代主管国家军政大权的最高长官。周代以太师、太傅、太保为三公。"

⑧南定鄢、郢、汉中〔一〕

〔一〕 正义 鄢,在襄州率道县南九里。郢,在荆州江陵县东六里。汉中,今梁州之地。

《斠证》曰:"《通鉴》注引《正义》作'鄢乡故城,在襄州率道县西南九里。郢城,在荆州江陵县东北七里'。"《笺证》曰:"白起破楚取鄢、郢,事已见前;至于秦取楚汉中郡,乃在秦惠文王后元十三年,据《秦本纪》,其将领为'庶长章',非白起。"

⑨虽周、召、吕望之功,不益于此矣

《新注》曰:"周、召、吕望:即周初三大功臣,周公姬旦,召公姬奭,太公吕望。"《注译》曰:"周:指周公姬旦,周武王之弟,因采邑在周(今陕西岐山县北),故称周公。曾协助武王灭商,建立周朝。武王死后,成王年幼,由他摄政,为巩固周朝的统治建立了功勋。召:指召公姬奭,因采邑在召(今陕西岐山县西南),故称召公。曾辅佐武王灭商,成王时任太保,与周公分陕而治,陕以西由他治理。吕望:姓姜,吕氏,名望,号太公望。西周初年任太师,辅佐周武王灭商有功。"

⑩秦尝攻韩，围邢丘〔一〕

〔一〕 集解徐广曰："平皋有邢丘。"正义邢丘，今怀州武德县东南二十里平皋县城是也。

《新注》曰："邢丘：在河南温县东。"

【考辨】

邢丘考

梁玉绳曰："'围邢丘'，《秦策》鲍、吴注云：此当作'陉'，即韩桓惠王九年秦拔陉事。"王念孙曰："邢邱，魏地，非韩地。徐、张之说非也。此本作'攻韩围邢'，'邢'下'邱'字，衍文耳。《秦策》作'秦尝攻韩邢，困于上党'，是其证。邢，即'陉'之借字也。《韩世家》曰：'桓惠王五年，秦拔我陉，城汾旁。十年，秦击我于太行，我上党郡守以上党降赵。'即此所谓'攻韩围邢，困上党，上党之民皆反为赵'者也。又按《秦本纪》：'昭襄王四十一年，攻魏，取邢邱、怀。'徐、张彼注并与此同。《范雎传》：'使五大夫绾伐魏，拔怀。后二岁，拔邢邱。'《秦策》曰：'举兵而攻邢邱，邢邱拔而魏请附。'是邢邱为魏地，非韩地，不得言'攻韩围邢邱'也。"（《读书杂志》）《考证》曰："邢邱，魏地，非韩地。《秦策》鲍彪注：'邢'当作'陉'，即韩桓惠王九年，秦拔陉事。王念孙曰：'丘'字恐衍。"《斠证》曰："王氏谓'邢即陉之借字'，是也；所称《韩世家》'桓惠王五年'，'五'乃'九'之误。"《全注》曰："邢：'陉'之借字。丘：衍文。陉城在今山西曲沃县。《韩世家》云'桓惠王九年，秦拔我陉，城汾旁。十年，秦击我于太行，我上党郡守以上党降赵'，即本文'秦尝攻韩，围邢丘，困上党，上党之民皆反赵'所指。"杨宽曰："《秦本纪》载昭王四十一年'夏攻魏，取邢丘、怀'，此误以秦攻取魏怀与攻取邢丘在同年。《范雎列传》言'使五大夫绾伐魏拔怀，后二岁拔邢丘'，是也。《秦简编年纪》亦记攻怀在昭王三十九年，攻邢丘在四十一年。怀在今河南武陟县西南，邢丘在今河南温县东二十里，两地邻近。"（《战国史料编年辑证》）

⑪南地入韩、魏

按：梁玉绳曰："'韩'字误，《秦策》作'楚'，是。"《斠证》曰："'韩'疑本作'楚'，涉上'攻韩'字而误也。"

⑫则君之所得民亡几何人〔一〕

〔一〕集解徐广曰："亡，音无也。"

《斠证》曰："'几何'下不必有'人'字。《秦策》无'人'字。"《新注》曰："亡几何人：没有多少人。亡，通'无'。"《笺证》曰："亡几何：犹言'没有多少'。按：前四国皆言'地'，于秦不应独言'人'。《秦策》于此作'则秦所得无几何'，较此为长。"

⑬故不如因而割之〔一〕

〔一〕正义因白起之攻，割取韩、赵之地。

《考证》引中井积德曰："割，许其割地以和也。"《新注》曰："不如因长平战胜之势，允许韩、赵割地求和。"

⑭无以为武安君功也

《史记评林》引徐中行曰："苏代揣知应侯是个忌刻底人，故先言武安之贵以动其忌心，然后言民不乐为秦，以动其阻心，势如破竹矣。邯郸之围，安得不解？"《笺证》曰："没有必要帮着白起建立功勋。按：以上苏代说范雎沮白起事，见《战国策·秦策三》，但《战国策》未云说范雎者为谁。"

⑮割韩垣雍〔一〕

〔一〕集解徐广曰："卷县有垣雍城。"正义《释地名》云："卷县所理垣雍城。"按：在今郑州原武县西北七里也。

《新注》曰："垣雍：在河南原阳县西。"

⑯武安君闻之，由是与应侯有隙

《考证》引徐孚远曰："武安君，穰侯所任，应侯代穰侯相，二人故有隙，不待韩、赵之间也。"《全注》曰："施之勉引《邹阳传集解》：'苏林曰：白起为秦伐赵，破长平军，欲遂灭赵，遣卫先生说昭王益兵粮，乃为应侯所害，事用不成。'可证白起、应侯构隙之深。"

其九月，秦复发兵，使五大夫王陵攻赵邯郸①。是时武安君病，不任行②。四十九年正月，陵攻邯郸，少利，秦益发兵佐陵。陵兵亡五校③。武安君病愈，秦王欲使武安君代陵将。武安君言曰："邯郸实未易攻也。且诸侯救日至，彼诸侯怨秦之日久矣。今秦虽破长平军，而秦卒死者过半，国内空。远绝河山而争人国都④，赵应其内，诸侯攻其外，破秦军必矣⑤。不可。"秦王自命⑥，不行；乃使应侯请之，武安君终辞不肯行，遂称病。

①使五大夫王陵攻赵邯郸
《全注》曰："《秦本纪》：'其十月，五大夫陵攻赵邯郸。'五大夫：爵位名，秦制二十等爵的第九级。"

②不任行〔一〕
〔一〕正义 任，入针反，堪也。
《注译》曰："不任行：不能行动。任，堪，胜任。"

③陵兵亡五校
《新注》曰："亡五校：秦兵损失约五千人。校，军队编制单位，一校约一千人。"《注译》曰："校：营垒，后成为军队的编制单位。"

【考辨】
部伍校众考
　　校，古代部伍编制单位，一校之众约千人，长官称校尉。《通鉴》胡注考为八百人。胡三省曰："校，犹部队也。立军之法，一人曰独，二人曰比，三人曰参；比参曰伍，五人为列，列有头；二列为火，十人有长，立火子；五火为队，队五十人，有头；二队为官，官百人，立长；二官为曲，曲二百人，立侯；二曲为部，部四百人，立司马；二部为校，校八百人，立尉；二校为裨将，千六百人，立将军；二裨将军三千二百人，有将军、副将军。"（《通鉴》注）按：依此推算，"亡五校"，即损失部队四千人。

④远绝河山而争人国都
《新注》曰："跋山涉水去争夺人家的国都。秦兵东出要过黄河、越太行山，才能到达赵都邯郸。"按：绝：跨越，越过。

⑤破秦军必矣
杨宽曰："今本《战国策》末章记白起对秦昭王之长篇问答，反对围攻赵都邯郸，并阐明所以能拔楚都鄢郢、大破韩魏于伊阙之原因，于此时进围邯郸之理由，并谓'皆计利形势，自然之理，何神之有哉'，

此乃'兵形势家'之见解,为白起所精通者,此所以白起能为常胜将军而不败。"(《战国史料编年辑证》)《笺证》:"白起既已有见于此,则上文应侯劝昭王罢兵时,'武安君闻之,由是与应侯有隙',又如何解释?"

⑥秦王自命

《新注》曰:"秦昭王亲自下命。"

秦王使王齕代陵将,八九月围邯郸①,不能拔。楚使春申君及魏公子将兵数十万攻秦军②,秦军多失亡。武安君言曰:"秦不听臣计,今如何矣③!"秦王闻之,怒,强起武安君④,武安君遂称病笃。应侯请之,不起。于是,免武安君为士伍⑤,迁之阴密⑥。武安君病,未能行。居三月,诸侯攻秦军急,秦军数却,使者日至⑦。秦王乃使人遣白起,不得留咸阳中。武安君既行,出咸阳西门十里,至杜邮⑧。秦昭王与应侯群臣议曰:"白起之迁,其意尚怏怏不服,有余言⑨。"秦王乃使使者赐之剑自裁⑩。武安君引剑将自刭,曰:"我何罪于天而至此哉?"良久,曰:"我固当死。长平之战,赵卒降者数十万人,我诈而尽坑之,是足以死⑪。"遂自杀⑫。武安君之死也,以秦昭王五十年十一月⑬。死而非其罪,秦人怜之,乡邑皆祭祀焉⑭。

①八九月围邯郸

《笺证》曰:"意即将邯郸包围了八九个月。《战国策·中山策》作'围邯郸八九月'。"《校读记》曰:"按《国策·中山策》,'八九月围邯郸'作'围邯郸八九月',此传传写误倒,当据乙正。"

②楚使春申君及魏公子将兵数十万攻秦军

《注译》曰:"春申君:黄歇,楚国贵族,封于吴(今江苏苏州市),号春申君。详见《春申君列传》。魏公子:指信陵君魏无忌,魏安釐王异母弟,封于信陵(今河南宁陵县),故称信陵君。详见《魏公子列传》。"

③秦不听臣计,今如何矣

《斠证》曰:"'秦'字疑涉上下文而衍。《文选》注引此无'秦'

字,'如何'作'何如'。《中山策》同。"《注译》曰:"臣:古人表示谦卑的自称。"

④强起武安君[一]

[一] 正义 强,其两反。

《新注》曰:"强起:强行任命。"《笺证》曰:"硬是逼着武安君出来为将。"

⑤于是,免武安君为士伍[一]

[一] 正义佚文 如淳曰:"尝有爵,而以罪夺爵者称士伍。"颜师古曰:"谓夺其爵令为士伍,言使从士卒之伍。"

《新注》曰:"士伍:士兵、卒伍。秦国军队编制,基层五人为伍,故称士兵为士伍。"《全注》曰:"据《秦纪》,武安君免为士伍,在昭襄王五十年十月。如淳曰:'律:有罪失官爵,称士伍。'"《笺证》曰:"免去白起的一切官爵,将其降到普通士兵的地位。士伍:士兵五人为一'伍',此处即指普通士兵。"

⑥迁之阴密[一]

[一] 集解 徐广曰:"属安定。" 正义 故城在泾州鹑觚县,城西即古阴密国,密康公国也。

《新注》曰:"阴密:在甘肃灵台县西。"

【集校】

《考证》曰:"《秦本纪·正义》云:《括地志》云:'阴密,古密须国。'与此异。"《斠证》曰:"《正义》'古阴密国',盖本作'古密须国',涉上文及正文'阴密'字而误耳,非与《秦本纪·正义》所引《括地志》异也。《通鉴》注亦引《括地志》云:'密阴故城,在泾州鹑觚县西,古密须氏之国。'与《秦本纪·正义》所引《括地志》合。"

⑦秦军数却,使者日至

《新注》曰:"数却,数败。"《笺证》曰:"使者日至:来自前方报告军情紧急的使者接连不断。"

⑧出咸阳西门十里,至杜邮[一]

[一] 索隐 按:故咸阳城在渭北。杜邮,今在咸阳城中。 正义《说文》云:"邮,境上行舍",道路所经过。今咸阳县城,本秦之

邮也，在雍州西北三十五里。

《斠证》曰："'十'当作'七'，《秦策五》、《甘罗传》并作'七'。"
《新注》曰："杜邮：亭名，在陕西咸阳东。"

⑨其意尚怏怏不服，有馀言

《注译》曰："怏怏：因不平和不满而郁郁不乐。馀言：指怨言。"

⑩秦王乃使使者赐之剑自裁

《考证》曰："自裁：枫山、三条本作'自刎'，《御览》六百四十七作'自死'。"

⑪是足以死

凌稚隆曰："太史公述武安自言，以结武安罪案，与《蒙恬传》末语意同。"（《史记评林》）

⑫遂自杀

【存异】

白起之死

白起死于自杀，还是他杀？史书记载有异。本传称秦昭王派使者赐剑给白起，白起引剑自杀。《太平御览》卷六百四十七引作"令自杀"，《考证》谓枫山、三条本作"自刎"，均指昭王赐剑之意。然据《战国策·秦策五》，甘罗说张唐曰："应侯欲伐赵，武安君难之，去咸阳七里，绞而杀之。"此谓起被绞死，则与本传异。未知孰是。

⑬武安君之死也，以秦昭王五十年十一月

《志疑》曰："《秦本纪》是十二月，此误。"

⑭死而非其罪，秦人怜之，乡邑皆祭祀焉〔一〕

〔一〕集解 何晏曰(1)："白起之降赵卒，诈而坑其四十万，岂徒酷暴之谓乎！后亦难以重得志矣。向使众人皆豫知降之必死，则张虚卷犹可畏也(2)，况于四十万被坚执锐哉！天下见降秦之将头颅似山，归秦之众骸积成丘，则后日之战，死当死耳，何众肯服，何城肯下乎？是为虽能裁四十万之命而适足以强天下之战，欲以要一朝之功而乃更坚诸侯之守，故兵进而自伐其势，军胜而还丧其计。何者？设使赵众复合，马服更生，则后日之战必非前日之对也，况今皆使天下为后日乎！其所以终不敢复加兵于邯郸者，非但忧平原君之补袒，患诸侯之捄至也，徒讳之而不言耳。若不悟而不讳，则毋所以远智也，可谓善战而拙胜。长平之事，秦民之十五以上者皆荷戟而向赵矣，秦王又亲自赐民爵于河内。夫以秦之强，而十五以上死伤过半者，此为破赵之功小，伤秦之败大，又何以称奇哉！若后之役成不豫其论者，则秦众多矣，降者可致也；必不可致者，本自当战杀，不当受降诈也。战杀虽难，降杀虽易，然降杀之为害，祸大于剧战也。"[索隐]卷，音拳。袒，音浊苋反，字亦作"绽"。捄，音救。

(1) 何晏：字平叔，汉魏之际南阳人，少时以才秀知名，喜好老庄之言，著有《论语集解》、《何晏集》，与夏侯玄、王弼等倡导玄学，被称为正始名士。本注引文即《白起论》，又见于《全三国文》。

(2) 张虚卷犹可畏也：伸出空拳就让人害怕。虚卷，即空拳；卷通拳。

《史记评林》引董份曰："白起非独坑赵卒也，始攻韩，斩二十四万。烧楚夷陵，攻魏，斩十三万，沉贾偃卒二万于河。攻陉，斩五万。盖所斩已四十四万矣，而烧者不与焉。至赵卒已降而坑之，尤益甚耳。以起一人而前后所坑斩，计且百万。古今之惨，莫以加矣。战国之民，其亦悲夫痛哉！以起之惨，虽夷族灭姓，万万不足赎，何啻死哉！而秦人怜之，又何耶？"

王翦者，频阳东乡人也①。少而好兵，事秦始皇。始皇十一年②，翦将攻赵阏与，破之，拔九城③。十八年，翦将攻赵。岁余，遂拔赵，赵王降，尽定赵地为郡。明年，燕使荆轲为贼于秦④，秦王使王翦攻燕。燕王喜走辽东⑤，翦遂定燕蓟而还⑥。秦使翦子王贲击荆⑦，荆兵败。还击魏，魏王降，遂定魏地。

①王翦者，频阳东乡人也〔一〕

〔一〕[索隐]《地理志》频阳县属左冯翊。应劭曰："在频水之阳也。"
[正义]故城在雍州东同官县界也。

《新注》曰："王翦：秦始皇时著名秦将。王翦与其子王贲，在辅助秦始皇统一六国的战争中立有大功，除韩外，其余五国均为王翦父子所灭。"《注译》曰:"频阳:秦县名,在今陕西富平县东北。东乡:乡名。"

②始皇十一年

《笺证》曰:"此时秦未统一六国,只合称'秦王政十一年'。"

③翦将攻赵阏与〔一〕,破之,拔九城

〔一〕 正义 音预。

《新注》曰:"阏与:在山西和顺县西北。"杨宽曰:"是役秦共拔九城,以王翦攻拔阏与、橑阳二城和桓齮攻拔邺、安阳二城较重要,故《始皇本纪》分别载明。九城中以邺为首要,故本纪先总叙为'王翦、桓齮、杨端和攻邺,取九城',《燕世家》亦称'秦拔赵之邺九城'。九城中以阏与为次要,故《六国表》于秦表称'击邺、阏与,取九城',于赵表又称'秦拔我邺、阏与九城'。"(《战国史料编年辑证》)

④燕使荆轲〔一〕为贼于秦

〔一〕 正义佚文 轲,苦阿反。

荆轲:卫国朝歌人,为人慷慨侠义,后游历到燕国,受燕太子丹指派,赴咸阳刺秦王政,未遂被杀。事见《刺客列传》。《新注》曰:"贼:为贼,刺客。"

⑤燕王喜走辽东

《注译》曰:"辽东:郡名,地在今辽宁大凌河以东,治所在襄平(今辽宁辽阳市)。"《笺证》曰:"燕王喜:燕国的末代国君,太子丹之父,在位三十三年(公元前254—前222年)。"

⑥翦遂定燕蓟而还〔一〕

〔一〕 正义 蓟,音计。

《新注》曰:"蓟:燕都,在今北京市西南。"《笺证》曰:"燕蓟:燕国的首都蓟城,即今北京市。据《秦始皇本纪》、《燕世家》,王翦破燕军、下蓟城,燕王喜走保辽东,在秦王政二十一年,燕王喜二十九年。至秦王政二十五,燕王喜三十三年,王翦之子王贲始攻辽东,捉燕王喜而定其郡。"

⑦秦使翦子王贲击荆〔一〕

〔一〕 集解 徐广曰:"秦讳'楚',故云荆也。" 索隐 贲,音奔。

《注译》曰:"荆:楚国的别称。楚始建国于荆山(今湖北南漳县西南),故别称为荆。另说秦国因避庄襄王子楚名讳,故称楚为荆。"《笺证》曰:"秦始皇的父亲名叫'子楚',但楚国之所以称'荆'则由来甚早,非至始皇时始然。或谓楚国最初建国于'荆山'附近,故称曰'荆'。《左传》称楚人有所谓'昔我先王熊绎僻在荆山,筚路蓝缕以处草莽'。"

秦始皇既灭三晋,走燕王①,而数破荆师。秦将李信者,年少壮勇,尝以兵数千逐燕太子丹至于衍水中,卒破得丹②,始皇以为贤勇。于是,始皇问李信:"吾欲攻取荆,于将军度用几何人而足③?"李信曰:"不过用二十万人。"始皇问王翦,王翦曰:"非六十万人不可。"始皇曰:"王将军老矣,何怯也!李将军果势壮勇④,其言是也。"遂使李信及蒙恬将二十万南伐荆⑤。王翦言不用,因谢病,归老于频阳。李信攻平舆⑥,蒙恬攻寝⑦,大破荆军。信又攻鄢郢⑧,破之,于是,引兵而西,与蒙恬会城父⑨。荆人因随之,三日三夜不顿舍⑩,大破李信军,入两壁,杀七都尉⑪,秦军走。

①秦始皇既灭三晋,走燕王

《全注》曰:"始皇二十五年灭赵,二十二年灭魏,十七年灭韩。'三晋'谓赵、魏、韩。二十一年徙燕王辽东,二十五年灭燕。"

②尝以兵数千逐燕太子丹至于衍水中,卒破得丹

《注译》曰:"燕太子丹:姓姬名丹,燕王喜的太子,初为质于秦,后逃回燕国。此时秦已吞灭韩、赵两国,他派荆轲赴秦,谋刺秦王政,未成。秦军攻破燕国时,他逃到辽东,被其父斩首献给秦国。衍水:即今太子河,在辽宁东南部。"《笺证》曰:"据《刺客列传》、《燕世家》,其事为'李信追丹,丹匿衍水中,燕王喜乃使使斩太子丹'以献秦,此谓'卒破得丹',似太子丹乃被李信生俘者,殆误。"

③于将军度〔一〕用几何人而足

〔一〕正义佚文 度,徒启反。

按:度用:估计需要。度,估算,估计。

④李将军果势壮勇〔一〕

〔一〕集解 徐广曰:"势,一作'断'。"

张文虎《史记札记》曰："果势：《御览》二百七十四引作'果断'，义长。'新'与'断'同从斤而误。"《斠证》曰："《御览》二七四引'势'作'斷'。斷，俗书作'断'，与'新'形近，故误为'新'耳。作势，于义亦通。"

⑤遂使李信及蒙恬将二十万南伐荆

《全注》曰："据《蒙恬列传》，恬于始皇二十六年始为将。李信、蒙恬伐荆在始皇二十二年。蒙恬大父骜、父武三代为秦将。二十二年伐荆之役当是蒙武而非蒙恬。"

⑥李信攻平舆〔一〕

〔一〕集解音余。正义在豫东北五十四里。

梁玉绳曰："'舆'乃'舆'之讹。平舆，汝南县名。"按：平舆：《秦始皇本纪》、《通鉴》均作"平舆"，在今河南平舆县北。

⑦蒙恬攻寝〔一〕

〔一〕集解徐广曰："今固始寝丘。"索隐徐广云"固始寝丘"。固始，县，属淮阳。寝丘，地名也。正义佚文今光州固始县，本寝丘，孙叔敖所封。

《新注》曰："寝：在今安徽临泉县。"

【考辨】

蒙恬攻寝考

梁玉绳曰："此前后三称蒙恬，考《六国表》及《蒙恬传》，是时恬未为将，当是蒙武之误。《御览》百五十九引作'蒙恬伐楚寝丘'。"《斠证》曰："《通鉴》书此事于始皇二十二年，从此传作蒙恬。恬为武子，二十六年始为秦将，见《蒙恬传》，则此时自不得攻寝。《六国表》二十三年，书'王翦、蒙武击破楚军'，亦见《蒙恬传》。据《始皇纪》及《楚世家》，则在二十四年，盖梁说'蒙恬当是蒙武之误'所本。惟徐注以寝丘释寝，是正文本无'丘'字，《御览》引正文有'丘'字，盖据徐注所加也。"《笺证》曰："寝：也叫寝丘，古邑名，在今河南沈丘东南。"

⑧信又攻鄢郢

《新注》曰："鄢郢：春秋时楚都邑，即今湖北宜城县。据上下文，平舆、寝、城父均远在鄢郢之东，故此云鄢郢有误，当是城父之东的楚都寿春（今安徽寿县），仍号郢都，楚考烈王二十二年（公元前241年）徙都于此。"

【考辨】
李信攻鄢郢为楚故都考

胡三省曰："此鄢郢，非楚故都之鄢郢也。楚故都为白起所取，秦已置南郡。据楚都寿春，以寿春为郢，则其前自郢徙陈，亦必以陈为郢矣。然则此郢乃陈也。鄢即颍川之鄢陵，与平舆、城父地皆相近。"（《通鉴》注）梁玉绳曰："'信又攻鄢郢破之'七字，衍。"《考证》引中井积德曰："先是白起既拔鄢郢矣，不闻楚复之。此乃云攻鄢郢，何也？盖考烈王东徙，命寿春曰郢。惟鄢未审所谓。"《订补》曰："胡说陈为郢，是也。《始皇纪》：'二十三年，秦王复召王翦，强起之，使将击荆，取陈以南至平舆，虏荆王。秦王游至郢陈。'是其证。"《斠证》曰："《通鉴》胡注说陈为郢，盖即本《始皇纪》。然鄢、郢并称，本指楚故都。胡氏虽立新解，未敢必其是，故注又云：'或曰：鄢郢当作鄢陵。'亦可备一说。鄢陵之作鄢郢，或由联想而误耳。"又引陈槃曰："此'鄢郢'读当作'鄢郢'，不当作'鄢、郢'。楚本都江陵故郢城，而江陵县北有纪南城，楚亦尝居之，故又称'纪郢'。后又居鄢（今湖北宜城县），因又有'鄢郢'之号。盖已迁居矣，而不忘故地，是以两地并称，非二事也。由是而言，'鄢郢'即是居鄢之郢，而胡三省以为'鄢'即'颍川之鄢陵'，恐是望文生义，未可据也。"杨宽曰："胡三省之说殊非。鄢郢乃指楚故都郢及鄢而言，不得用以称陈。颍川之鄢陵乃魏地，魏封有鄢陵君。梁玉绳又谓：'信又攻鄢郢破之七字衍。'亦非是。是时东方六国都城之贵族势力根深柢固，不甘心于被秦攻灭，一有机会即谋反复。是时楚故都鄢郢贵族亦起而反复，当秦完成统一后，宣称'荆王献青阳以西，已而畔约，击我南郑，故发兵诛'，即指此而言。李信在击败平舆之楚军后，即南下攻破鄢郢。盖是时鄢郢已为楚贵族所反复，并已为楚军所克复，原为秦所徙居而监禁于'郢之□山'的昌平君，也已出山而主持反秦之战争，因而李信必须引大军南下而攻破之。鄢郢之楚军未作坚决抵抗而退出，待李信引大军回师东进，以与蒙武在城父会合，以便向楚新都寿春进攻，楚军即跟踪追击，三日三夜不顿舍，从而

大破李信军。"(《战国史料编年辑证》)

⑨与蒙恬会城父〔一〕

〔一〕索隐在汝南，即应乡。正义言引兵而会城父，则是汝州郏城县东父城者也。《括地志》云："汝州郏城县东四十里有父城故城，即服虔云'城父楚北境'者也。又许州叶县东北四十五里亦有父城故城，即杜预云'襄城城父县'者也。此二城，父城之名耳，服虔城父是误也。《左传》及注《水经》云：'楚大城城父，使太子建居之。'《十三州志》云(1)：'太子建所居城父，谓今亳州城父是也。'"此三家之说，是城父之名。《地理志》云颍川父城县，沛郡城父县。据县属郡，其名自分。古先儒多惑，故使其名错乱。"

(1)《十三州志》：又称《十三州记》，北魏阚骃著，以汉代司隶、豫、冀、兖、徐、青、荆、扬、益、凉、并、幽、交十三州为纲，记述全国各地的郡县沿革、河道源流、社会风俗等。约在北宋以后散失，清代张澍、王谟等人有辑本。

《注译》曰："城父：楚邑名，在今河南平顶山市西北。"《新注》曰："城父：在安徽亳县东。"《笺证》曰："城父：楚邑名，县治在今安徽亳县东南。"按：从秦伐楚战事看，此城父应在安徽亳州。

⑩三日三夜不顿舍

《考证》曰："'顿'读为'屯'。《汉书·李广传》：'就善水草顿舍。'颜师古曰：'顿，止也；舍，息也。'"《注译》曰："顿舍：停息，住宿。"

⑪杀七都尉

胡三省曰："此郡都尉，将兵从伐楚者也。秦列郡有守，有尉，有监，然秦、汉之制，行军亦自有都尉。"(《通鉴》注)

始皇闻之，大怒，自驰如频阳①，见谢王翦，曰："寡人以不用将军计，李信果辱秦军。今闻荆兵日进而西，将军虽病，独忍弃寡人乎！"王翦谢曰："老臣罢病悖乱②，唯大王更择贤将。"始皇谢曰："已矣，将军勿复言③！"王翦曰："大王必不得已用臣，非六十万人不可。"始皇曰："为听将军计耳④。"于是，王翦将兵六十万人，始皇自送至灞上⑤。

王翦行，请美田宅园池甚众⑥。始皇曰："将军行矣，何忧贫乎？"王翦曰："为大王将，有功终不得封侯，故及大王之向臣⑦，臣亦及时以请园池为子孙业耳⑧。"始皇大笑。王翦既至关⑨，使使还请善田者五辈⑩。或曰："将军之乞贷⑪，亦已甚矣。"王翦曰："不然。夫秦王怚而不信人⑫。今空秦国甲士而专委于我⑬，我不多请田宅为子孙业以自坚⑭，顾令秦王坐而疑我邪⑮？"

①自驰如频阳

《注译》曰："驰：车马奔驰。如：往，到。"

②老臣罢病悖乱〔一〕

〔一〕正义罢，音皮。悖，音背。

《新注》曰："疲弱多病，狂暴昏乱。"《注译》曰："罢：通'疲'，疲乏。悖乱：昏乱。悖，不明事理。"《笺证》曰："罢病指身体不好，悖乱指精神不好。"

③已矣，将军勿复言

《新注》曰："好了，别再推辞了。"《注译》曰："已矣：本是停止的意思，这里相当于'好了'、'罢了'。"

④为听将军计耳

《考证》曰："《御览》二百七十四引无'为'字。"《订补》曰："《元龟》一百九十九引史，'为'作'唯'。"《斠证》曰："唯与惟同，为、惟同义。"《笺证》曰："为：似应读作'唯'，《册府元龟》卷一九九引正作'唯'，意即一切都听你的。杨树达《词诠》以为'为'字之义同'将'、'将要'，相同用法又见于《卫将军骠骑列传》、《匈奴列传》、《韩信卢绾列传》。"

⑤始皇自送至灞上

《新注》曰："灞上：地名，在西安市东。"

⑥王翦行，请美田宅园池甚众

《史记评林》引凌约言曰："此与萧相国多买田宅以自污同意。始皇诸将，惟王翦得善其终者，以此。"《斠证》曰："《初学记》二四、《御览》一九七及八二一引'美'皆作'善'，与下文同。"

⑦故及大王之向臣

《注译》曰:"向:接近,亲近。"《新注》曰:"大王之向臣:趁大王亲近臣之时。"

⑧臣亦及时以请园池为子孙业耳

按:园池:园子和池塘。业:家业,产业。

⑨王翦既至关

【存异】

王翦出关

王翦率军伐楚,究竟是出武关,还是出函谷关?诸家注释有歧见,约略分为两说:胡三省曰:"此当是出武关也。"(《通鉴》注)《全注》曰:"关:武关,在今陕西商南县西北,战国时秦之南关。秦用兵三晋,东出函谷关;伐荆,则南出武关。"与上述不同,《注译》曰:"关:指函谷关,旧址在今河南灵宝县东北。"《笺证》曰:"既至关:出行至函谷关,在今河南灵宝东北。"按:秦军无论是出武关,还是出函谷关,都可以进攻楚国,故两说难以决断,权且存异。

⑩使使还请善田者五辈〔一〕

〔一〕集解徐广曰:"善,一作'菑'。"索隐谓使者五度请也。

《注译》曰:"使使:派遣使者。前'使'字动词,后'使'字名词。善田:良田。辈:批。"

⑪将军之乞贷〔一〕

〔一〕正义佚文贷,天得反。

《注译》曰:"乞贷:请求借贷,指请求田宅。"

⑫夫秦王怛〔一〕而不信人

〔一〕集解音麤。徐广曰:"怛,一作'粗'。"正义佚文徐广曰:"一作'粗'。"并音息故反。

梁玉绳曰:"《班马字类》作'怛',音粗,各本讹'怛'。"《斠证》曰:"梁氏所据湖本'怛'作'怛'。按景祐本正文、集解'怛'字并不误,殿本正文、集解并误'怛'。《说文》:'怛,骄也。'一作粗,则'粗而不信人',犹智伯之'麤中而少亲'矣。然秦王非粗心者也。"《新注》曰:"怛:同'粗',粗暴。"

⑬今空秦国甲士而专委于我〔一〕

〔一〕集解徐广曰:"专亦作'抟',又作'剸'。"

《注译》曰:"甲士:武装士兵。委:委托,托付。"

⑭我不多请田宅为子孙业以自坚

马非百曰:"《陕西通志》及《富平通志》均载王翦尚华阳公主事,略谓始皇二十三年,李信伐楚败归,时王翦谢病家居。始皇疾驾入频阳,手以上将军印佩翦身,授命二十万。后三日,翦发频阳,始皇降华阳公主,简宫中丽色百人为媵,北迎翦于途,诏即遇处成婚。翦行五十里相遇,列兵为城,中间设锦幄,行合卺礼。信宿,公主随翦入都,诏频阳别开公主第。今名相遇处为'华阳'。其事不知所出,而两书皆言之凿凿。然则翦之多请美田宅园池为子孙业者,殆亦利用独生女情深以为自坚之地耶?"《笺证》曰:"自坚:使其对自己坚信不疑。"

⑮顾令秦王坐而疑我邪

《注译》曰:"顾:却反。令:使。坐:无缘无故,自然而然。邪:通耶,表示疑问的语气助词。"

【集校】

《考证》曰:"《御览》'顾'作'固';王本、何本'邪'作'矣'。"《订补》曰:"《书钞》卷一百十五'顾'作'固';景祐本、黄善夫本'邪'作'矣'。"《斠证》曰:"《通鉴》'邪'亦作'矣',《书钞》'邪'作'哉'。顾、固并与乃同义,矣与邪、哉亦同义。"

王翦果代李信击荆①。荆闻王翦益军而来,乃悉国中兵以拒秦。王翦至,坚壁而守之,不肯战。荆兵数出挑战②,终不出。王翦日休士洗沐,而善饮食抚循之③,亲与士卒同食。久之,王翦使人问军中戏乎④?对曰:"方投石超距⑤。"于是,王翦曰:"士卒可用矣。"荆数挑战而秦不出,乃引而东。翦因举兵追之,令壮士击,大破荆军。至蕲南⑥,杀其将军项燕⑦,荆兵遂败走。秦因乘胜略定荆地城邑。岁馀,虏荆王负刍,竟平荆地为郡县。因南征百越之君⑧。而王翦子王贲,与李信破定燕、齐地。

①王翦果代李信击荆

按：张文虎《史记札记》曰："旧刻'果'作'东'，《御览》二百七十四同。"《考证》曰："枫山、三条本、《御览》'果'作'东'，可从。"

②荆兵数出挑战

《考证》曰："《艺文类聚》引'数'下无'出'字。"《订补》曰："《书钞》一百六十、《御览》五十一及三百十一'数'下亦无'出'字。"《斠证》曰："《御览》三百三十引此亦无'出'字，《通鉴》同，盖涉下文而衍。"

③王翦日休士洗沐，而善饮食抚循之

《考证》曰："枫山、三条本'士'下有'卒'字。"《注译》曰："休士：使士兵得到休息和整训。洗沐：洗脚和洗头，泛指洗浴。抚循：抚慰。"《新注》曰："善饮食：好饭食。"

④王翦使人问军中戏乎

按：戏：游戏，玩耍。

⑤方投石超距〔一〕

〔一〕集解徐广曰："超，一作'拔'。"骃案：《汉书》云"甘延寿投石拔距，绝于等伦"，张晏曰："《范蠡兵法》(1)：飞石重十二斤，为机发行三百步。延寿有力，能以手投之。拔距，超距也。"索隐超距，犹跳跃也。正义佚文超，跳跃也。距，木械也。出地若鸡距然也，壮士跳跃走拔之。按：出与否，以定胜负也。

(1)《范蠡兵法》：又称《范蠡》，春秋末范蠡撰，《汉书·艺文志》著录二篇，列入《兵书略》兵权谋类，久佚。

胡三省曰："投石，以石投人也，齐高固'桀石以投人'是也。超距，距跃也，晋魏犨'距跃三百'是也。"（《通鉴》注）《考证》引中井积德曰："投石，力戏也，手投重石，竞远近为输赢也。超距，亦力戏也，跳跃逾越，竞其远近高下为输赢也。"《斠证》曰："徐注'超，一作拔'，盖就《汉书》言之。《说文系传》三：'《史记》云"拔距"，注谓"两人以手共据地而能拔起之也"；又曰"超距，抢头撞也"。'引《史记》作'拔距'，盖与《汉书》相乱。所引两注，亦不见三家注。前注与《汉书》颜师古注相近，与《文选》左太冲《吴都赋》刘逵注尤合。"《注译》曰:"投石超距:泛指各种军事体育活动。投石,用机械发射石弹或以手投石。超距,跳高、跳远、跳越障碍物。"《新注》曰:"投石超距:投掷石头,跳远比赛。这些游戏是练武活动,表示士兵的临战意识,故曰可用。"《全注》曰:"投石:义同投掷。距:亦'超';超:亦'拔'。故'投、石、超、距'四字平列,亦如'奔、跑、跳、跃'四字平列然。"

⑥至蕲南[一]

〔一〕正义 徐州县也。

《注译》曰:"蕲:楚邑名,在今安徽宿州市东南。"

⑦杀其将军项燕

《笺证》曰:"项燕:楚国的最后一员名将,项羽的祖父。"

【存异】

项燕之死

项燕之死,是被秦兵所杀,还是战败自杀?司马迁叙述有异。本传称项燕被秦兵所杀,《项羽本纪》曰:"(项)梁父即楚将项燕,为秦将王翦所戮者也。"《楚世家》曰:楚王负刍四年,"秦将王翦破我军于蕲,而将军项燕。"但不同的是,《秦始皇本纪》曰:"二十四年,王翦、蒙武攻荆,破荆军,昌平君死,项燕遂自杀。"今诸家注说,亦是意见不一。《项羽本纪·索隐》曰:"此云为王翦所杀,与《楚汉春秋》同,而《始皇本纪》云项燕自杀。不同者,盖燕为王翦所围逼而自杀,故不同耳。"《笺证》认为项燕被杀,在秦王政二十三年,《秦本纪》书之于秦王政二十四年,殆误。按:《笺证》误称《秦本纪》,当作《秦始皇本纪》。

⑧因南征百越之君

《注译》曰:"百越:部族名,当时广泛分布于长江中下游以南,部落众多,故有百越之称。越,也作粤。"杨宽曰:"战国时已有'百越'之称,用以指东南沿海地区之原始部族。闽越或称东越,分布于今福建北部与浙江南部。瓯越或称东瓯,分布于今浙江南部瓯江、灵江流域。闽越与瓯越乃百越中较进步之地区,其君长原为越王勾践分封之封君。秦灭楚、平定江南、降服越君、建置会稽郡之后,王翦继而南下进攻瓯越与闽越,'皆废其君长,以其地为闽中郡'。所谓'百越'即指瓯越与闽越。"(《战国史料编年辑证》)《笺证》曰:"百越:今浙江温州一带当时有'瓯越',今福建一带当时有'闽越',今广东、广西以及湖南南部、越南北部一带有'南越',因其种类繁多,故称'百越',详见《东越列传》、《南越列传》。按:秦平百越以为郡县事,具体过程《史记》诸篇皆语焉不详,只于《秦本纪》云:'王翦遂定荆江南地,降越君,置会稽郡。'事在秦王政二十五年。"

秦始皇二十六年,尽并天下,王氏、蒙氏功为多,名施于后世①。

秦二世之时,王翦及其子贲皆已死,而又灭蒙氏②。陈胜之反秦③,秦使王翦之孙王离击赵,围赵王及张耳巨鹿城④。或曰:"王离,秦之名将也。今将强秦之兵,攻新造之赵,举之必矣⑤。"客曰⑥:"不然。夫为将三世者必败⑦。必败者何也?必其所杀伐多矣,其后受其不祥。今王离已三世将矣。"居无何⑧,项羽救赵,击秦军,果虏王离,王离军遂降诸侯⑨。

①王氏、蒙氏功为多,名施于后世

《笺证》曰:"施:延伸,流传。《秦始皇本纪》二十八年《琅琊台铭》中载王氏为侯者有'列侯武成侯王离、列侯通武侯王贲',王世贞《宛委余篇》云:'以位次差之,王离在季父贲前,翦一子一孙,为功臣之首。又当时列侯二人、伦侯三人,凡封侯者仅五人,而李斯、蒙恬与李信不与焉。'按:伦侯,如同汉之'关内侯',仅有名号而无封地;尊贵的列侯仅二人,都在王氏一门,可谓盛极矣。"

②而又灭蒙氏

《新注》曰:"指秦二世诛杀蒙恬、蒙毅兄弟。"

③陈胜之反秦

《新注》曰:"公元前209年陈胜、吴广率领戍卒起义,爆发了秦末农民战争。"

④围赵王及张耳巨鹿城〔一〕

〔一〕正义 今邢州平乡县城,本秦巨鹿郡城也。

《注译》曰:"赵王:赵歇。秦末农民战争中被张耳、陈馀拥立为赵王。张耳:大梁人。在反秦起义中,他和陈馀一道投奔陈胜,奉命略定赵地。后从项羽,被封为常山王,继而归刘邦,被封为赵王。详见《张耳陈馀列传》。巨鹿:城名,在今河北平乡县西南。"

⑤攻新造之赵,举之必矣

《笺证》曰:"新造之赵:指张耳、陈馀辅佐赵歇刚建立九个月的赵国政权。新造,新建立。举:攻克。"

⑥客曰

按:客:门客,宾客。

⑦夫为将三世者必败

钱锺书曰:"马迁持阴德阴祸之说,如《韩世家》:'太史公曰:韩厥之感晋景公,绍赵孤之子武,以成程婴、公孙杵臼之义,此天下之阴德也。韩氏之功于晋,未睹其大者也。然与赵、魏终为诸侯十余世,宜乎哉!'《白起王翦列传》:'客曰:夫为将者三世必败,必败者何也?必其所杀伐多矣,其后受其不祥。'此不及身之后报,所谓'果报'也。《李将军列传》:'王朔曰:祸莫大于杀已降,此乃将军所以不得为侯者也。'又及身之现报,所谓'花报'也。虽或记陈平自言,或述望气者语,然《韩世家》论赞乃马迁自抒胸臆,指归正尔一揆。勿信'天道',却又主张'阴德',说理固自难圆;而触事感怀,乍此乍彼,亦彼亦此,浑置矛盾于不顾,又人之常情恒态耳。"(《管锥编·史记会注考证》)

【研讨】

为将三世者必败

司马迁在本传指出:"夫为将三世者必败。"这是一个发人深思的命题,意谓某个家族若三代连续做将军,就必定在三代以后衰败。这样说大致有两种原因:一是受道家思想的熏染,如老子《道德经》曰"夫兵者,不祥之器,物或恶之,故有道者不处",况三世为将,功名太盛,"持而盈之,不如其已,揣而锐之,不可长保,金玉满堂,莫之能守,富贵而骄,自遗其咎,功遂身退,天之道也"。二是对历史经验的总结,司马迁在本传谈到:秦二世在位时,群雄竞起反秦,王翦之孙王离奉命攻赵,围困赵王歇于巨鹿城。或曰:"王离,秦之名将也。今将强秦之兵,攻新造之赵,举之必矣。"客曰:"不然。夫为将三世者必败。必败者何也？必其所杀伐多矣，其后受其不祥。今王离已三世将矣。"后项羽救赵，击破秦军，王离竟被俘虏。这可以说是对"为将三世者必败"观点的有力佐证。这一观点提出以后，对后世君主和将帅产生深刻的影响。如三国时曹丕曾南征孙吴，进抵长江而还，下诏给三公，其中写道："三世为将，道家所忌。穷兵黩武，古有成戒。"（《三国志·王朗传》注引《魏书》）西晋末，"八王之乱"期间，陆机追随成都王司马颖，被任命为后将军、河北大都督，督察诸军，而自以为"三世为将，道家所忌"，又担心众将不服，遂辞任都督，但未获司马颖允准，结果临危统兵，遭人陷害而死。唐宋以降，在佛、道两教报应观念的支撑下，"为将三世必败"之说流传更广，成为一种不言而喻的人生哲理。

⑧居无何

《新注》曰："没过多久。"

⑨王离军遂降诸侯

《注译》曰："诸侯：指当时各部农民起义军领袖和六国后代起事者。"《笺证》曰："茅坤曰：'此于传末叙其后世之报，而以"或曰"、"客曰"问答发明之，叙事兼议论，亦一例也。'按：此处表现了司马迁对于战争、杀伐的一种看法。"

太史公曰：鄙语云："尺有所短，寸有所长。"①白起料敌合变，出奇无穷②，声震天下，然不能救患于应侯③。王翦为秦将，夷六国④，当是时翦为宿将⑤，始皇师之⑥，然不能辅秦建德，固其根本⑦，偷合取容，以至圽身⑧。及孙王离为项羽所虏，不亦宜乎！彼各有所短也。

①鄙语云："尺有所短，寸有所长"

《新注》曰："尺比寸长，但在实际运用中，有时用尺作标准显得短，有时用寸作标准显得长。这是两句古代谚语，喻白起、王翦之智各有长短。"《笺证》曰："鄙语：谚语，俗话。尺有所短，寸有所长：犹今所谓'小有小的好处，大有大的难处'。《楚辞·卜居》云：'夫尺有所短，寸有所长，物有所不足，智有所不明。'"

②白起料敌合变，出奇无穷

按：料敌：了解敌人的情况。合变：军队分散与集中的变化。出奇：指运用奇兵制胜。《孙子兵法·军争篇》曰："故兵以诈立，以利动，以分合为变者也。"合变，即指兵力的集中与分散。又《势篇》曰："凡战者，以正合，以奇胜。故善出奇者，无穷如天地，不竭如江河。""战势不过奇正，奇正之变，不可胜穷也。"太史公称白起"出奇无穷"，即出于此篇。

③然不能救患于应侯

《笺证》曰："意即没能事先防备范雎对自己的谗害。"

④夷六国

《注译》曰："夷：荡平，翦灭。六国：指楚、齐、燕、韩、赵、魏六大国。"

⑤当是时翦为宿将

《注译》曰："宿将：战斗经验丰富的老将。宿，指年老并久于其事。"

⑥始皇师之

按：师：师从，师事。

⑦然不能辅秦建德，固其根本

《新注》曰："固其根本：长保天下。根本，喻施仁义。"

⑧偷合取容，以至圽身〔一〕

〔一〕集解徐广曰："圽，音没。"正义佚文圽，没也。

《考证》引中井积德曰："王翦一武人耳，始皇师之，亦就学兵事而已。翦无学术，又无治国之才，若仁义道德之说，未尝经心也，乃欲以'建国固本'望之乎？又受命讨伐，其立勋大矣，可谓能举职奉公耳，曾无偷合取容之事。此等立论，并太史公之错处。愚按：是其所以为短，史公未尝错。"《斠证》曰："'圽'当作'歾'。《说文》：'歾，终也。'段注：'《白起王翦列传》曰：偷合取容，以至歾身。'今'歾'讹'圽'。"《注译》曰："偷合：苟且迎合。取容：取得容身之地。圽身：丧身。圽，通殁、没，死。"《笺证》曰："偷合：苟合，不讲原则地与他人搞在一起。取容：犹今之所谓'保官保命'。圽身：亡身。圽，通'殁'。"

【索隐述赞】白起、王翦，俱善用兵。递为秦将，拔齐破荆。赵任马服，长平遂坑。楚陷李信，霸上卒行。贲、离继出，三代无名。

语 译

白起是郿县人,长于军事,侍奉秦昭王。秦昭王十三年,白起任左庶长,率军攻打韩国的新城。那一年,穰侯魏冉为秦相,推荐任鄙担任汉中郡守。第二年,白起任左更,攻打韩国和魏国,在伊阙山斩获敌首二十四万,又俘虏魏将公孙喜,拿下了五座城池。白起升为国尉。白起又渡过黄河夺取了韩国从安邑以东到乾河一带的土地。

第二年,白起任大良造,进攻魏国,获胜,夺取大小城池六十一座。第二年,白起与客卿司马错共同进攻垣城,并占领了该城。又过了五年,白起率军攻赵,夺取了光狼城。又过了七年,白起率军攻楚,攻下了鄢、邓等五城。第二年,再次率军攻楚,攻下了楚都郢城,烧毁了夷陵,向东到达竟陵,楚王逃离郢城,向东跑到陈邑。秦国将郢都更名为南郡。白起被升为武安君。武安君乘胜攻打楚国,平定了巫郡和黔中郡。

秦昭王三十四年,白起攻打魏国,夺取了华阳,打跑魏将芒卯,并且俘虏了三员魏将,斩敌首级达十三万。同年白起与赵将贾偃作战,俘获赵卒二万人并将其沉入河中。秦昭王四十三年,白起攻打韩国陉城,占领了五座城池,斩敌首级五万。秦昭王四十四年,白起攻取魏河内的南阳,切断太行山羊肠阪道。

秦昭王四十五年,白起进攻韩国的野王。野王投降,上党与韩新郑之间的通路被割断。上党郡守冯亭与百姓商量:"上党通向都城新郑的路已被切断,我们不可能再当韩国的百姓了。秦军一天天迫近,韩国又不能救应,不如拿上党郡归顺赵国。如赵国接受,秦国必怒而攻赵。赵遇兵祸,必然与韩国亲近。赵国和韩国联合起来,就可以抵挡秦国的进攻。"因此派人去知会赵国。赵孝成王与弟平阳君赵豹、平原君赵胜商议。平阳君说:"不如不接受。接受的话,祸害比利益要大。"平原君说:"白白得到一个郡,还是值得的。"赵国接受了上党,封冯亭为华阳君。

秦昭王四十六年,秦攻打韩国的缑氏和蔺邑,攻下了二城。

秦昭王四十七年，秦派左庶长王龁攻打韩国，攻取了上党。上党百姓逃到了赵国。赵国屯兵长平，以镇抚上党百姓。四月，王龁率军攻赵。赵国命廉颇为将。赵军士兵碰上了秦的前哨巡兵，秦巡兵杀死了赵国的副将茄。六月，秦军攻进了赵军防线，攻陷了两座堡垒，杀死了四个尉官。七月，赵军构筑堡垒和长墙等工事抵御。秦军又进攻赵国的营垒，杀死两名尉官，攻破了赵军阵地，夺取了赵军的西部营垒。廉颇坚守不出以抗秦军，秦军多次挑战，赵军不出应战，赵王多次责备廉颇怯战。而秦相应侯又派人携带千金到赵国去施行反间计，散布说："秦国最怕的是马服君的儿子赵括为将，廉颇好对付，就快投降了。"赵王既已经恼怒廉颇军屡次失败，损兵折将，又坚守拒不出战，如今又听到秦反间者的挑拨，便派赵括接替廉颇为将以抗秦。

秦国听说马服君之子赵括为将，便暗中任武安君白起为上将军，改任王龁为副将，并下令敢泄露武安君担任主将的要杀头。赵括到达军营，则率兵出击秦军。秦军假装败走，却在两翼布置两支奇兵准备包围赵军。赵军乘胜追击，直逼秦军营垒。秦军营垒坚固，赵军难以攻破，而秦国的一支奇兵二万五千人切断了赵军的退路，另五千奇兵把赵军的营垒包围了起来，切断了赵军与外界的联系，赵军被分割为两部分，粮道也不通了。而秦军出动轻装部队对赵军进行攻击。赵军屡战屡败，便筑垒坚守，等待救兵。秦王听说赵军粮道已绝，便亲自前往河内前线督战，赏赐民户各一级爵位，征发年十五以上的男子从军，全都开赴长平作战，用这支军队阻绝赵国的粮食和救兵。

到了九月，赵军士兵断粮已四十六日，都暗地里互相残杀而食。赵军进攻秦军营垒，希望突围。赵军分成四队，反复四五次轮番冲击，无法突围。将军赵括亲自率精兵出战，秦军射死了赵括。赵括军大败，士兵四十万人向武安君投降。武安君思量说："先前秦军攻下了上党，上党百姓不愿为秦民而愿为赵民。赵国士兵反复无常，如果不全部杀掉，恐怕会作乱。"于是用欺骗手段将投降的赵国士兵全部活埋了，只留下二百四十个年幼的送回赵国报信。这一战秦军先后斩首赵军四十五万人。赵国举国震动。

秦昭王四十八年十月，秦军再次平定了上党郡。秦军一分为二，王龁进攻皮牢，攻克了；司马梗平定了太原郡。韩国、赵国十分害怕，派苏代带了大量财物去游说秦相应侯，说："武安君白起擒杀了马服君的儿子赵括吗?"回答说:"是。"又说:"不久要围攻邯郸吗?"回答说:"是。"又说:"如果赵国灭亡,秦王就可以君临天下了,武安君可以位列三公。武安君为秦国在作战中拿下大小七十余城,南边平定了鄢、郢和汉中郡,北边攻破赵括的军队,即便是周公、召公及姜太公吕望的功劳也不会比武安君的功劳更大。如今赵国若灭亡,秦王君临天下,武安君位列三公,你能做得到当武安君的下属吗?你就是不想当武安君的下属,也不由你了。秦军曾经攻韩,包围了邢丘,围困上党,而上党百姓都转向归服赵国,这说明天下各国的百姓早都不乐意做秦民的臣民了。如今灭亡了赵国,赵国北部地方的百姓将归服燕国,东部地方的百姓将归服齐国,南部地方的百姓将归服韩国和魏国,那么您所能得到的又有几何呢?还不如趁目前战胜之势,允许韩、赵两国割地求和,不要让武安君都当成了自己的功劳。"于是应侯去见秦王,说:"我军已疲困不堪,请准许韩、魏两国割地求和,我们也可让士兵好好休息一下。"秦王采纳了应侯的意见,同意韩国割让垣雍,赵国割让六城,然后讲和。正月,双方罢兵。武安君白起听说此事后,从此和应侯有了矛盾。

当年九月,秦国再次出兵,命五大夫王陵为将率军进攻赵国的邯郸。当时武安君白起有病,不能行动。秦昭王四十九年正月,王陵攻邯郸不利,秦国又增兵援助王陵。王陵的军队损失了五校之多。武安君病好后,秦王想让武安君代替王陵为将。武安君说:"邯郸实在是不容易进攻的。况且诸侯救兵不日将到,那些诸侯怨恨秦已经很久了。如今秦国虽攻破赵长平军,但秦兵也死亡过半,国内空虚。离本国很远而去进攻他国的国都,如赵国为内应,诸侯国军在外进攻,秦军则必败。攻邯郸是不可行的。"秦王亲自下命令,武安君不肯去;又让应侯再请,武安君坚决拒绝不肯去,并自称有病。

秦王派王龁代替王陵为将,并在八九两个月包围了邯郸,但攻不下来。楚派春申君和魏公子共率兵数十万进攻秦军,秦士卒有不少失散逃亡。武安君说:"秦国不听从我的建议,如今到了这个地步!"秦王听说后,大怒,强行任命武安君为将,武安君称其病严重。应侯去请,武安君不应召。于是秦王罢免掉武安君的官爵并把他降为普通士兵,软禁在阴密。武安君因为有病,没有马上迁居。又过了三个月,诸侯军加紧进攻秦军,秦军数次败退,告急的使者不断地来到秦都。秦王派人遣送白起,不让他继续留在咸阳。武安君不得不走,出了咸阳西门十里,到达杜邮。秦昭王和应侯等大臣计议说:"白起被贬官,他一直心怀不满,而且说三道四。"秦王于是派使者前去赐剑,命武安君自杀。武安君拔剑自尽之际,说:"我什么地方得罪了天而要遭到这样的报应?"过了很长一阵时间,说:"我确实该死。长平一战,赵军投降的士兵几十万人,我用诈术将他们全部坑杀,这件事就足以致死。"于是武安君自杀。武安君死时,是秦昭王五十年的十一月。因其死非罪,秦国不少人都很怜惜,乡里都祭祀他。

(以上为第一段,写白起攻三晋伐楚,建立了赫赫战功,着重写长平之战。由于白起功高震主,竟蒙冤而死。)

王翦是频阳东乡人。从小便喜欢军事,侍奉秦始皇。秦始皇十一年,王翦率军进攻赵国的阏与,攻克后,夺取了九座城池。秦始皇十八年,王翦为将进攻赵国。征战一年多,最终攻下了赵国,赵王投降,把赵国的土地全部划为郡县。第二年,燕国派荆轲行刺秦始皇,秦始皇于是派王翦率军进攻燕国。燕王喜逃往辽东,王翦平定了燕都蓟城后凯旋。秦国又派王翦之子王贲攻楚,楚军大败。王贲又回兵攻魏,魏王投降,于是平定了魏国。

秦始皇已灭亡了三晋,赶跑了燕王,又数次打败楚军。秦将中有个叫李信的,年轻并异常勇敢,曾经率千余兵追燕太子丹直至衍水,并最终打败燕太子丹的军队,俘获了燕太子丹,始皇认为李信忠信而勇敢。于是秦始皇问李信:"我想进攻楚国,对于将军来说估计需用多少兵力?"李信说:"不过用二十万人。"秦始皇用同样的问题问王翦,王翦说:"非六十万人不可。"秦始皇说:"王将军老了,为什么如此胆怯呢!李将军果断勇敢,他说得对。"于是命李信和蒙恬率军二十万人南攻楚国。王翦的建议未被采纳,便以病为由,回到频阳家里养老。李信攻平与、蒙恬攻寝,均大败楚军。李信又攻下了鄢郢,于是引兵西进,与蒙恬会师城父。楚军一直尾随秦军,三天三夜马不停蹄,把李信打得一败涂地,攻取两座营垒,杀死七个都尉,秦军败退。

秦始皇听说后,大怒,他亲自骑马到频阳,向王翦道歉说:"我因不用你的计谋,李信果然使秦军蒙辱。如今听说楚军连日向西攻来,虽然将军有病,难道忍心抛弃我吗?"王翦谢罪,说:"我疲弱多病,狂暴昏乱,请大王另择良将。"秦始皇致歉说:"已经决定了,请将军不要推辞。"王翦说："大王一定要用我为将的话，兵力不能少于六十万人。"秦始皇说："就按将军说的办。"于是王翦率领六十万军队攻楚，秦始皇亲自送到灞上。

　　王翦出发前，向秦始皇索要很多肥田美园、房屋及池塘。秦始皇说："将军要出发了，为什么担心会受穷呢？"王翦说："当大王的将军，即使有功也不能封侯，所以趁大王对我亲近之时，我及时请求得到一些肥美园林池塘作为子孙的产业罢了。"秦始皇大笑。王翦到了关口，还五次派人向秦王请求赐给良田。有人说："将军的要求，是不是太过分了。"王翦说："不对。秦王粗暴而且用人不信任，如今将全国的甲士都交给我指挥，我如果不多要求得到良田美宅作为子孙的产业使其释疑，难道让秦王怀疑我吗？"

　　王翦果然代替李信为将攻楚。楚国听说王翦增兵而来，便集中倾国的兵力来抗击秦军。王翦到达前线，筑工事坚守不战。楚军数次挑战，秦军均不应战。王翦每天让士兵休息洗澡，并用好饭招待士兵，与士兵一同吃饭。过了很久，王翦让人了解士兵在做什么游戏。回答说："士兵们进行投掷石头和跳远的比赛。"于是王翦说："这样的士卒可以使用了。"楚军多次挑战而秦军不出，于是楚军向东转移。王翦挥师追击，命令精兵在前冲击，一举击溃楚军。秦军追击楚军到蕲县南，斩杀了楚将项燕，楚军败逃。秦军乘胜平定楚国城邑。一年多的时间，秦军俘虏了楚王负刍，将楚国土地划入秦国为郡县。继续南征百越各部的首领。而王翦的儿子王贲和李信一起攻占了燕国和齐国的属地。

　　秦始皇二十六年，秦国统一了天下，其中王氏、蒙氏立功最多，名垂后世。

　　秦二世时，王翦和他的儿子王贲都已去世，蒙氏也被消灭。陈胜起义反秦，秦派王翦之孙王离领兵击赵，并且将赵王及张耳围困在巨鹿城中。有人说："王离是秦朝名将。如今率领强大的秦国军队，进攻刚刚起义不久的赵国，一定会攻克。"门客说："不对。家族三世为将的定会失败。为什么会失败呢？因为他们杀戮太过，他们的后代继承者会遭到报应。如今王离已经是王家的第三代将了。"过了不久，项羽率军救赵，攻击秦军，果然俘虏了王离，王离率领的军队向诸侯联军投降。

　　（以上为第二段，写王翦父子灭六国的功绩，着重写灭楚之战，以及王离的悲剧。）

太史公说：俗话说："尺有所短，寸有所长。"白起对敌能随机应变，出奇制胜，声威震动天下，但却无法逃脱应侯对他的迫害。王翦身为秦将，讨平了六国。当时，王翦作为宿将，秦始皇都视如老师，却不能辅助秦国建立德政，长保天下，苟且迎合以图自保，最后老死。到后来王翦之孙王离被项羽俘虏，难道不是应该的吗？他们各有各的短处。

（以上为作者论赞，既肯定白起、王翦的功绩，又评述了他们的不足。）

集　评

【论宗旨】

太史公曰："南拔鄢郢，北摧长平，遂围邯郸，武安为率；破荆灭赵，王翦之计。作《白起王翦列传》第十三。"（《太史公自序》）

苏辙曰："予读太史公《白起传》，秦之再攻邯郸也，起与范雎有隙，称病不行，以亡其躯，慨然叹曰：'起以武夫，无所曲伸，而困于游谈之士。使起勉强一行，兵未必败，而免于死矣。'及览《战国策》，观起自陈成败之迹，乃知邯郸法不可行，盖为之流涕也。"

又曰："王翦与始皇议灭楚非六十万不行，予始疑其过，及观田单与赵奢论兵，乃知老将之言不妄也。攻千里之国，毁百年之业，不乘大隙，非大众不可。彼决机两阵之间，为一日成败之计，乃可以少击众耳。"（《古史》）

苏轼曰："秦初遣李信以二十万人取楚不克，乃使王翦以六十万人攻之，盖空国而战也。使齐有中主具臣，知亡之无日，而扫境以伐秦，以久安之齐而入厌兵空虚之秦，伏覆如反掌也。吾故曰秦之不亡者幸也，非数也。"（《史记评林》引）

王世贞曰："余尝以使事适晋过长平驿，即秦白起坑赵卒四十万人处。间居人不能指其所，第云傍村。人锄地尚得铜镞如绿玉，按自此而北为长子以至晋阳皆赵地，赵既筑甬道，秦何以得绝之。赵卒四十万人为二万五千骑中断，不能并力合而为一，又不能选五万精卒击秦绝甬之军，即粮垂绝当以死义士心决斗，犹可庶几。万一因循至于饥相食，十十五五不能军而始出罢士身搏战不亦晚乎？且秦王尚自至河内发男子十五以上绝甬，而赵王不能发晋阳、邯郸未传者与之角，何秦之巧而赵之拙也，前后四十五万人命，冯亭始之，而成之者平原君、马服君子耳。"（《宛委余篇》）

吴如嵩曰："与赵国临阵易帅形成鲜明对照的是秦昭王密派名将白起担任秦军主帅，王龁改任副帅，这就大大加强了前敌指挥，而且产生了出其不意，使敌措手不及的效果，进一步增大了优势。当赵军被围之后，秦王亲赴河内征发士卒开赴长平战场，并切断敌人的粮道，这是很有战略眼光的。秦王这一行动也有力地支持了白起尽早歼敌，从而加快了战争进程。在外交上，秦厚待赵媾和使者郑朱，制造了秦赵已经议和的假象，又许愿割地以收买楚、魏，从而争取了楚、魏等国的中立，为秦全力削弱赵国赢得了有利的国际环境。在指挥方面，白起不愧为一代名将，为了利用赵括骄狂轻躁的心理，先是秘密抵达长平前线，以免赵括闻其盛名而谨慎对待；继则后退诱敌，使赵军脱离既设阵地，兵力分散；然后大胆实施分割包围，将赵军割裂开来，聚而歼之。白起因长平之胜而闻名，但他坑降卒四十万，也因此臭名昭著。"（《中国军事通史·战国军事史》）

康海曰："王翦诸人之辅秦，盖凶德之参会，古今之极变，不可复以常事论也。太史公讥翦不能辅秦建德，而偷合取容。呜呼！是何异责虎狼之不仁耶。"（《史记评林》引）

尚镕曰："范雎远交近攻之策，第以倾穰侯，及相秦之后，未尝力攻魏，虽伐韩者三，而不从南直攻郑，反与赵相持于长平，以致竭力而多杀，且害白起于杜邮，智更在穰侯之下矣。于是吞并六国又待李斯与王翦。迁以起、翦合传，次《穰侯传》后，其意甚微。"（《史记辨证》）

韩兆琦曰："《白起王翦列传》的传主是秦国历史上两位著名的将领白起和王翦，从传中看，两个人有很多共同之处，可以归纳为以下三点：第一，他们都是善于用兵的军事家。《白起传》起首有'善用兵'之语，而《王翦传》也以'少而好兵'作首，两个人一生都与沙场征战结下不解之缘，荣辱生死都与'兵'字相关。第二，他们一生中战功累累，又都在一次重大的军事行动中为秦取得了决定性的胜利。《太史公自序》说："南拔鄢郢，北摧长平，遂围邯郸，武安为率；破荆灭赵，王翦之计。"传中详写了长平之战和王翦的破荆之战，用意都是在记录他们最突出的历史功勋。第三，他们都曾与秦国统治者闹过矛盾，称病

不出。"(《校刊史记札记》)

张大可曰："'尺有所短,寸有所长',语出《楚辞·卜居》。屈原忠而见疑,求问龟卜,詹尹回答说:'夫尺有所短,寸有所长;物有所不足,智有所不明……龟策诚不能知此事。'意思是说,作为标准的尺寸,有时不能作为标准,用以比喻龟卜虽是替人决疑的,但有时不能决疑。司马迁引此,另翻新意,有两层意义:一是说明'物有所不足,智有所不明',指出白起、王翦有过人之才,替秦打下天下,却不能替秦守天下,甚至连自己也保全不了,是'智有所不明',深为叹息;二是,善者应得善报,恶者应得恶报,这是天经地义的。所以白起坑杀赵长平军,不免横死,王翦不谏始皇行仁义,其孙受殃,这都是应当的。这些评论表现了司马迁的反暴政思想。"(《史记论赞辑释》)

【论书法】

吴见思曰："此两传,俱用一样笔法相对。前边战功,一顿点过,白起只抽长平一事,王翦只抽破楚一事,姿态色泽,抑扬变化,各臻其妙。白起传,以逐节写来,顿挫胜法。王翦传,以两两抑扬,反衬法胜。又各有一妙。"(《史记论文》)

李景星曰："白起、王翦以善用兵合传。故白起传首曰'善用兵',王翦传首曰'少而好兵'。白起传重写长平之战,而于前路,步步用顿挫法。王翦传,重写破荆之事,而于前路,步步用反趁法。写得两人用兵,惊天动地,几于无可复加。而一则于篇末备记其临死之言,一则于篇末详载后世之败。赞语,又总收之曰'彼各有所短也'。是即《孟子》'善哉服上刑'之义。于此见太史公为文,不但叙事极工,并且持论极正。"(《史记评议》)

陈仁锡曰："秦取诸侯,非德也,力也。秦人此举,不难于胜楚,而难于定楚。荆地五千里,带甲百余万,苟非以六十万人临之,即不胜之,而反者数起,诸侯且乘其隙矣。翦之昭然远见,岂可忽哉!"又曰:"起翦传以'善用兵','少而好兵',二句做纲领。制敌取胜,起翦略同。起嗜杀,而翦则远识,故起详其杀人之数,翦则摩其虑事之周。"(《陈评史记》)

【论白起之死】

钟惺曰："穰侯有功于秦,在举白起;范雎逐穰侯,岂能听白起之留于秦哉?《史记·穰侯传》云'秦置南郡,乃封起为武安君','白起者,穰侯之所任举也,相善'。插此一段,明起之死于此也。祸福机缘,看得甚透。"(《史怀》)

马非百曰:"大抵当日秦国情形,每执政当国时,必有其自己所最亲信之人为之将,如魏冉为相,则任举白起为将;范雎为相,亦任举郑安平为将。而将相之进退,又往往相互为转移,故范雎既说昭王罢穰侯,不久即杀白起;郑安平战败降敌,而范雎亦随之去位。"

又曰:"白起虽于长平之役愤其中辍,坚不应伐赵之命,然其论楚、赵之形,胜负之数,深得事理之实,与策士之饰辞以恫疑其君者殆不可同年而语。观其宁伏剑而死,不忍为辱军之将,其执志之坚,信非虚言。始皇思其功,封其子,而秦人乡邑亦皆怜而祭祀之,有以哉!"(《秦集史》)

鲍彪曰:"起之策秦楚三晋可谓明切,然人臣无以有己,故孔子不俟驾而行。长平之败属耳,赵何据能益强。以起之材智,知己知彼,而得算多,不幸至于无功极矣,何破国辱军之有?三请不行,此自抽杜邮之剑也。"(《史记评林》引)

王鏊曰:"善为战者知彼知己,己能胜敌而敌未可胜不战也。赵创于长平之祸惧而自完,应侯岂不知其未可胜哉?而强使白起者修郄也。起长于料敌而不长于料王。王急于得地,而雎亟于杀起。当时伐赵起亦死,不伐赵起亦死也。虽然等死耳。违命其庸愈乎,彪谓自抽杜邮之剑过矣。"(《史记评林》引)

董份曰:"白起非独坑赵卒也,始攻韩斩二十四万,烧楚夷陵,攻魏斩十三万,沉贾偃卒二万于河,攻陉斩五万,盖所斩已四十四万矣,而烧者不与焉。至赵卒已降而坑之,则尤益甚耳。以起一人而前后所坑斩,计且百万,古今之惨莫以加矣。战国之民其亦悲夫痛哉!以起之惨虽夷族灭姓,万万不足赎,何酋哉!而秦人怜之又何耶。"(《史记评林》引)

黄震曰:"白起为秦将,其斩杀之数多,而载于史者凡百万,不以数载者不与焉。长平之役,秦民年十五以上者皆诣之,而死者过半,以此类推,秦民之死于兵者,又不可以数计也。后起不复为秦用,而赐之死,自秦而言,虽杀之非其罪;自公理而言,一死何以尽其罪哉!"(《黄氏日钞》卷四十六)

【论王翦之智】

杨维祯曰:"余尝疑翦智将也,必索六十万是翦斗力不斗智也。吁,此翦之智也，信辈不知也。秦兵之强，带兵六十万，翦使王空其国以委我而后行，是翦以重而驭王之轻也。王之骄己杀矣而必疑焉，故又阳请美田宅为子孙后计，有以辞其疑，此翦之所以为智，而非信辈之所知也。岂必六十万而后可耶，不然前日灭赵，亦翦也何未闻如是其众耶。"（《史记评林》引）

《宛委余篇》云："王翦传将兵六十万伐楚，行请美田宅甚众，始皇曰：'将军行矣，何爱贫乎？'王翦曰：'为大王将有功终不得封侯，故及大王之向臣，臣亦及时以请园池为子孙业耳。'又云王翦子王贲与李信定燕齐地，二世之时王翦及其子贲已死，而孙王离击赵，项羽破禽离。及考二十六年琅邪台铭列侯武成侯王离、列侯通武侯王贲、伦侯建成侯赵亥、伦侯昌武侯成、伦侯武信侯冯毋择，以位次差之，王离在季父贲前，则离乃翦家孙袭翦爵者也。贲盖翦之次子，自以功封侯者也。所谓有功不封者，其时未定天下云尔。及剖符，而翦一子一孙为功臣之首。又当时列侯二人、伦侯三人，凡封侯者仅五人。而李斯与蒙恬、李信不与焉，可谓严矣。所谓成者其嬴姓邪否耶。"（《史记评林》引）

黄震曰："按王翦为始皇伐楚，面请美田宅，既行使使请美田者五辈。后有劝萧何田宅自污者，其计无乃出于此欤。"（《史记评林》引）

兵家之祖 孙武子

补 白

孙 武 （明）胡 奎

吾闻孙武子，教战阖庐城。
美人出后宫，百花媚春晴。
三令复五申，约束何分明。
一鼓玉颜笑，再鼓蛾眉倾。
雷霆肃将令，颇觉君命轻。
西来破楚疆，北灭齐晋兵。
英姿渺千古，飒爽悲风生。

《孙子兵法》十三篇注译[①]

一、计篇

孙子曰：兵者[①]，国之大事，死生之地，存亡之道[②]，不可不察也[③]。

故经之以五事[④]，校之以计[⑤]，而索其情[⑥]：一曰道[⑦]，二曰天[⑧]，三曰地[⑨]，四曰将[⑩]，五曰法[⑪]。道者，令民与上同意也[⑫]，故可以与之死，可以与之生，而不畏危[⑬]。天者，阴阳、寒暑、时制也[⑭]。地者，远近、险易、广狭、死生也[⑮]。将者，智、信、仁、勇、严也[⑯]。法者，曲制、官道、主用也[⑰]。凡此五者，将莫不闻[⑱]，知之者胜，不知者不胜。

①兵：兵器、士卒、军队、战争，此指战争。 ②死生之地，存亡之道：谓战争关系到民众的生死、国家的存亡。地，处，处所。道，路，道路，引申为途径。 ③察：考察、研究。 ④经：度量、推测。五事：汉简本作"五"，

[①] 本稿采用中华书局 1961 年影宋本《十一家注孙子》作底本，参校 1985 年文物出版社《银雀山汉墓竹简（壹）孙子兵法》（简称"汉简本"）、中华学艺社影宋刻武经七书本《孙子》（"武经本"），每篇分段注释，篇末附加译文。

指决定战争胜败的五种条件。　⑤校：通"较"，比较。计：计划、计算，或指"七计"，即下文"主孰有道"等七个方面。　⑥索：寻求、求索。　⑦道：此指政治，一说即"导"，教导。　⑧天：天候、天时。　⑨地：地形、地理。　⑩将：将领。　⑪法：法令、法制。　⑫上：指国君、君主。同意：意愿相同、统一意志。　⑬不畏危：汉简本作"弗诡"，不疑。　⑭阴阳：指昼夜、阴晴等。时制：指四季的更替。　⑮远近：路程的远近。险易：险要或平坦，指地势而言。广狭：广阔或狭窄，指战场而言。死生：死地或生地，谓有利于进攻或防守。　⑯智：智谋。信：诚信。仁：仁爱。勇：勇敢。严：严明。　⑰曲制：军队的组织和编制。官道：指各级将吏的职责和管理。主用：军用物资的配备和使用。　⑱闻：知道、了解。

故校之以计，而索其情，曰：主孰有道①？将孰有能？天地孰得？法令孰行？兵众孰强②？士卒孰练？赏罚孰明？吾以此知胜负矣。

将听吾计③，用之必胜，留之④；将不听吾计，用之必败，去之⑤。

计利以听⑥，乃为之势，以佐其外⑦。势者，因利而制权也⑧。

①孰：谁、哪个、哪一方。　②兵众：各种武器装备，一说指三军将士。　③将：如果、假若；一说指将军，即指吴王阖闾。听：听从、采纳。　④留：留下。　⑤去：离去。　⑥本句谓有利的作战方略已经被采纳。以，通"已"，已经。　⑦佐：辅助、辅佐。　⑧因利而制权：根据有利的条件，制定灵活的措施。权：权变、权宜，引申为权谋。

兵者，诡道也①。故能而示之不能②，用而示之不用，近而示之远，远而示之近。利而诱之③，乱而取之④，实而备之⑤，强而避之，怒而挠之⑥，卑而骄之⑦，佚而劳之⑧，亲而离之⑨。攻其无备，出其不意。此兵家之胜⑩，不可先传也⑪。

①诡道：诡秘多变的方式。　②示：显示、表现。　③利：指敌人贪利。　④乱：指敌人处于混乱状态。　⑤实：指敌人力量强大，或处于高度戒备状态。　⑥怒：指敌人骄横傲慢，容易被激怒；一说指士气旺盛。挠：挑逗、招惹，一

说指委屈。　⑦卑：指敌人卑怯，一说指我方故作谦卑。骄：骄傲、傲慢，此指使敌人骄横。　⑧佚：通"逸"，安闲、安逸，此指敌人休整充分，处于安闲状态。劳：劳顿、劳苦，此指使敌人疲惫。　⑨亲：指敌人内部和睦，上下融洽。离：挑拨离间。　⑩胜：指克敌制胜的奥妙。　⑪传：传扬、泄露。

夫未战而庙算胜者①，得算多也②；未战而庙算不胜者，得算少也。多算胜，少算不胜，而况于无算乎③！吾以此观之，胜负见矣④。

①庙算：指战争策划。春秋时期，出兵打仗之前，要在庙堂举行仪式，商议作战方略，预测战争胜败，故称庙算。　②得算多：指取得胜利的条件较多。③无算：没有胜利的条件。　④见：同"现"，显现、凸现。

【语译】

孙子说：战争是国家的大事，关系到人民的生死、国家的存亡，是不可不认真研究的。

要通过以下五个方面的分析，敌我双方各种条件的比较，来探求战争胜负的可能性：一是道，二是天，三是地，四是将，五是法。道，是使民众和国君的意愿相一致，民众才可以跟国君同生共死，而不怕任何危险。天，是指昼夜、晴雨、寒暑等气候、季节的变化。地，是指路途的远近、地势的险峻或平坦、作战地域的宽阔或狭窄、战场是否有利于攻守进退等地形条件。将，是指将帅具备的智谋、诚信、仁爱、勇敢、威严等个人品格。法，是指军队的组织编制、将吏的统辖管理和职责划分、军用物资的供应和管理制度。凡属这五个方面的情况，将帅是不能不知道的。只有了解和掌握这些情况，才能打胜仗；不了解和掌握这些情况，就不能取胜。

要比较敌我双方的各种条件，以探求战争胜负的可能性。这就是：哪一方的国君比较贤明？哪一方的将帅更有才能？哪一方的军队占有天时地利？哪一方的法令能切实贯彻执行？哪一方的武器装备更精良？哪一方的士卒训练有素？哪一方的赏罚公正严明？我根据这些情况的比较，就可以预先判断出谁胜谁负了。

倘若能听从我的计谋，指挥作战一定会胜利，我就留下来；如果不能听从我的计谋，指挥作战一定会失败，我也只好离去。

估计条件有利而决定进行战争，还必须营造一种有利的作战态势，作为外部条件辅助战争的顺利进行。所谓"势"，就是根据实际情况是否有利而采取相应的行动。

用兵打仗是一种诡诈的行为。所以，能进攻须装作不能进攻，要打仗须装作不要打仗，在近处行动须装作向远处行动，向远处行动须装作在近处行动。敌人贪图私利，要用小利引诱它；敌人处于混乱状态，要乘机战胜它；敌人力量充实，要注意防备它；敌人力量强大，要暂时避开它；敌将轻易动怒，要设法激怒他；敌将轻视我方，要设法使他骄纵；敌人休整良好，要设法使它疲劳；敌人内部团结，要设法使它不和。要在敌人没有准备的状态下实施攻击，要在敌人意想不到的情况下采取行动。这些都是兵家制胜的秘诀，是不能事先传授给别人的。

大凡未开战就预测能够取胜的，是因为制胜的条件充分；未开战就预测不能取胜的，是因为制胜的条件不充分。制胜条件充分的就能够取胜，不充分的就不能取胜，何况根本没有制胜条件呢？我依据这些来分析和判断，战争胜负就可以预见。

二、作战篇

孙子曰：凡用兵之法，驰车千驷①，革车千乘②，带甲十万③，千里馈粮④；则内外之费⑤，宾客之用⑥，胶漆之材⑦，车甲之奉⑧，日费千金，然后十万之师举矣⑨。

其用战也胜⑩，久则钝兵挫锐⑪，攻城则力屈⑫，久暴师则国用不足⑬。夫钝兵挫锐，屈力殚货⑭，则诸侯乘其弊而起⑮，虽有智者，不能善其后矣。故兵闻拙速⑯，未睹巧之久也⑰。夫兵久而国利者，未之有也。故不尽知用兵之害者，则不能尽知用兵之利也。

善用兵者，役不再籍⑱，粮不三载⑲；取用于国⑳，因粮于敌㉑，故军食可足也。

①驰车：一种快速轻便的战车。驷：一车套四匹马，即辆。 ②革车：一种运输军用物资的兵车。乘：音 shèng，即辆。 ③带甲：穿戴盔甲的士卒，

泛指军队。 ④馈：运送、供给。 ⑤内外：指前方和后方。 ⑥宾客：指诸侯国的使节。 ⑦胶漆之材：指制作和维修各种武器装备的物资。 ⑧车甲：车辆和盔甲，泛指各种武器装备。奉：通"俸"，此指各种费用。 ⑨举：出动、行动。 ⑩胜：指贵速胜。 ⑪久：指持久战。钝：汉简本作"顿"，二字相通，疲惫、困顿。 ⑫屈：音jué，折损、竭尽。 ⑬暴师：陈兵于野外。暴，同"曝"，暴露。 ⑭殚货：财力枯竭。殚：音dān，耗尽、枯竭。货：货物、财货。 ⑮弊：缺陷、弊端。起：指起事。 ⑯拙速：笨拙的速决战。 ⑰巧之久：巧妙的持久战。 ⑱本句谓不会再次按册征发兵役。役，兵役；籍，登记册。 ⑲载：运载、运送。 ⑳用：指各种军用物资。 ㉑因粮于敌：粮草依靠敌国补充。因，凭借、依靠。

国之贫于师者远输①，远输则百姓贫。近于师者贵卖②，贵卖则百姓财竭，财竭则急于丘役③。力屈财殚，中原内虚于家④，百姓之费，十去其七；公家之费，破车罢马⑤，甲胄矢弩，戟楯蔽橹⑥，丘牛大车⑦，十去其六。

故智将务食于敌⑧，食敌一钟⑨，当吾二十钟；䓵秆一石⑩，当吾二十石。

①贫于师：因为军队而贫困，一说作"远于师"，谓军队去国较远，与下文"近于师"相对应。远输：远程运输，汉简本作"远者"，当属下句。 ②贵卖：高价出售，此指物价上涨。 ③丘役：按丘征发的军赋。丘，春秋时期的地方组织，一丘有十六井，应出战马一匹、牛三头。 ④此二句汉简本作"屈力中原，内虚于家"，谓战场上兵力耗尽，国内就家家空虚。 ⑤破车：战车损坏。罢马：战马疲惫。罢，音pí，同"疲"。 ⑥楯：同"盾"。蔽橹：一种用作屏蔽的大盾牌。 ⑦丘牛：按丘征发来的牛。 ⑧务食于敌：务求就食于敌国。 ⑨钟：春秋时期的计量单位，一钟等于六十四斗。 ⑩䓵：同"萁"，豆秸。秆：禾茎。石：一种重量单位，一石等于一百二十斤。

故杀敌者，怒也①；取敌之利者，货也②。故车战，得车十乘已上③，赏其先得者，而更其旌旗④，车杂而乘之⑤，卒善而养之⑥，是谓胜敌而益强⑦。

故兵贵胜，不贵久。故知兵之将，生民之司命⑧，国家安危之主也⑨。

①怒：愤怒、恼怒，此指同仇敌忾。　②货：财物、货物，此指用财物行赏。　③已上：以上。已，同"以"。　④更：更换、改变。　⑤杂：掺杂、混合。　⑥卒：士卒，此指俘虏。善：优待、善待，汉简本作"共"。　⑦胜敌而益强：谓战胜敌人而使自己更加强大。　⑧生民：民众。司命：星名，古时以为主命，此喻命运的操纵者。　⑨主：主宰者。

【语译】

孙子说：大凡用兵作战，出动战车千辆，辎重车千辆，军队十万人，还要跋涉千里运送粮食，前方、后方所需的经费，包括接待诸侯使节、说客的开支，维修军用器械的物资，车辆、盔甲的保养费用，每天都要花费巨额资金，然后十万大军才能出动。

用这样庞大的军队去打仗，就要力求速胜，旷日持久，会使军队疲惫，锐气挫伤；强行攻城，会使战斗力耗尽；军队长期在外作战，会使国家财政发生困难。如果军队疲惫，锐气挫伤，战斗力耗尽，国家财政枯竭，别的诸侯国就会乘机来犯，那时即使有智谋的人，也无法挽回危险的局面。所以，用兵作战只听说过用直截了当的办法去争取速胜，还没见过为讲究指挥巧妙而使战争久拖不决。战争久拖不决而对国家有利的情形，是从来没有的。所以，不完全了解用兵的害处的人，就不能完全懂得用兵的好处。

善于用兵的人，不会多次征发兵役，也不多次运送粮食。武器装备从国内取用，粮食在敌国补给，这样军队的给养就充足了。

国家因为战争而陷于贫困，就在于为供给军用物资而远途运输，远途运输，会使百姓贫穷。在靠近军队驻扎的地方，物价必然飞涨，物价飞涨，会使国家财富枯竭。国家财富枯竭，就会急于加征赋役。战斗力耗尽，国家财富枯竭，国内一般人家就空虚了。百姓的财产，将耗去十分之七；公室的资财，也会由于车辆损坏，战马疲病，盔甲、箭弩、戟盾、蔽橹等军用器械的补充，运输用的丘牛、大车的征集，耗去十分之六。

高明的将帅务求在敌国补给粮食，因为取得敌国一钟粮食，相当于从国内运来粮食二十钟；取得敌国一石草料，相当于从国内运来草料二十石。

要使军队奋勇杀敌，就必须用情感激励士气；要使军队从敌方夺取财物，就必须用金钱奖励士卒。所以，在一次车战中，凡是缴获战车十辆以上的，就应当奖赏最先夺得战车的士卒，把车上敌人的旗帜换成我方的旗帜，编入我军的战车行列，还要和善地对待俘虏，给他们以优厚的待遇。这就叫作战胜敌人而自己更加强大。

用兵作战贵在速胜，不宜旷日持久。懂得用兵的将帅，是民众命运的主宰，国家安危的柱石。

三、谋攻篇

孙子曰：凡用兵之法，全国为上①，破国次之②；全军为上③，破军次之；全旅为上，破旅次之；全卒为上，破卒次之；全伍为上，破伍次之。是故百战百胜，非善之善者也④；不战而屈人之兵⑤，善之善者也。

故上兵伐谋⑥，其次伐交⑦，其次伐兵⑧，其下攻城。

攻城之法，为不得已。修橹轒辒⑨，具器械⑩，三月而后成，距堙⑪，又三月而后已；将不胜其忿而蚁附之⑫，杀士卒三分之一而城不拔者，此攻之灾也。

①全：保全。国：指国都、城邑。 ②破：攻破、打垮。 ③军：与下文"旅"、"卒"、"伍"均为军队编制单位。西周时期，一万二千五百人为一军，五百人为一旅，一百人为一卒，五人为一伍。春秋时期以后，各诸侯国国情不同，军队编制也不一样。 ④善之善者：最高明的人。 ⑤本句谓不经过作战而使敌人屈服。 ⑥上兵：战争的上策。伐谋：以谋略制服敌人，或谓挫败敌人的谋略。 ⑦伐交：以外交手段战胜敌人。交：交往、结交。 ⑧伐兵：以军事手段战胜敌人。 ⑨修：修造、制作。橹：大盾牌。轒辒：音 fénwēn，一种攻城用的四轮车，可以掩护士卒，运土填塞城壕。 ⑩具：准备、置办。 ⑪距：亦作"拒"，通"具"。堙：音 yīn，通"堙"，土山。 ⑫蚁附：形容士卒像蚂蚁一样攀爬城墙。

故善用兵者，屈人之兵而非战也①，拔人之城而非攻也②，毁人之国而非久也③，必以全争于天下，故兵不顿而利可全④，此谋攻之法也。

故用兵之法，十则围之⑤，五则攻之，倍则分之⑥，敌则能战之⑦，少则能逃之⑧，不若则能避之。故小敌之坚⑨，大敌之擒也⑩。

夫将者，国之辅也⑪。辅周则国必强⑫，辅隙则国必弱⑬。

①非战：指不需要交战。　②拔：夺取、攻取。非攻：指不依靠强攻。　③非久：指不旷日持久。　④顿：疲惫、受挫。　⑤十则围之：有十倍的兵力，就要围困敌人。　⑥倍：指两倍的兵力。分：指分散敌人，一说当作"战"。　⑦敌：势均力敌。战：一说当作"分"。　⑧逃：指摆脱敌人。　⑨坚：固执、坚持，此指死守硬拼。　⑩擒：捉拿、擒获，此指俘虏。　⑪辅：辅助、辅佐。　⑫周：周密、周全。　⑬隙：漏洞、缺陷。

故君之所以患于军者三①：不知军之不可以进而谓之进②，不知军之不可以退而谓之退，是谓縻军③。不知三军之事而同三军之政④，则军士惑矣。不知三军之权而同三军之任⑤，则军士疑矣。三军既惑且疑，则诸侯之难至矣。是谓乱军引胜⑥。

故知胜有五：知可以战与不可战者胜，识众寡之用者胜，上下同欲者胜⑦，以虞待不虞者胜⑧，将能而君不御者胜⑨。此五者，知胜之道也。

故曰：知彼知己，百战不殆⑩；不知彼而知己，一胜一负⑪；不知彼，不知己，每战必败。

①患：祸害。　②谓：说、告诉，此指使、指使。　③縻军：束缚军队。縻：音 mí，羁縻、束缚。　④同：共同，此指参与、干涉。一说当作"司"。政：指军事事务。　⑤权：权变、权宜，一说指权势、权威。任：职任、职责。　⑥乱军引胜：扰乱自己的军队而导致敌人的胜利。　⑦同欲：意愿相同。　⑧虞：警惕、防备，此指有准备。　⑨御：驾驭、支配，此指牵制、制约。　⑩殆：危险、失败。　⑪一胜一负：胜败各占一半，没有必胜把握。

【语译】

孙子说：大凡用兵的法则，迫使敌人举国投降是上策，用武力击破它就差些；迫使敌人全军投降是上策，用武力击破它就差些；迫使敌人全旅投降是上策，用武力击破它就差些；迫使敌人全卒投降是上策，用武力击破它就差些；迫使敌人全伍投降是上策，用武力击破它就差些。因此，百战百胜，还不是高明中最高明的；不经交战而迫使敌人屈服，才算是高明中最高明的。

最高明的作战方法是在谋略上战胜敌人，其次是从外交上战胜敌人，再次是使用武力打败敌人，最下策是攻击敌人的城邑。

攻城作战，是不得已而采取的方法。制造攻城的楼车和四轮车，准备各种攻城器械，要经过几个月才能完成；构筑攻城用的土山，又要几个月才能竣工。将帅抑制不住愤怒的情绪，驱使士卒像蚂蚁一样去爬梯攻城，结果士卒伤亡三分之一，而城邑还是攻不下来，这就是攻城的祸害。

善于用兵的人，不用直接交战，就可以使敌人屈服；不用发动攻击，就可以夺取敌人的城邑；不用旷日持久，就可以毁灭敌人的国家。所以，要用全胜的谋略来争胜于天下，这样军队就不至于疲惫受挫，而能够保全我方的利益。这就是运用谋略攻击敌人的方法。

用兵作战的原则是，有十倍于敌人的兵力，就要包围敌人；有五倍于敌人的兵力，就要攻击敌人；有两倍于敌人的兵力，就要设法战胜敌人；与敌人兵力相等，就要设法分散敌人；比敌人兵力少，就要善于坚壁自守；各方面因素都不如敌人，就要避免与敌人决战。所以，弱小的军队只知道死守硬拼，就会成为强大敌人的俘虏。

将帅，是国君的辅佐。辅佐得周密，国家就会强盛；辅佐有缺陷，国家就会衰弱。

国君对军队作战不利的情况有三种：不了解军队不可以前进而下令前进，不了解军队不可以后退而下令后退，这叫作束缚军队；不熟悉军队的各种事务，而干预军队的组织管理，将士就会感到迷惑；不熟悉军队的权宜手段，而干预军队的指挥，将士就会产生疑虑。全军上下既迷惑，又有疑虑，各国诸侯就会趁机发难，制造祸端。这就叫作扰乱自己的军队，丧失胜利的机会。

有五种情形可以预见胜利：懂得在什么条件下可以打，在什么条件下不可以打的，能够取胜；懂得兵力多该怎么打，兵力少该怎么打的，能够取胜；全军上下齐心协力的，能够取胜；以有准备的军队对付没有准备的敌人，能够取胜；将帅有指挥才能而国君不加以干预的，能够取胜。这五条是预见胜利的途径。

所以说，既了解敌人，又了解自己，每次作战都不会有失败的危险；不了解敌人，只了解自己，胜败的可能各占一半；既不了解敌人，又不了解自己，每次作战都会被打败。

四、形篇

孙子曰：昔之善战者，先为不可胜①，以待敌之可胜。不可胜在己，可胜在敌。故善战者，能为不可胜，不能使敌之必可胜。故曰：胜可知而不可为②。

不可胜者，守也。可胜者，攻也。守则不足，攻则有余③。善守者，藏于九地之下④。善攻者，动于九天之上⑤。故能自保而全胜也⑥。

①不可胜：指不可被敌人战胜。下文"可胜"，指可以战胜敌人。　②本句谓胜利可以预见，但不可以强求。　③守则不足，攻则有余：防御是因为胜利的条件不充分，进攻是因为具备战胜敌人的条件。汉简本作"守则有余，攻则不足"。　④九地：最深的地层，意谓深不可探。九，常用来表示数的极点。　⑤九天：最高的天空，意谓高不可测。　⑥自保而全胜：保全自己并取得全胜。

故见胜不过众人之所知①，非善之善者也；战胜而天下曰善，非善之善者也。故举秋毫不为多力②，见日月不为明目，闻雷霆不为聪耳。古之所谓善战者，胜于易胜者也③。故善战者之胜也，无智名，无勇功。故其战胜不忒④。不忒者，其所措必胜⑤，胜已败者也⑥。故善战者，立于不败之地，而不失敌之败也⑦。

是故胜兵先胜而后求战⑧，败兵先战而后求胜⑨。善用兵者，修道而保法⑩，故能为胜败之政⑪。

①见胜：预见胜利。不过：未超过。　②秋毫：鸟兽在秋天长出的新毛，比喻事物非常细小轻微。　③胜于易胜：战胜易被战胜的敌人，谓胜利来得很容易。　④不忒：不出差错，很有把握。忒，差错、失误。　⑤措：处置、采取措

施。　⑥已败者：指已经处于失败地位的敌人。　⑦本句谓使自己立于不会失败的地位，而不放过使敌人失败的机会。　⑧先胜：先创造战胜敌人的条件。⑨求胜：期求胜利，此含侥幸取胜之义。　⑩修道：指修明政治，使上下同心。保法：指保证法令的执行。　⑪政：决定、主宰，此指战争主动权；汉简本作"正"，二字相通。

兵法：一曰度①，二曰量②，三曰数③，四曰称④，五曰胜⑤。地生度，度生量，量生数，数生称，称生胜⑥。故胜兵若以镒称铢⑦，败兵若以铢称镒。胜者之战民也⑧，若决积水于千仞之溪者⑨，形也⑩。

①度：度量，指土地面积的大小。　②量：容量，指物资资源的多少。③数：数量，指可以动员的兵力。　④称：衡量、权衡，指敌我双方力量的对比。　⑤胜：胜利，此指战争胜败的形势。　⑥本句谓敌我双方力量的对比决定战争胜败的形势。　⑦以镒称铢：比喻以绝对优势对付绝对劣势。镒、铢：两种重量单位，一镒等于二十四两，一两等于二十四铢。下文"以铢称镒"，则谓以绝对劣势对付绝对优势。　⑧胜：汉简本作"称胜"。战民：指指挥士卒作战。　⑨千仞：形容极高的地方。仞，一种长度单位，一仞等于八尺。　⑩形：形状、形态，此指军事力量。

【语译】

孙子说：从前善于指挥作战的人，总是先创造条件，使敌人不能战胜自己，然后等待敌人暴露出可以被我方战胜的时机。不被敌人打败的关键在于我方，而能否战胜敌人，则在于敌人是否暴露出弱点。善于指挥作战的人，只能做到不被敌人打败，而不能使敌人必定被战胜。所以说，胜利可以预见，但在条件不具备的情况下不能强求。

若要不被敌人打败，就应当防御；若要战胜敌人，就必须进攻。防御是因为兵力不足，进攻是因为兵力有余。善于防御的人，就像隐藏在最深的地底下，使敌人无法窥测；善于进攻的人，就像行动在最高的天空上，使敌人无从防备。这样既能保护自己，又能获得完全的胜利。

预见胜利，没有超过一般人的见识，不算是高明中最高明的；打了胜仗，天下人都说指挥出色，也不算是高明中最高明的。这就像举得起一根毫毛，不算力气大；看得见太阳和月亮，不算眼睛亮；听得见雷霆的响声，不算耳朵灵。古时所说的善于指挥作战的人，总是取胜于容易打败的敌人。所以，善于指挥作战的人取得胜利，没有机智多谋的名誉，没有勇敢杀敌的战功。善于指挥作战的人，百战百胜而不出差错。不出差错的原因，在于他们采取的措施能够保证胜利，而被战胜的敌人实际上已处于失败的地位。因此，善于指挥作战的人，总是使自己立于不败之地，而不放过任何一个战胜敌人的机会。

胜利的军队总是先创造取胜的条件，而后才与敌人决战；失败的军队则是先与敌人交战，而后企求侥幸取胜。善于用兵的人，重视政治的清明，确保法令的执行，所以能够成为战争胜败的主宰。

兵法上预测战争的胜败，应当注意以下五种情况：一是土地面积的大小，二是物产资源的多少，三是兵员的众寡，四是力量的强弱，五是胜败的可能。一定的土地，决定土地面积的大小；一定的土地面积，决定物产资源的多少；一定的物产资源，决定兵员的众寡；一定的兵员，决定军队力量的强弱；一定的力量对比，决定战争的胜败。因此，胜利的军队较之失败的军队，好像以镒称铢那样，处于绝对优势；失败的军队较之胜利的军队，好像以铢称镒那样，处于绝对劣势。胜利的一方与敌人作战，就好像从千仞的高山上决开积水，谁也阻挡不住，这就是军事力量的一种表现。

五、势篇

孙子曰：凡治众如治寡①，分数是也②。斗众如斗寡③，形名是也④。三军之众，可使必受敌而无败者⑤，奇正是也⑥。兵之所加，如以碫投卵者⑦，虚实是也⑧。

凡战者，以正合，以奇胜⑨。故善出奇者，无穷如天地，不竭如江河。终而复始，日月是也；死而复生，四时是也。声不过五，五声之变⑩，不可胜听也。色不过五，五色之变⑪，不可胜观也。味不过五，五味之变⑫，不可胜尝也。战势不过奇正，奇正之变，不可胜穷也。奇正相生⑬，如循环之无端⑭，孰能穷之？

①治：治理、统辖。众、寡：指兵力的多少。　②分数：指军队组织和编制。　③斗：指指挥作战。　④形名：军队使用的旌旗、锣鼓等指挥工具，此指指挥、号令。形，即以视觉信号传达命令；名，即以音响信号传达命令。　⑤必受敌：一旦遭受敌人攻击。必：倘若，一旦；汉简本作"毕"，指全部、所有。　⑥奇正：奇兵和正兵，古代指挥作战的方法，其含义很广，如先出动为正兵，后出动为奇兵；正面当敌为正兵，侧翼出击为奇兵。　⑦以碫投卵：即以石击卵。碫：音 duàn，磨刀石。　⑧虚实：指强弱、众寡、真假等。　⑨此二句谓以正兵当敌，以奇兵制胜。合：会合、交战。　⑩五声：宫、商、角、徵、羽五个音阶。　⑪五色：青、红、黄、白、黑五种颜色。　⑫五味：苦、甜、酸、辣、咸五种味道。　⑬相生：与"相克"相对应，指相互联系、相互转化。　⑭循环：顺着圆环旋转，比喻事物变化无穷；汉简本作无"循"。

激水之疾①，至于漂石者，势也；鸷鸟之击②，至于毁折者③，节也④。是故善战者，其势险，其节短，势如彍弩⑤，节如发机⑥。

纷纷纭纭⑦，斗乱而不可乱也⑧。浑浑沌沌⑨，形圆而不可败也⑩。乱生于治，怯生于勇，弱生于强。治乱，数也⑪；勇怯，势也⑫；强弱，形也⑬。

①激水：湍急的流水；汉简本无"激"。疾：急速、猛烈。　②鸷鸟：一种凶猛的鸟，如鹰、雕之类。　③毁折：指扑杀猎物。　④节：节奏、节律。　⑤彍弩：张满弩机。彍，音 kuò，拉开弓弦。　⑥发机：触发扳机。机：弩上发箭的扳机。　⑦纷纷纭纭：形容纷乱杂沓的场面。　⑧斗乱：指在纷乱状态下作战。　⑨浑浑沌沌：形容混迷不清的场面。　⑩形圆：指战阵不见首尾，能够应付自如。　⑪数：又称"分数"，指军队组织和编制。　⑫势：指敌我双方的作战情势。　⑬形：指战争双方的力量对比。

故善动敌者①，形之②，敌必从之；予之，敌必取之。以利动之，以卒待之③。

故善战者，求之于势，不责于人④，故能择人而任势⑤。任势者，其战人也⑥，如转木石。木石之性，安则静，危则动⑦，方则止，圆则行。故善战人之势，如转圆石于千仞之山者，势也⑧。

①动敌：调动敌人。　②形：示形，即以假象欺骗敌人。　③以卒待之：预设伏兵，待机破敌。　④责：责备、责令，此含苛求之义。　⑤任势：利用作战态势。　⑥战人：如上篇作"战民"，指指挥士卒作战。　⑦以上三句谓木头、石头的特性，是放在平坦之处就比较稳定，放在陡斜之处就容易滚动。　⑧势：指要充分发挥战斗力造成有利态势。

【语译】

孙子说：凡是统率大部队如同带领小分队一样，关键在于军队的组织编制要合理；指挥大部队作战如同指挥小分队一样，关键在于通讯联络要顺畅；率领全军能在遭到敌人攻击时不会失败，关键在于战术上奇正的变化要适宜；进攻敌人如同用石头投击鸡蛋一样，关键在于处理虚实的关系要得当。

大凡指挥作战，一般都要以正面的部队与敌人相对抗，而运用奇兵取胜。所以，善于运用奇兵的将帅，其战术的变化就像天地那样无边无际，像江河那样奔流不息。结束后又开始，就像太阳、月亮的运转；死亡后又重生，就像春、夏、秋、冬四季的更替。声音不过五种，可这五种声音的变化，令人听不胜听；颜色不过五种，可这五种颜色的变化，令人看不胜看；味道不过五种，可这五种味道的变化，令人尝不胜尝。战术不过奇、正两种，可这奇正的变化，却是无穷无尽。奇可以生正，正可以生奇，奇与正的互相转换，就像循环运动一样，无始无终，谁能穷尽它呢？

激流汹涌澎湃，可以把大石头冲走，是由于流速飞快的态势；鸷鸟行动迅猛，可以捕杀别的鸟兽，是由于短促急迫的节奏。所以，善于指挥作战的人，能够造成的态势是险峻的，发起攻击的节奏是短促的。险峻的态势就像张满弓弩，短促的节奏就像扣发弩机。

战场上旌旗纷纷，人马纭纭，在混乱中作战要使自己的部队不乱。扑朔迷离，错综复杂，要做到周密的部署而不被敌人打败。在一定的条件下，混乱可能产生于严整的组织，怯懦可能产生于勇猛的士气，弱小可能产生于强大的力量。严整和混乱的问题，取决于组织编制的好坏；勇敢和怯懦的士气，取决于作战态势的优劣；强大和弱小的问题，取决于敌我力量的对比。

善于调动敌人的将帅，制造假象欺骗敌人，敌人就会信从；给点好处引诱敌人，敌人就会上钩。凭借利益调动敌人，预设伏兵等待敌人，以期把敌人消灭。

善于指挥作战的人，总会造成有利的态势，并不苛责于部属，因而能不强求于人，而依靠有利的态势。依靠有利的态势来指挥作战，就像滚动圆木、石头一样。圆木、石头的特性，平放着就安稳不动，倾斜着放就会滚动；方形的容易静止，圆形的容易滚动。所以，善于指挥作战的人所造成的态势，就像在万丈高山上滚动圆石那样，迅猛不可阻挡，这就是有利的态势。

六、虚实篇

孙子曰：凡先处战地而待敌者佚①，后处战地而趋战者劳②。故善战者，致人而不致于人③。能使敌人自至者，利之也；能使敌人不得至者，害之也。故敌佚能劳之，饱能饥之，安能动之。出其所不趋④，趋其所不意⑤。

行千里而不劳者，行于无人之地也。攻而必取者，攻其所不守也；守而必固者，守其所不攻也。故善攻者，敌不知其所守；善守者，敌不知其所攻。微乎微乎⑥，至于无形；神乎神乎⑦，至于无声，故能为敌之司命。

进而不可御者，冲其虚也⑧；退而不可追者，速而不可及也⑨。故我欲战，敌虽高垒深沟，不得不与我战者，攻其所必救也⑩；我不欲战，画地而守之⑪，敌不得与我战者，乖其所之也⑫。

①处：居、占据。　②趋战：仓促应战。趋，疾行、奔赴。　③本句谓调动敌人而不被敌人所调动，或者牵制敌人而不被敌人所牵制。致：招致、引来，引申为调动、牵制。　④不趋：指敌人无法救援的地方；汉简本作"必趋"，则是"攻其必救"之义。　⑤汉简本无此句。　⑥微：微小、细微，此指微妙。　⑦神：神奇、神秘。　⑧冲：攻击、冲击。虚：空虚、薄弱。　⑨速：迅速、神速，汉简本作"远"。　⑩必救：指敌人一定会救援的地方。　⑪本句谓划地为营，即使不设防，也可以守住。　⑫乖其所之：谓改变敌人的进攻方向。乖，

违背、背离。

故形人而我无形①，则我专而敌分②。我专为一，敌分为十，是以十攻其一也，则我众而敌寡。能以众击寡者，则吾之所与战者，约矣③。

吾所与战之地不可知④，不可知，则敌所备者多。敌所备者多，则吾与所战者寡矣。故备前则后寡，备后则前寡，备左则右寡，备右则左寡。无所不备，则无所不寡。寡者，备人者也⑤；众者，使人备己者也⑥。

故知战之地，知战之日，则可千里而会战⑦。不知战地，不知战日，则左不能救右，右不能救左，前不能救后，后不能救前，而况远者数十里，近者数里乎？

以吾度之⑧，越人之兵虽多⑨，亦奚益于胜败哉⑩！故曰：胜可为也。敌虽多，可使无斗⑪。

①形人：指使敌人暴露实情。 ②专：与"分"相对，分别指集中与分散、集合与散开。 ③约：少而弱，一说指困而屈。 ④不可知：指不能让敌人知道。 ⑤本句谓兵力弱小，是因为分兵防备敌人。 ⑥本句谓兵力强大，是因为迫使敌人分兵防备。 ⑦会战：指以主力与敌人决战；汉简本无"会"。 ⑧度：音duó，揣测、推断。 ⑨越人：指越国人，春秋后期，越国是吴国的近邻和宿敌；一说指过人。 ⑩奚：何、岂。益：有益、补益。 ⑪无斗：指无法用全力作战。

故策之而知得失之计①，作之而知动静之理②，形之而知死生之地③，角之而知有余不足之处④。

故形兵之极⑤，至于无形；无形则深间不能窥⑥，智者不能谋。因形而错胜于众⑦，众不能知；人皆知我所以胜之形，而莫知吾所以制胜之形。故其战胜不复⑧，而应形于无穷⑨。

夫兵形象水⑩，水之形，避高而趋下；兵之形，避实而击虚。水因地而制流⑪，兵因敌而制胜。故兵无常势，水无常形⑫。能因敌变化而取胜者，谓之神⑬。故五行无常胜⑭，四时无常位⑮，日有短长，月有死生⑯。

①策：策划、筹算，此指分析判断。得失之计：指与敌方作战计划的优劣。　②作：动作、作为，此指挑动。动静之理：指敌方作战行动的规律。　③死生之地：指敌方有利或不利的情形。　④角：角逐、较量，此指试探性的进攻。　⑤形兵：用假象迷惑敌人的方法。　⑥深间：深藏不露的间谍。窥：偷看、暗察。　⑦错胜于众：把胜利摆在众人面前。错，通"措"，放置。　⑧战胜不复：谓作战方式灵活多变，每一次取得胜利，都不重复旧的作战方式。　⑨应形：适应情况的变化而变化。　⑩兵形：指战争指导规律。　⑪制流：决定流向。　⑫汉简本无"水"。兵形：指战争指导规律。　⑬神：神奇、神妙，此指用兵如神。　⑭五行：金、木、水、火、土五种物质；依照中国古代阴阳五行说，这五种物质存在着相生相胜的关系，因而没有哪一种物质能处于常胜的地位。　⑮四时：春、夏、秋、冬四个季节。　⑯死生：指月亮的出没和圆缺。

【语译】

孙子说：凡是先到达作战地点等待敌人交战的，就主动安逸；后到达作战地点仓促应战的，就被动疲劳。所以，善于指挥作战的人，总要设法调动敌人而不被敌人所调动。能使敌人自动进入我预定地域的，是以小利相引诱的结果；能使敌人不得来与我交战的，是以祸害相威胁的结果。所以，敌人休整得好，就设法使他疲劳；敌人粮食充足，就设法使他受饥挨饿；敌人驻扎安稳，就设法使他移动奔波。出兵要指向敌人无法救援的地方，进攻要对准敌人意想不到的方向。

行军千里而不疲劳的，是因为行进在没有敌人阻挡的道路上。进攻一定能胜利，就必须进攻敌人没有防备的地方；防御一定能稳固，就必须防御敌人不敢进攻的地方。所以，善于进攻的人，能使敌人不知道防御哪里好；善于防御的人，能使敌人不知道进攻哪里好。微妙呀！微妙到使敌人看不出一点形迹；神奇呀！神奇到使敌人听不到一点声息，所以能成为敌人命运的主宰者。

我军前进的时候，使敌人无法抵御，在于冲击敌人力量薄弱的环节；而退却的时候，使敌人无法追击，在于我军行动迅速，敌人来不及追赶。所以，我军要想作战，敌人即使高垒深沟，也不得不出来交战的，是因为我军进攻的是敌人必救的地方；我军不想交战，即使划定区域防御，敌人也无法与我军交战，是因为我军设法改变敌人的进攻方向。

用示形的办法诱使敌人暴露企图,而我军则不露任何形迹,这样我军的兵力就可以集中,而敌人的兵力就不得不分散。我军的兵力集中在一起,敌人的兵力分散到十处,我军就能用十倍于敌人的兵力去攻击敌人,形成我众而敌寡的有利态势。若能做到以众击寡,那么,与我军直接交战的敌人就少了。

我军所要进攻的地方,不能让敌人知道,敌人不知道我军将要进攻的地方,就会处处设防。敌人处处设防,兵力必定分散,与我军直接作战的兵力就少了。这样,敌人防备前面,后面就会薄弱;防备后面,前面就会薄弱;防备左边,右边就会薄弱;防备右边,左边就会薄弱。处处防备,每一处都会薄弱。兵力薄弱,是因为处处防备;兵力雄厚,在于迫使敌人处处防备。

能预先知道与敌人交战的地点、时间,就可以行进千里去与敌人决战。不能预先知道与敌人交战的地点、时间,自然是左边不能救右边,右边也不能救左边,前方不能救后方,后方也不能救前方,何况远的在数十里,近的也有数里呢?

依我的看法,越国兵力虽然众多,但对战争的胜败又有什么益处呢?所以说,胜利是可以争取到的。敌人兵力虽然众多,也能使它无法用全部力量与我军较量。

经过用心筹算,可以了解敌人作战计划的利弊得失;诱使敌人行动,可以了解敌人活动的规律;运用示形的方法,可以了解敌人的优势和要害之所在;通过试探性的进攻,可以了解敌人兵力部署的虚实情况。

战术变化达到最高的境界,就能做到不露任何形迹。这样即使有暗藏的间谍,也无法窥探到我军的真实情况;即使再有才能的敌人,也想不出对付我军的计谋。把根据敌情变化而灵活运用的成功战术,摆在众人的面前,众人也不能认识其中的奥妙。人们只知道我用以战胜敌人的方法,却不知道我怎样用这些方法制胜。所以,每一次胜利都不是重复老一套,而是适应具体情况的变化而变化。

作战的规律像水的流动。水流动的特点是避开高处而流向低处,作战的规律则是避开其坚实而攻击薄弱之处。水因地形的高低决定其流动的方向,作战则根据敌情而采取不同的制胜方法。所以,作战没有固定的形势，就像水流没有固定的形状一样。能适应敌情的变化而制胜的，就称得上用兵如神。金、木、水、火、土五行相生相克，没有哪一个是常胜的；春、夏、秋、冬四季依次更替，没有哪一季是固定不移的；白天有短有长，月亮有圆有缺，永远处于变化之中。

七、军争篇

孙子曰：凡用兵之法，将受命于君，合军聚众①，交和而舍②，莫难于军争③。军争之难者，以迂为直④，以患为利⑤。故迂其途，而诱之以利，后人发，先人至⑥，此知迂直之计者也。

故军争为利⑦，军争为危。举军而争利⑧，则不及；委军而争利⑨，则辎重捐⑩。是故卷甲而趋⑪，日夜不处，倍道兼行⑫，百里而争利，则擒三将军⑬；劲者先，疲者后⑭，其法十一而至⑮；五十里而争利，则蹶上将军⑯，其法半至；三十里而争利，则三分之二至。是故军无辎重则亡，无粮食则亡，无委积则亡⑰。

故不知诸侯之谋者，不能豫交⑱；不知山林、险阻、沮泽之形者⑲，不能行军；不用乡导者⑳，不能得地利。

①合军聚众：征调民众，组成军队。　②交和而舍：指两军对峙。和，和门，即军门；一说指军垒。舍，驻扎、宿营。　③军争：指敌我双方争夺制胜的条件。　④以迂为直：通过迂回的途径达到近直的目的。　⑤以患为利：变不利因素为有利因素。　⑥本句谓比敌人后出发，先到达有利的地点。　⑦为：是、有。　⑧举军：指全军带着所有辎重行动。举：全、所有。　⑨委军：指丢掉笨重的物资器械，轻装前进。委：丢掉、撇下。　⑩捐：损失。　⑪卷甲而趋：卷起铠甲，急速行进。　⑫倍道兼行：以加倍的行程昼夜不停地行军。　⑬擒：捉拿、俘虏，此指被敌人俘虏。三将军：上、中、下三军将领，一说应作"三军将"，指三军统帅。　⑭此二句谓强壮的士卒抢先到达，疲弱的士卒就会掉队。　⑮十一而至：有十分之一的人到达。下文"半至"，即有一半的人到达；"三分之二至"，即有三分之二的人到达。　⑯蹶：折损、挫败。上将军：

一说应作"上军将",即前军的将领。　⑰委积:物资储备。　⑱豫交:与诸侯结交;《九地篇》作"预交"。豫,通"预",参与。　⑲险阻:险要阻隔的地形。沮泽:水草丛生的地带。　⑳乡导:向导。乡,通"向"。

故兵以诈立①,以利动②,以分合为变者也③。故其疾如风,其徐如林④,侵掠如火⑤,不动如山,难知如阴⑥,动如雷震。掠乡分众⑦,廓地分利⑧,悬权而动⑨。先知迂直之计者胜,此军争之法也。

《军政》曰⑩:"言不相闻,故为金鼓⑪,视不相见,故为旌旗。"夫金鼓旌旗者,所以一人之耳目也⑫。人既专一⑬,则勇者不得独进,怯者不得独退。此用众之法也。故夜战多火鼓⑭,昼战多旌旗,所以变人之耳目也⑮。

①以诈立:运用诡诈的手段取得胜利。　②以利动:以是否有利来决定行动。③以分合为变:战时兵力的集中与分散,应根据情况变化而变化。　④徐:缓慢、迟缓。　⑤侵掠如火:进攻时像烈火一样不可阻挡。侵掠,指袭击、攻击;一说指侵入敌境,掠夺财物。　⑥难知如阴:隐蔽时像阴云遮天一样难以窥测。⑦掠乡分众:分兵数路,夺取城邑;一说指掠夺财物,分给士卒。　⑧廓地分利:开拓疆土,应该分别利害,派兵据守要地;一说指夺取土地,分封有功将领。　⑨悬权:秤锤悬于秤杆,此喻权衡敌我形势。　⑩《军政》:春秋时期传世的一部军事著作。　⑪金鼓:锣和鼓,古代用于指挥军队的工具。　⑫一人:统一士卒。　⑬专一:指号令统一,行动一致。　⑭火鼓:汉简本作"鼓金"。⑮变:变化、改变,此指适应。

故三军可夺气①,将军可夺心②。是故朝气锐,昼气惰,暮气归③。故善用兵者,避其锐气,击其惰归④,此治气者也⑤。以治待乱⑥,以静待哗,此治心者也⑦。以近待远,以佚待劳,以饱待饥,此治力者也⑧。无邀正正之旗⑨,勿击堂堂之陈⑩,此治变者也⑪。

故用兵之法:高陵勿向⑫,背丘勿逆⑬,佯北勿从⑭,锐卒勿攻⑮,饵兵勿食⑯,归师勿遏⑰,围师必阙⑱,穷寇勿迫⑲。此用兵之法也。

①夺：剥夺、夺取，此指打击、挫伤。气：指军队的士气、斗志。 ②心：指将领的决心、意志。 ③此三句谓军队的士气，初战时比较旺盛，经过一段时间逐渐懈怠，再后就会衰竭。朝、昼、暮，比喻军队交战的不同阶段。 ④惰归：即"惰"、"归"两种情形，指军队士气衰落的时候。 ⑤治气：掌握军队士气的方法。 ⑥以治待乱：以我方的严整对付敌人的混乱。治，严整、整齐。 ⑦治心：掌握军队心理的方法。 ⑧治力：掌握军队战斗力的方法。 ⑨邀：迎击、截击。正正之旗：指军旗整齐、部署得当的敌人。 ⑩堂堂之陈：指实力雄厚、阵容严整的敌人。陈，同"阵"。 ⑪治变：掌握机动变化的方法。 ⑫高陵勿向：敌人占据高地，就不要去仰攻。向，指仰攻。 ⑬背：背靠、依托。逆：迎击。 ⑭佯北：假装败退。 ⑮锐卒：士气旺盛的军队，或指装备精良、训练有素的军队。 ⑯饵兵：诱兵，指引诱我方的军队。 ⑰归师：撤退回营的军队。遏：阻止、拦阻。 ⑱围师必阙：包围敌人时，要留有缺口。阙，通"缺"，空缺、缺口。 ⑲穷寇：指陷入绝境的敌人。迫：逼迫。

【语译】

孙子说：大凡用兵的法则，将帅从接受国君的命令，动员征集民众，组成军队，到与敌人对阵，其间没有什么比争取先机之利更困难。争取先机之利之所以困难，就在于要把迂回的道路变成直接的途径，把不利的因素变成有利的因素。所以要故意迂回行进，并用小利引诱敌人，比敌人后出动，却先于敌人到达战地，这可以说懂得以迂为直的计谋。

争取先机之利既有好处，也有危害。军队若携带所有辎重去争取先机之利，因为行动迟缓而无法按时到达战地；若丢下辎重去争取先机之利，这些辎重就会损失。因此，卷起盔甲，急速行进，昼夜兼程，如果赶一百里路去争取先机之利，那上、中、下三军的将领都有可能被敌人俘虏；强壮的士卒先到，疲弱的士卒掉队，结果只有十分之一的人赶得到战地；如果赶五十里路去争取先机之利，先头部队的将领就会遭到挫败，就只有一半的人赶得到战地；如果赶三十里路去争取先机之利，也只有三分之二的人赶得到战地。所以，军队没有辎重不能生存，没有粮食不能生存，没有物资储备不能生存。

不了解诸侯国的意向，就不能与其结交；不熟悉山林、险阻、沼泽等地形，就不能行军；不使用向导，就不能得到地利。

用兵作战依靠诡诈手段制胜，根据是否有利采取行动，通过分散或集中兵力来适应战场上的变化。所以，军队的行动，快起来要像疾风那样迅速，慢起来要像树林那样从容摇摆，进攻时要像烈火那样凶猛，防御时要像山岳那样稳重，隐蔽时要像阴天那样使敌人难以窥探，行动时要像雷霆那样使敌人惊慌失措。掠夺乡间的财物，要分兵数路行动；攻取敌人的土地，要派兵据守要地；权衡敌我双方的优劣情势，然后相机而动。谁先懂得以迂为直的计谋，就能够取胜，这是争取先机之利的原则。

《军政》说："打仗的时候，听不到指挥口令，所以使用锣鼓；看不清指挥动作，所以使用旌旗。"锣鼓、旌旗都用于统一军队的行动。军队的行动取得一致，那么，勇敢的人就不敢单独前进，怯懦的人也不敢擅自后退，这就是指挥大部队的方法。所以，夜晚作战多使用火光和锣鼓，白天作战多使用旌旗，这是适应人们视听能力的缘故。

对付敌方的军队，可以挫伤他们的锐气；对付敌人的将领，可以动摇他们的决心。军队开始作战时士气旺盛，过一段时间逐渐懈怠下来，最后士气就会衰竭。所以，善于用兵打仗的人，会避开敌人的锐气，等到敌人懈怠疲乏时，才发起攻击，这是掌握军队士气的方法。以我方的严整对付敌人的混乱，以我方的镇静对付敌人的轻躁，这是掌握军队心理的方法。使我方的部队就近备战，迎战远道而来的敌人；使我方的部队安逸休整，迎战奔波疲劳的敌人；使我方的部队粮饷充足，迎战缺粮挨饿的敌人，这是掌握军队战斗力的方法。不要截击旗帜整齐的敌人，不要进攻阵容严整的敌人，这是掌握灵活变通的方法。

用兵作战的原则是：敌人占领高地，就不要发动仰攻；敌人背靠丘陵，就不要正面进攻；敌人假装败退，就不要追击；敌人士气旺盛，就不要进攻；敌人抛出诱饵，就不要吞食；敌人撤退回国，就不要阻截；对被包围的敌人，要留有缺口；对陷入绝境的敌人，就不要逼迫。这些都是指挥作战的原则。

八、九变篇

孙子曰：凡用兵之法，将受命于君，合军聚众。圮地无舍①，衢地交合②，绝地无留③，围地则谋④，死地则战⑤。

途有所不由⑥，军有所不击，城有所不攻，地有所不争，君命有所不受。

故将通于九变之利者⑦，知用兵矣；将不通于九变之利者，虽知地形，不能得地之利矣。治兵不知九变之术，虽知五利⑧，不能得人之用矣。

是故智者之虑，必杂于利害⑨。杂于利，而务可信也⑩；杂于害，而患可解也⑪。是故屈诸侯者以害⑫，役诸侯者以业⑬，趋诸侯者以利。故用兵之法，无恃其不来⑭，恃吾有以待也；无恃其不攻，恃吾有所不可攻也。

故将有五危：必死⑮，可杀也；必生⑯，可虏也；忿速⑰，可侮也；廉洁⑱，可辱也；爱民，可烦也。凡此五者，将之过也，用兵之灾也。覆军杀将⑲，必以五危，不可不察也。

①圮地：难以通行的地区。圮，音pǐ，毁坏、倒塌。舍：留宿、驻扎。 ②衢地：四通八达的地区。交合：指与邻国结交；武经本作"合交"。 ③绝地：远离国境，粮草匮乏，难以生存的地区。 ④围地：四面险阻，出入通道狭窄的地区。 ⑤死地：进退两难，非死战难以生存的地区。 ⑥途有所不由：有的道路不要通过。途，道路。由，通过、经过。 ⑦九变：战时应变的方法，一说泛指灵活多变；一说指本篇"圮地无舍"至"地有所不争"九种方法；一说指上篇"高陵勿向"至"穷寇勿迫"，加上"绝地无留"，也是九种方法。 ⑧五利：指本篇"途有所不由"至"君命有所不受"五种方法。 ⑨杂：掺杂、混杂，此指兼顾。 ⑩务可信：事情能够顺利进行。务，事务、事情。信，通"伸"，展开、伸展。 ⑪患：汉简本作"忧患"。解：解除、化解。 ⑫害：祸害、威胁。 ⑬役：役使。业：指危险的事情，一说指强大。 ⑭恃：依赖、倚仗。其：指敌人。 ⑮必死：指有勇无谋，只知道死拼。 ⑯必生：指临阵胆怯，贪生怕死。 ⑰忿速：指容易动怒，一触即跳。 ⑱廉洁：此指清廉好名，洁身自爱。 ⑲覆军杀将：军队覆灭，将帅折损。

【语译】

孙子说：大凡用兵的法则，将帅接受国君的命令，动员征集民众，组成军队。在山林、险阻、沼泽等难以通行的圮地，不要宿营；在多国交界、交通便利的衢地，要结交诸侯；在没有水草、粮食，难以久留的绝地，不要停留；在进退两难的围地，要巧设计谋，出奇制胜；在战斗则存、不战则亡的死地，要奋勇决战。有的道路不可以行进，有的敌人不可以攻击，有的城邑不可以进攻，有的地方不可以争夺，国君的有些命令可以不执行。

将帅通晓各种权变手段的好处，就算懂得用兵；将帅不通晓各种权变手段的好处，即使了解地形，也不能得到地利。指挥军队而不懂得各种权变手段，尽管了解上述五种地利，也不能充分发挥军队的战斗力。

高明的将帅考虑作战问题，总是兼顾利与害两个方面。充分考虑到有利的条件，就能顺利完成作战的任务；充分考虑到有害的因素，就能防止意外的祸患。要使各国诸侯屈服，就必须做他们最担心的事情，去伤害他们；要想役使各国诸侯，就必须用他们不得不做的事情，去扰乱他们；要使各国诸侯疲于奔命，就必须用小利去引诱他们。用兵作战的法则，不要寄希望于敌人不侵犯，而要依靠自己有充分的准备；不要寄希望于敌人不进攻，而要使自己能阻止敌人的进攻。

将帅有五种危险：只知道死拼，就可能被诱杀；一味贪生怕死，就可能被俘虏；情绪急躁，容易动怒，就可能受不住刺激；廉洁好名，过于自爱，就可能经不起羞辱；爱护民众，就可能被烦扰而不得安宁。这五种危险，是将帅的缺陷，也是指挥作战的灾害。全军覆没，将帅被杀，都由这五种危险引起，不能不认真地对待。

九、行军篇

孙子曰：凡处军相敌①，绝山依谷②，视生处高③，战隆无登④，此处山之军也。绝水必远水⑤；客绝水而来⑥，勿迎之于水内，令半济而击之⑦，利；欲战者，无附于水而迎客⑧；视生处高，无迎水流，此处水上之军也。绝斥泽⑨，惟亟去无留⑩；若交军于斥泽之中，必依水草而背众树⑪，此处斥泽之军也。平陆处易⑫，而右背高⑬，前死后生⑭，此处平陆之军也。凡此四军之利，黄帝之所以胜四帝也⑮。

凡军好高而恶下，贵阳而贱阴，养生而处实⑯，军无百疾⑰，是谓必胜。丘陵堤防，必处其阳，而右背之，此兵之利，地之助也⑱。上雨，水沫至，欲涉者，待其定也。凡地有绝涧⑲、天井⑳、天牢㉑、天罗㉒、天陷㉓、天隙㉔，必亟去之，勿近也。吾远之，敌近之；吾迎之，敌背之。军行有险阻㉕、潢井㉖、葭苇㉗、山林、翳荟者㉘，必谨覆索之㉙，此伏奸之所处也㉚。

敌近而静者，恃其险也；远而挑战者，欲人之进也；其所居易者㉛，利也。

①处军：处置军队，指在不同条件下指导行军、作战和宿营的方法。相敌：观察敌情，指在不同情况下观察敌情的方法。　②绝：横渡、超越，此指通过。依：依傍、靠近。　③视生处高：在向阳又稍高的地方驻扎。视生，向阳。生，指阳面。　④战隆无登：敌人占据高地，就不要仰攻。隆，指高地。　⑤绝水：指在离江河稍远的地方驻扎。　⑥客：与"主"相对，即进入别国作战的军队。⑦半济：半渡，指一部分人已经渡过河流。　⑧附：靠近、贴近。迎：迎击、迎战。　⑨斥泽：盐碱沼泽地带。　⑩惟：宜、应该。亟：急、疾速。　⑪背：背靠、依靠。　⑫平陆处易：在平原要驻扎在平坦的地方。易：平坦、开阔。⑬右背高：以背靠高地为好，一说指右翼要靠近高地。　⑭前死后生：前面低，后面高。死，指低；生，指高。　⑮四帝：赤帝、白帝、青帝和黑帝，曾被黄帝征服的四方部落首领。　⑯本句谓驻扎在生活方便和物资充足的地方。生，指便于休养生息的地方。实，指物资比较充足的地方。　⑰百疾：泛指各种疾病。　⑱地之助：地理条件的辅助作用。　⑲绝涧：两岸陡峭的山涧。　⑳天井：四周高、中央低的洼地。　㉑天牢：山险环绕，易进难出的地形；汉简本作"天窖"。　㉒天罗：荆棘丛生，难以通行的地带；汉简本作"天离"。　㉓天陷：地势低洼、泥泞易陷的地方。　㉔天隙：两山之间的狭谷。　㉕军行：武经本作"军旁"。　㉖潢井：低洼积水的地方。　㉗葭苇：芦苇丛生。　㉘翳荟：草木茂盛。　㉙覆索：反复搜索。　㉚伏奸：埋伏奸细。　㉛居易：驻扎在平坦地方。

众树动者，来也；众草多障者①，疑也。鸟起者，伏也；兽骇者，覆也②。尘高而锐者③，车来也；卑而广者④，徒来也⑤；散而条达者⑥，樵采也⑦；少而往来者，营军也⑧。

辞卑而益备者⑨,进也;辞强而进驱者,退也。轻车先出居其侧者,陈也;无约而请和者,谋也;奔走而陈兵车者⑩,期也⑪;半进半退者,诱也。

杖而立者⑫,饥也;汲而先饮者⑬,渴也;见利而不进者,劳也。鸟集者,虚也⑭;夜呼者,恐也;军扰者,将不重也⑮;旌旗动者,乱也;吏怒者,倦也。

粟马肉食⑯,军无悬缻⑰,不返其舍者,穷寇也。谆谆翕翕⑱,徐与人言者,失众也。屡赏者,窘也⑲;数罚者,困也。先暴而后畏其众者,不精之至也⑳。来委谢者㉑,欲休息也㉒。兵怒而相迎,久而不合㉓,又不相去,必谨察之。

①多障:指设有许多遮蔽物。 ②覆:覆盖、倾覆,指大举来犯。 ③锐:尖、直。 ④卑:低下。 ⑤徒:步卒。 ⑥条达:分散而细长貌。 ⑦樵采:打柴;一说当作"薪来"。 ⑧营军:准备扎营。 ⑨益:更加、加强。 ⑩陈兵车:汉简本、武经本均作"陈兵",无"车"。 ⑪期:期待,指期待与我方交战。 ⑫杖:通"仗",依仗,此谓依仗兵器。 ⑬汲:从井里打水。 ⑭虚:空虚,指没有敌人。 ⑮不重:指缺少威严,没有魄力。 ⑯粟马肉食:用粮食喂马,杀牲口吃肉。 ⑰缻:盛水的器具;汉简本作"甀"。 ⑱谆谆翕翕:形容士卒聚在一起,窃窃私语。 ⑲窘:窘迫、穷蹙。 ⑳精:精明、明察。 ㉑委谢:派使者来致歉。委,委质;谢,道歉、请罪。 ㉒休息:指休兵息战。 ㉓合:交战。

兵非益多也①,惟无武进②,足以并力、料敌、取人而已③。夫惟无虑而易敌者④,必擒于人。

卒未亲附而罚之⑤,则不服,不服则难用也;卒已亲附而罚不行,则不可用也。故令之以文⑥,齐之以武⑦,是谓必取⑧。令素行以教其民⑨,则民服;令不素行以教其民,则民不服。令素行者,与众相得也⑩。

①兵非益多:军队不是越多越好;汉简本作"兵非多益"。 ②武进:恃勇轻敌,轻敌冒进。 ③并力:集中兵力。取人:指取胜于敌人。 ④易敌:轻视敌人。 ⑤亲附:亲近依附。 ⑥令之以文:用仁德、道义教育士卒。令,教令,指政治思想教育;汉简本作"合"。文,指仁德、道义。 ⑦齐之以武:用

法令、刑罚约束士卒。武,指法令、刑罚。 ⑧必取:必定取得胜利;一说指取得部下支持。 ⑨素:平素、一贯。 ⑩相得:相互信任,关系融洽。

【语译】

孙子说:军队在各种地形条件下行军作战、观察和判断敌情,应该注意:通过山地,要靠近山谷行进,在居高向阳的地方驻扎,敌人已经占据高地,就不能仰攻,这是军队在山地行军作战的原则。横渡江河,要远离水流驻扎;敌人渡河而来,不要在水流中迎击,让敌人渡过一半时,再发起攻击,这是最有利的;准备与敌人决战,不要靠近水边布阵;在江河地带扎营,也要居高向阳,不能居于敌人的下游,这是军队在江河地带行军作战的原则。通过盐碱沼泽地带,要赶快离开,不可以逗留;如果在盐碱沼泽地带与敌人交战,那就必须接近水草而背靠树林,这是军队在盐碱沼泽地带行军作战的原则。在平原上,要占领开阔平坦的地方,主力部队要背靠高地,前低后高,这是军队在平原地带行军作战的原则。这四种正确处置军队的有力措施,正是黄帝征服四方部落联盟首领的原因。

大凡驻军总是喜欢干燥的高处,避开潮湿的洼地;要驻扎在向阳的一面,避开阴暗的地方;要靠近水草丰盛之处,保证充足的粮秣供给,将士不受任何疾病的侵扰,这样作战就一定能胜利。在丘陵堤防地带,应当占据向阳的一面,让主力部队背靠高地。这些对军队作战有利的措施,都有赖于地形条件的辅助。江河上游降雨,水沫冲下来,如果要涉水行进,就应该等水流稳定之后。凡遇到绝涧、天井、天牢、天罗、天陷、天隙等地形,必须赶快离开,不可以接近。要使我方远离这类地形,而让敌人靠近它;使我方面向这类地形,而让敌人背靠它。行军路上遇有险阻、低洼积水、芦苇丛生和草木茂盛之处,必须谨慎地反复搜索,这些都是敌人可能设伏的地方。

敌人逼近而又安静,是倚仗它占领着险要的地形;敌人远离而来挑战,是想引诱我军前进;敌人有意进驻平坦的地方,是因为有利于与我军交战。

许多树木摇动,是敌人隐蔽而来;草丛里有很多障碍物,是敌人布下的迷阵。群鸟惊飞起来,是下面有伏兵;野兽惊骇奔走,是敌人大举突袭。尘土飞扬得高而尖细,是敌人战车驶来;飞扬得低而宽广,是敌人步兵到来；飞扬得稀疏散乱，缕缕上升，是敌人正在打柴；飞扬得少而时起时落，是敌人正在扎营。

敌人派来的使者言辞谦逊，而军队在加紧备战，是打算进攻；言辞强硬，而军队摆出前进的姿态，是准备撤退。敌人轻车先出动，部署在两翼，是正在布阵；敌人无故前来求和，是另有图谋；敌人往来奔走，用战车布阵，是等待时机与我军决战；敌人半进半退，是企图引诱我军交战。

敌人倚着武器站立，是饥饿的表现；敌人打来水而争着喝，是干渴的表现；敌人见利而不去争夺，是疲劳的表现；敌人营垒上集聚着鸟雀，是空虚的表现。敌人夜间惊叫，是有些恐慌；敌人滋扰纷乱，是将帅没有威信；敌人旗帜摇动不定，是队伍已经混乱；敌人将吏容易动怒，是全军已经疲惫。

用粮喂马，杀牛马吃肉，收拾起行军炊具，不再返回营地，表明敌人已经成为穷寇。敌将低声下气地跟部下讲话，是由于丧失人心；不断地犒赏士卒，是没有别的办法；不断地惩罚部属，是已经陷入困境。先暴虐而后惧怕部下，是极不精明的表现。敌人派来使者委婉致谢，是打算休战。敌人气势汹汹地与我军对阵，却很久不交战，又不撤退，要谨慎地观察它的动向。

打仗并不在于兵多，只要不轻敌冒进，能集中兵力，判明敌情，取得部下的支持，就足以战胜敌人。只有那种不慎重考虑而又轻敌的人，才会被敌人俘虏。

士卒还没有亲近依附，擅行惩罚，他们就不会心服，心不服就难以指挥；士卒已经亲近依附，如果各种处罚不能执行，也无法指挥他们行动。所以，既要用怀柔宽厚的措施，又要用严明公正的法令，使士卒行动步调一致，这样打起仗来，一定能胜利。平时能认真执行法令，教育士卒，士卒就会服从；平时不能认真执行法令，教育士卒，士卒就不会服从。平时法令能认真执行，表明将帅与部下相处融洽。

十、地形篇

孙子曰：地形有通者①，有挂者②，有支者③，有隘者④，有险者，有远者⑤。

我可以往，彼可以来，曰通。通形者，先居高阳⑥，利粮道⑦，以战则利。可以往，难以返，曰挂。挂形者，敌无备，出而胜之⑧；敌有备，出而不胜，难以返，不利。我出而不利，彼出而不利，曰支。支形者，敌虽利我⑨，我无出也；引而去之⑩，令敌半出而击之，利。隘形者，我先居之，必盈之以待敌⑪；若敌先居之，盈而勿从，不盈而从之。险形者，我先居之，必居高阳以待敌；若敌先居之，引而去之，勿从也。远形者，势均，难以挑战⑫，战而不利。凡此六者，地之道也⑬；将之至任⑭，不可不察也。

①通：四通八达。 ②挂：指容易进入，难以退出。 ③支：指敌我双方据险相持，不利于进攻。 ④隘：山间狭窄的谷道。 ⑤远：指敌我相距较远。 ⑥高阳：向阳较高的地方。 ⑦利粮道：指保持粮道畅通。 ⑧出：出击、进攻。 ⑨利我：指以利诱我。 ⑩引而去之：引兵离开敌人。引，引导、引领。 ⑪盈：满、充满，此指重兵把守。 ⑫挑战：挑动敌人出战。 ⑬地之道：指利用地形的原则。道，原则、规律。 ⑭至任：极大的责任。至，极、最。

故兵有走者①，有弛者②，有陷者③，有崩者④，有乱者⑤，有北者⑥。凡此六者，非天之灾⑦，将之过也。

夫势均⑧，以一击十，曰走。卒强吏弱，曰弛。吏强卒弱，曰陷。大吏怒而不服⑨，遇敌怼而自战⑩，将不知其能，曰崩。将弱不严，教道不明⑪，吏卒无常⑫，陈兵纵横⑬，曰乱。将不能料敌，以少合众，以弱击强，兵无选锋⑭，曰北。凡此六者，败之道也；将之至任，不可不察也。

①兵：此指败兵、败军。走：不战而逃、逃跑。 ②弛：松懈、涣散。 ③陷：失陷、陷落。 ④崩：崩溃、溃散。 ⑤乱：混乱。 ⑥北：败北、战败。 ⑦天之灾：自然的灾难；武经本作"天地之灾"。 ⑧势均：指敌我拥有相同的地形。 ⑨大吏：高级军吏，一说指小将、副将。 ⑩怼：音duì，怨恨。自战：擅自出战。 ⑪教道：教育指导。道，同"导"。 ⑫无常：缺乏纪律，不守常规。常，纪律、常规。 ⑬陈兵纵横：列队布阵，杂乱无章。 ⑭选锋：挑选出来的先锋部队。

夫地形者，兵之助也①。料敌制胜，计险厄远近②，上将之道也③。知此而用战者必胜④，不知此而用战者必败。故战道必胜⑤，主曰无战，必战可也；战道不胜，主曰必战，无战可也。故进不求名，退不避罪，唯人是保⑥，而利合于主⑦，国之宝也⑧。

视卒如婴儿⑨，故可与之赴深谿⑩。视卒如爱子，故可与之俱死。厚而不能使⑪，爱而不能令⑫，乱而不能治，譬若骄子，不可用也。

知吾卒之可以击，而不知敌之不可击，胜之半也⑬；知敌之可击，而不知吾卒之不可以击，胜之半也；知敌之可击，知吾卒之可以击，而不知地形之不可以战，胜之半也。故知兵者，动而不迷⑭，举而不穷⑮。故曰：知彼知己，胜乃不殆；知天知地，胜乃不穷⑯。

①兵之助：用兵作战的辅助条件。　②计：计算、估计。险厄：险要险隘，一作"险易"。　③上将：高明的将领。　④用战：指挥作战。　⑤战道：指战争指导规律。　⑥唯人是保：只求保卫民众。人，武经本作"民"。　⑦利合于主：符合君主的利益。　⑧国之宝：国家的宝贵财富。　⑨视：看待、对待。　⑩深谿：较深的山涧，此喻危险的地方。谿，同"溪"，山间的河沟。　⑪厚：厚待、厚养。　⑫爱：此指偏爱、溺爱。令：指导、教育。　⑬胜之半：指胜利的可能占一半。　⑭动而不迷：行动不迷惑。迷，迷惑、迷惘。　⑮举而不穷：措施变化无穷。举，举措、措施。　⑯不穷：武经本作"可全"。

【语译】

孙子说：地形有通形、挂形、支形、隘形、险形、远形六种。

我军可以去，敌人可以来的地区，叫作通形。在通形地区，要抢先占据向阳的高地，保持后方粮道畅通，与敌人作战就有利。凡是容易去，不容易回来的地区，叫作挂形。在挂形地区，如果敌人没有防备，就可以突然出击，战胜敌人；如果敌人有防备，出击不能取胜，又难以返回，那就是不利的。凡是我军出击不利，敌人出击也不利的地区，叫作支形。在支形地区，敌人纵然利诱我军，也不要出战，最好是带领部队假装撤退，等敌人追出一半时予以回击，这样就有利。在隘形地区，要抢先占领险隘之处，用重兵把住隘口，以等待敌人的到来；如果敌人已经占据隘口，并用重兵据守，就不要攻击；如果敌人没有重兵据守隘口，就可以去攻击。在险形地区，要抢先占领向阳的高地，以等待敌人的到来；如果敌人已经占据制高点，就应该撤退，不要去攻击。在远形地区，敌我双方因为相距很远，作战形势相同，不宜出兵挑战，勉强与敌人交战是不利的。这六条是利用地形作战的原则，也是将帅的重大责任，不能不认真地考察。

军队作战失败，有走、弛、陷、崩、乱、北六种情形。这六种情形都不是天灾，而是因为将帅的失误。

在相同的作战形势下，以一击十，叫作"走"。士卒强悍，军吏懦弱，叫作"弛"。军吏强悍，士卒懦弱，叫作"陷"。部将情绪急躁而不服从指挥，遇到敌人擅自出战，主将又不了解他们的能力，叫作"崩"。将帅懦弱，管理不严，训练没有法度，军吏不守纪律，临战布阵杂乱无章，叫作"乱"。将帅不能分析和判明敌情，盲目地以少击众，以弱击强，又没有精选出的前锋，叫作"北"。这六种情形是作战失败的原因，也是将帅的重大责任，不能不认真地考察。

地形是用兵作战的辅助条件。正确地判断敌情以夺取胜利，观察地形险易、计算路途远近，这些都是主将的职责。懂得这些道理而指挥作战，就一定能取胜；不懂得这些道理而指挥作战，就不能取胜。所以，从战争规律来看，确实有必胜把握的，即使国君下令不出战，也可以坚决出战；没有必胜把握的，即使国君下令出战，也可以不出战。前进不求战胜的名声，后退不避违命的罪责，一切为了保护民众，而且有利于国君，这种将帅是国家的宝贵财富。

将帅对待士卒，能像对待婴儿那样，就可以与他们共赴危难；能像对待爱子那样，就可以与他们同生共死。如果待遇过好而不能使用，一味溺爱而不能指挥，违犯法令而不能惩治，那么，军队像娇惯的孩子一样，就无法用来打仗。

只知道自己的部队能打仗，不了解敌人不可以攻击，胜利的可能只有一半；只了解敌人可以攻击，不知道自己的部队不能打仗，胜利的可能只有一半；了解敌人可以攻击，也知道自己的部队能打仗，但不通晓地形不利于作战，胜利的可能仍只有一半。所以，懂得用兵的人，行动不会迷误，战术变化无穷。所以说，了解敌人，也了解自己，胜利就可以确保；了解天时，也了解地利，胜利就不可穷尽。

十一、九地篇

孙子曰：用兵之法，有散地①，有轻地②，有争地③，有交地④，有衢地，有重地⑤，有圮地，有围地，有死地。

诸侯自战其地者，为散地。入人之地而不深者，为轻地。我得则利，彼得亦利者，为争地。我可以往，彼可以来者，为交地。诸侯之地三属⑥，先至而得天下之众者，为衢地。入人之地深，背城邑多者，为重地。行山林、险阻、沮泽，凡难行之道者，为圮地。所由入者隘⑦，所从归者迂⑧，彼寡可以击吾之众者，为围地。疾战则存⑨，不疾战则亡者，为死地。

是故散地则无战⑩，轻地则无止⑪，争地则无攻，交地则无绝⑫，衢地则合交⑬，重地则掠⑭，圮地则行，围地则谋，死地则战。

①散地：在本土作战的地区。 ②轻地：进入敌境不深的地区。 ③争地：敌我双方争夺的地区。 ④交地：道路交错的地区。 ⑤重地：进入敌境较深的地区。 ⑥三属：指三国交界的地方。属，归属、隶属。 ⑦隘：地势狭隘。 ⑧迂：道路迂远。 ⑨疾战：迅速决战；汉简本无"战"，下同。 ⑩无战：不宜作战。 ⑪无止：不宜停留；一说不停地进攻敌人。 ⑫无绝：指军队联络不宜断绝；一说保证道路畅通，不受敌人阻隔。 ⑬合交：指结交邻国，争取外援。 ⑭掠：掠夺、抢夺；此指夺取敌人的物资。

所谓古之善用兵者，能使敌人前后不相及①，众寡不相恃②，贵贱不相救③，上下不相收④，卒离而不集⑤，兵合而不齐。合于利而动，不合于利而止。

敢问⑥：敌众整而将来⑦，待之若何？曰：先夺其所爱⑧，则听矣⑨。兵之情主速⑩，乘人之不及⑪，由不虞之道⑫，攻其所不戒也。

①及：照顾、策应。　②恃：依赖、倚仗。　③贵贱：指将吏和士卒。④收：收拢、聚集。　⑤离：分离、分散。　⑥敢问：试问，表示冒昧询问别人。　⑦本句汉简本作"敌众以正将来"。　⑧爱：指关键、要害。　⑨听：听从，指听人摆布。　⑩情：情理、道理。　⑪不及：指来不及防备、措手不及。⑫虞：预料、料想。

凡为客之道，深入则专①，主人不克②；掠于饶野③，三军足食；谨养而勿劳④，并气积力⑤；运兵计谋⑥，为不可测⑦。

投之无所往⑧，死且不北⑨，死焉不得⑩，士人尽力。兵士甚陷则不惧⑪，无所往则固⑫，深入则拘⑬，不得已则斗。是故其兵不修而戒⑭，不求而得，不约而亲，不令而信，禁祥去疑⑮，至死无所之。

吾士无余财，非恶货也⑯；无余命，非恶寿也⑰。令发之日，士卒坐者涕沾襟⑱，偃卧者涕交颐⑲。投之无所往者，诸刿之勇也⑳。

①专：指军心一致。　②主人：在本土作战的军队。克：战胜、取胜。③饶野：富饶的乡野。　④谨养：注意休整。　⑤并气积力：提高士气，积蓄力量。　⑥运兵：部署军队。计谋：筹划作战方略。　⑦本句谓使敌人无法判断。　⑧投：投放、放入。无所往：指走投无路、无路可走。　⑨本句谓士卒宁死不退。　⑩死焉不得：既然死都不怕，还有什么不可得呢？一连下句作"死，焉不得士人尽力"。　⑪甚陷：深深地陷入困境。　⑫固：结实、牢固，此指军心稳定。　⑬深入：指深入敌境，武经本作"入深"。拘：拘束、束缚，此指行动一致而不涣散。　⑭不修而戒：不需要整治，就能加强戒备。　⑮本句谓禁止迷信和谣言，打消士卒的疑虑。祥：吉凶的预兆，泛指各种迷信活动。⑯恶：厌恶、讨厌。　⑰寿：寿命、长命。　⑱涕：眼泪、泪水。　⑲偃卧：仰面躺着；汉简本无"偃"字。交颐：即泪流满面。颐，面颊。　⑳诸刿：专诸和曹刿，都是春秋时期著名的勇士。

故善用兵者，譬如率然①；率然者，常山之蛇也②。击其首则尾至，击其尾则首至，击其中则首尾俱至③。敢问：

兵可使如率然乎？曰：可。夫吴人与越人相恶也，当其同舟而济，遇风，其相救也，如左右手。是故方马埋轮④，未足恃也；齐勇若一，政之道也⑤；刚柔皆得⑥，地之理也。故善用兵者，携手若使一人⑦，不得已也⑧。

将军之事，静以幽⑨，正以治⑩。能愚士卒之耳目⑪，使之无知；易其事⑫，革其谋⑬，使人无识；易其居，迂其途，使人不得虑⑭。帅与之期⑮，如登高而去其梯；帅与之深入诸侯之地，而发其机⑯。焚舟破釜⑰，若驱群羊，驱而往，驱而来，莫知所之。聚三军之众，投之于险，此谓将军之事也。

①率然：一种生活于常山地区的蛇。　②常山：即恒山，在今山西东北部，俗称北岳。　③中：身体中部；汉简本作"中身"。　④方马：把马并排系在一起。轮：车轮。　⑤本句谓使全军上下齐心协力，在于正确的教育指导。　⑥刚柔：军队的强弱、优劣，一说指地势的高低、险易。　⑦携手：此指提挈、指挥。　⑧不得已：谓作战态势不得不这样。　⑨静以幽：沉着冷静，深邃莫测。幽，深邃、幽深。　⑩正以治：公正严明，有条不紊。　⑪愚：蒙蔽。　⑫易：改变、变换。　⑬革：改变、撤除。　⑭虑：思虑、图谋。　⑮本句谓将帅向部下下达任务。　⑯本句谓像扣动弩机射出的箭，使士卒一往直前。　⑰汉简本无此四字。

九地之变，屈伸之利①，人情之理，不可不察。

凡为客之道，深则专，浅则散。去国越境而师者，绝地也；四达者，衢地也；入深者，重地也；入浅者，轻地也；背固前隘者②，围地也；无所往者，死地也。是故散地，吾将一其志③；轻地，吾将使之属④；争地，吾将趋其后⑤；交地，吾将谨其守；衢地，吾将固其结⑥；重地，吾将继其食⑦；圮地，吾将进其途⑧；围地，吾将塞其阙⑨；死地，吾将示之以不活⑩。故兵之情，围则御⑪，不得已则斗，过则从⑫。

是故不知诸侯之谋者，不能预交⑬；不知山林、险阻、沮泽之形者，不能行军；不用乡导者，不能得地利。

四五者⑭，不知一，非霸王之兵也⑮。夫霸王之兵，伐大国，则其众不得聚；威加于敌，则其交不得合。是故不争天下之交，不养天下之权⑯，信己之私⑰，威加于敌，故其城可拔，其国可隳⑱。

①屈伸：伸缩，谓该缩则缩，该伸则伸。　②背固前隘：背后地势险要，前面道路狭窄。　③一其志：统一军队的意志。　④使之属：使军队相互配合。　⑤趋其后：使后续部队迅速跟进。　⑥固其结：与邻国加强交往。　⑦继其食：补充军粮，保障供给。　⑧进其途：迅速通过。　⑨塞其阙：堵塞缺口。　⑩示之以不活：表示死拼的决心。　⑪御：防御、防守。　⑫本句谓陷入危险的境地，士卒就听从指挥。　⑬预交：与诸侯结交；《军争篇》作"豫交"，预豫相通。　⑭四五者：即九地。九地之中，四项为主兵，五项为客兵，分别言之。一说当作"此三者"，指上述"预交"、"行军"和"地利"。　⑮霸王：即霸主，春秋时期诸侯公推的盟主；汉简本作"王霸"，下同。　⑯本句谓不在别国培植自己的势力。　⑰本句谓施展自己的战略意图。　⑱隳：音 huī，毁坏、毁灭。

施无法之赏①，悬无政之令②，犯三军之众③，若使一人。犯之以事，勿告以言；犯之以利，勿告以害④。投之亡地然后存；陷之死地然后生。夫众陷于害，然后能为胜败⑤。

故为兵之事，在于顺详敌之意⑥，并敌一向⑦，千里杀将⑧，此谓巧能成事者也⑨。

是故政举之日⑩，夷关折符⑪，无通其使⑫，厉于廊庙之上⑬，以诛其事⑭。敌人开阖⑮，必亟入之⑯。先其所爱，微与之期⑰。践墨随敌，以决战事⑱。是故始如处女，敌人开户⑲，后如脱兔⑳，敌不及拒㉑。

①无法之赏：不符合有关法令的奖赏。　②无政之令：不符合有关政策的法令。　③犯：指驱使、指挥。　④此二句汉简本作"犯之以害，勿告以利"。　⑤胜败：谓在绝境中取得胜利。　⑥顺详：假装顺从；一说作"慎详"，意谓慎重地审察。　⑦并敌一向：集中兵力，指向一点。　⑧千里杀将：千里行军，也能斩杀敌将。　⑨本句汉简本作"此谓巧事"。　⑩政举：指决定战争行动。

⑪夷关折符：封锁边关卡，废除通行证。夷，销毁、毁灭，此指封锁。关，关卡、关塞。符，通行证，用木、竹、铜料制成，上刻图文，分为两半，各执一半，作为凭证。　⑫使：使节、使者。　⑬厉：通"砺"，磨砺、砥砺，此指反复推敲。廊庙：祖庙、庙堂。　⑭诛：指研究决定，一作"谋"。　⑮开阖：指有隙可乘。阖，门扇。　⑯必亟入之：必须迅速乘机而入。　⑰微：不、没有。期：指约定交战日期。　⑱此两句谓不墨守成规，随着敌情的变化，决定作战方略。践，一作"划"，铲除。墨，绳墨，引申为准则、法度。　⑲开户：指露出空当。户，门、门户。　⑳脱兔：逃脱的兔子，此喻行动非常迅速。　㉑拒：抗拒、对抗。

【语译】

孙子说：根据用兵的原则，战地分为散地、轻地、争地、交地、衢地、重地、圮地、围地和死地九种。

诸侯在本国内与敌人作战的地方，叫作散地。进入敌国境内而未深入的地方，叫作轻地。我军占领即有利，敌人占领也有利的地方，叫作争地。我军可以去，敌人可以来的地方，叫作交地。敌我双方与别的诸侯国交界，谁先到达，就能得到天下多数援助的地方，叫作衢地。深入敌国境内，又越过许多城邑的地方，叫作重地。山林、险阻、沼泽等道路难行的地方，叫作圮地。进入的道路狭隘，退出的道路迂远，敌人以少数兵力能打败我军的地方，叫作围地。迅疾战斗就能生存，否则会被消灭的地方，叫作死地。

因此，在散地不宜作战，在轻地不宜停留，在争地不要轻率进攻，在交地不能前后脱节，在衢地要结交诸侯国，在重地要掠取粮秣，在圮地要迅速通过，在围地要出奇制胜，在死地要迅疾战斗。

古时善于用兵的人，能使敌人前后不得策应，众寡不得依靠，官兵不能救援，上下不能联络，士卒散乱而难以集中，集中起来又不整齐。有利于作战才行动，不利于作战就停止。

试问："敌方人数众多、阵容严整，前来与我军决战，该怎样对付它呢？"回答是："先夺取敌方的要害，敌人就不得不受我方的支配。"用兵作战的原则，就是行动要迅速，乘敌人措手不及的时机，走敌人意料不到的道路，进攻敌人没有戒备的地方。

进攻作战的规律是，深入敌国境内，我方将士会专心致志，敌人就难以制胜；在富饶的田野掠取粮秣，全军就有足够的给养；注意部队的休整，不让士卒过于疲劳，提高士气，积蓄力量；部署兵力，巧设计谋，使敌人无法预测。

把军队投入无路可走的境地，士卒就会宁死不退；士卒连死都不怕，哪有不尽力的呢？都会奋力杀敌。士卒陷入危险的境地，就会无所畏惧；既然无路可走，军心就会稳固；深入敌国境内，士卒就不会涣散；在迫不得已时，士卒就会拼死作战。因此，这样的军队不须整饬，就会加强戒备；不须强求，就会完成任务；不须约束，就会主动亲近；不须命令，就会遵守纪律。禁止迷信，消除疑虑，士卒就会至死不退。

我方士卒没有多余财物，不是因为他们不爱财物；我方士卒敢于舍弃性命，不是因为他们不想长寿。当作战命令发布时，士卒们坐着的泪湿衣襟，躺着的泪流满面。一旦把他们投入无路可走的境地，他们就会像专诸、曹刿那样勇敢。

善于用兵的将帅，能使部队像率然一样。率然是常山的一种蛇。打它的头部，尾巴就来救应；打它的尾巴，头就来救应；打它的腰部，头和尾巴都来救应。试问：″军队能像率然那样吗？″回答是肯定的。吴国人和越国人相互憎恶，但当他们同船共渡，遇上大风，也会像一个人的左右手那样相互救援。因此，想用捆住马腿、埋掉车轮的办法维护军心不动摇，是靠不住的。能使士卒勇往直前，像一个人那样团结，这表明军队管理得法。使战斗力强的、弱的部队都能发挥作用，这表明将帅能利用地形。所以，善于用兵的将帅，能使全军携手并进，像指挥一个人那样，这是出自不得已的缘故。

统率军队的要领，在于冷静而深思，公正而严整。能蒙蔽士卒的耳目，使他们不了解将帅的意图；不断调整军事部署，改变作战计划，使他们不明白其中的缘由；经常迁移驻地，故意迂回行进，使他们揣测不到将帅的思路。将帅下达作战任务，要像登上高处而抽掉梯子那样，使军队只能进不能退；将帅与士卒深入诸侯的领地，要像扣动弩机射箭一样，一往无前；烧掉船只，砸破饭锅，要像驱赶羊群一样，赶过去，赶过来，没有人知道要去哪里。集合全军的士卒，将他们置于危险的境地，迫使他们奋勇杀敌，这就是将帅的职责。

在九种战地的不同战法，攻守进退的利弊得失，士卒不同的心理状态，都不能不认真地考察。

进攻作战的规律：进入敌国境内越深，士卒就越专心致志；进入敌国境内越浅，士卒就越容易逃散。离开本国，在敌国境内作战的地方，叫作绝地；四通八达的地方，叫作衢地；进入敌国境内较深的地方，叫作重地；进入敌国境内较浅的地方，叫作轻地；背后险固、面前狭隘的地方，叫作围地；没有出路的地方，叫作死地。因此，在散地要统一士卒的意志，在轻地要使部队前后相互策应，在争地要使后续部队迅速跟进，在交地要谨慎防守，在衢地要巩固与四邻诸侯的联盟，在重地要及时补充粮秣，在圮地要迅速行进，在围地要堵塞缺口，在死地要向士卒表明拼死奋战的决心。士卒的心理状态是，被敌人包围，就会顽强抵抗；形势危急，迫不得已，就会拼死战斗；陷入危险的境地，就会听从指挥。

不了解诸侯国的意向，就不能与其结交；不熟悉山林、险阻、沼泽等地形，就不能行军；不使用向导，就不能得到地利。

对于九种战地的利弊，哪怕有一种不够了解，就不能成为霸王之兵。霸王之兵进攻一个大国，能使该国的民众来不及集中；兵威加在敌人头上，能使其盟国不敢与它联合。所以，不必争着与天下诸侯结交，也不培植哪一国的势力，只要发挥自己的意愿，把兵威加在敌人头上，就能攻取敌人的城邑，毁灭敌人的国家。

施行不合法令的奖赏，颁布打破常规的命令，指挥全军的行动，就像使唤一个人那样。向士卒下达战斗任务，不必说明作战的意图；只告诉士卒有利的情况，不必告诉他们有害的情况。把军队投入危险的境地，然后可以保存下来；使军队陷入死亡的境地，然后可以求得生存。这是因为军队面临祸害，才能争取作战胜利。

指挥作战的关键，在于慎重地审察敌人的意图，集中兵力朝着一个方向进攻，虽然长驱千里，也能够斩杀敌将，这可以说是巧妙能成大事。

所以，当决定战争行动时，就要封锁关口，废除通行证件，不许敌国使者往来；要在朝廷上召集群臣，共同商议作战计划。一旦发现敌人露出破绽，就要迅速地乘机而入。抢先夺取敌人最紧要的地方，而不要与敌人约期交战。既要严格实施作战计划，又要随着敌情的变化而改变行动。所以，当开始军事行动时，要像待嫁的女子那样沉静，诱使敌人暴露弱点；然后像奔逃的兔子那样，迅速地发起进攻，敌人就会来不及抵抗。

十二、火攻篇

孙子曰：凡火攻有五：一曰火人①，二曰火积②，三曰火辎③，四曰火库④，五曰火队⑤。

行火必有因⑥，烟火必素具⑦。发火有时，起火有日。时者，天之燥也；日者，月在箕、壁、翼、轸也⑧。凡此四宿者，风起之日也。

凡火攻，必因五火之变而应之⑨。火发于内，则早应之于外。火发兵静者，待而勿攻。极其火力⑩，可从而从之⑪，不可从而止。火可发于外，无待于内，以时发之。火发上风，无攻下风。昼风久，夜风止。凡军必知有五火之变，以数守之⑫。

故以火佐攻者明⑬，以水佐攻者强⑭。水可以绝⑮，不可以夺⑯。

夫战胜攻取，而不修其功者⑰，凶⑱，命曰费留⑲。故曰明主虑之，良将修之。非利不动，非得不用⑳，非危不战。主不可以怒而兴师，将不可愠而致战㉑。合于利而动，不合于利而止。怒可以复喜，愠可以复悦，亡国不可以复存，死者不可以复生。故明君慎之，良将警之㉒，此安国全军之道也。

①火：焚烧。 ②积：积蓄的粮草。 ③辎：辎重。 ④库：保存车马、兵器的仓库。 ⑤队：同"隧"，通道。 ⑥因：凭借、依据，此指火攻的条件。 ⑦烟火：发火器材；汉简本作"因"。 ⑧箕、壁、翼、轸：二十八宿中的四个星座，传统认为月亮经过这些星座的时候，就是起风的日期。 ⑨五火：即上述五种火攻方式。应：指动用兵力策应。 ⑩本句谓等到火势最猛。火力，汉简本作"火央"。 ⑪从：跟从、随从，此指趁势进攻。 ⑫本句谓等候火攻的条件。数，指火攻的条件。 ⑬明：分明、明显，此指效果显著。 ⑭强：

指威力强大。　⑮绝：隔绝、断绝。　⑯夺：指夺取军用物资。　⑰不修其功：不能维护胜利成果。修，汉简本作"隋"。　⑱凶：不幸、凶险。　⑲费留：白费财物，谓军费像流水般逝去；一说指吝惜财物，不及时论功行赏。　⑳得：指赢得战争、取得胜利。　㉑愠：怨愤、愤怒。　㉒警：警惕。

【语译】

孙子说：火攻有五种形式，一是火烧敌军的人马，二是火烧敌军的粮秣，三是火烧敌军的辎重，四是火烧敌军的仓库，五是火烧敌军的粮道。

实施火攻，必须具备一定的条件，火攻的器材要在平时准备好。放火要看准天时，起火要选好日子。有利于火攻的天时，是指气候干燥的时候；有利于火攻的日子，是指月亮运行经过箕、壁、翼、轸四个星宿的时候，因为月亮运行到这四个星宿时，就是起风的日子。

大凡实施火攻，必须根据五种火攻所引起的变化采取相应的办法对付敌人。如果在敌人营内放火，就要及早出兵从外面接应。火烧起来后敌人仍保持镇静，就要等一段时间，不能马上发起攻击，等到火势极旺的时候，可以进攻就进攻，不可以进攻就停止行动。若是从敌人营外放火，不必等待内应，有合适的时机就可以放火。火在上风头放起，不要从下风头进攻。白天遇风而用火攻，要随之出兵攻击，夜晚遇风而用火攻，要停止军队行动。所有军队都必须懂得这五种火攻形式的变化，并且根据气候条件来决定实施火攻。

用火辅助进攻，效果较为明显；用水辅助进攻，可以加强攻势。水可以把敌人分割开来，却不能夺取敌人的物资。

战胜敌人，夺取城邑，而不能维护其成果，那就很危险，可以说是白白地损耗国家的实力。所以，英明的国君，需要慎重考虑这件事；优秀的将帅，也要认真对待这件事。没有好处就不行动，不能取胜就不用兵，不到危急关头就不打仗。国君不可以因为一时愤怒而起兵，将帅不可以因为一时恼怒而出战。符合国家利益才行动，不符合国家利益就停止。恼怒可以转为喜悦，气愤可以转为高兴，国家灭亡不能复存，人死就无法再生。所以，对待战争问题，英明的国君要慎重，优秀的将帅要警惕，这是关系到安定国家、保全军队的一般道理。

十三、用间篇

孙子曰：凡兴师十万，出兵千里，百姓之费，公家之奉，日费千金；内外骚动，怠于道路①，不得操事者②，七十万家。相守数年③，以争一日之胜，而爱爵禄百金④，不知敌之情者，不仁之至也，非人之将也⑤，非主之佐也，非胜之主也⑥。故明君贤将，所以动而胜人⑦，成功出于众者，先知也⑧。先知者，不可取于鬼神⑨，不可象于事⑩，不可验于度⑪，必取于人，知敌之情者也。

故用间有五：有因间⑫，有内间⑬，有反间⑭，有死间⑮，有生间⑯。五间俱起，莫知其道⑰，是为神纪⑱，人君之宝也。

因间者，因其乡人而用之⑲。内间者，因其官人而用之⑳。反间者，因其敌间而用之。死间者，为诳事于外㉑，令吾间知之，而传于敌间也㉒。生间者，反报也㉓。

故三军之事㉔，莫亲于间，赏莫厚于间，事莫密于间㉕。非圣智不能用间，非仁义不能使间，非微妙不能得间之实㉖。微哉微哉㉗！无所不用间也。间事未发而先闻者，间与所告者皆死。

凡军之所欲击，城之所欲攻，人之所欲杀，必先知其守将、左右、谒者、门者、舍人之姓名㉘，令吾间必索知之㉙。必索敌人之间来间我者，因而利之㉚，导而舍之㉛，故反间可得而用也。因是而知之㉜，故乡间、内间可得而使也；因是而知之，故死间为诳事，可使告敌；因是而知之，故生间有使如期㉝。五间之事，主必知之，知之必在于反间，故反间不可不厚也。

昔殷之兴也㉞，伊挚在夏㉟；周之兴也㊱，吕牙在殷㊲。

故惟明君贤将，能以上智为间者㊳，必成大功。此兵之要，三军之所恃而动也。

①怠：疲惫、懈怠。　②操事：指从事农业生产。　③相守：指敌我双方相持。　④爱：吝啬、吝惜。爵禄：爵位和俸禄。百金：泛指各种金玉财宝。　⑤人：汉简本作"民"。　⑥主：主宰；一说指君主。　⑦动而胜人：出兵就能战胜敌人。　⑧先知：预先了解敌情。　⑨鬼神：指祈祷、占卜、祭祀等迷信方式。　⑩象：类比、比附。　⑪验：验算、验证。度：度数，即日月星辰的位置。　⑫因间：利用敌将的乡人做间谍；一作"乡间"，下同。　⑬内间：收买敌国官员做间谍。　⑭反间：收买敌方间谍为我方所用。　⑮死间：散布假情报使敌人把我方叛逃的间谍处死。　⑯生间：我方间谍到敌国了解情况。　⑰道：途径、方法。　⑱神纪：神秘莫测的方法。　⑲因：凭借、根据，此指利用。　⑳官人：官员、官吏。　㉑为诳事于外：向外散布假情报。诳，欺骗、迷惑。　㉒敌间：一作"敌"，无"间"字。　㉓反报：返回报告。反，同"返"，返回。　㉔事：汉简本作"亲"。　㉕密：秘密、机密。　㉖微妙：深奥玄妙，此指用心精细、手段巧妙。实：实际情况。　㉗微：即微妙。　㉘谒者：负责传达事务的官吏。门者：守门的人。舍人：门客、幕僚。　㉙索：搜索、寻求。　㉚利：利诱、收买。　㉛导：开导、引导。舍：放走、释放；一说指留住、安顿。　㉜本句谓利用反间掌握敌情。　㉝如期：指按期回报敌情。　㉞殷：即商朝，因迁都于殷（今河南安阳），又称殷朝。　㉟伊挚：即伊尹，原为夏桀之臣，熟悉夏朝内情，后助商汤灭夏，被任用为相。夏：即夏朝。　㊱周：即周朝。　㊲吕牙：即姜尚，原为商纣之臣，熟悉商朝内情，后助周武王灭商，被分封于齐。　㊳上智：才智超群的人。

【语译】

孙子说：凡是动用十万军队出征千里之外，百姓的花费、国家的开支，每天要耗掉千金；全国上下动荡不安，民众疲于运送军用物资，不能从事农业生产的有七十万家。敌我双方相持数年，目的是为了争取最后的胜利，如果舍不得用爵禄和重金来进行间谍活动，因而不能了解敌情，那就是极其不仁了。这样的人不配做军队的将帅，不配做国君的辅佐，更不可能成为胜利的主宰者。所以，英明的国君、贤能的将帅之所以出兵能战胜敌人，功业超过一般人，就在于预先了解敌情。要预先了解敌情，不可祈求于鬼神，不可类比于过去相近的事情，不可验证日月星辰运行的位置，只能获取于熟悉敌情的人。

使用间谍有五种方式，有因间、内间、反间、死间、生间。五类间谍一起使用，没有人能找到其中的规律，这称得上神秘莫测的方法，是国君制胜的法宝。

因间，是用敌国乡野之人做间谍。内间，是用敌国的官员做间谍。反间，是收买敌国的间谍为我方所用。死间，是故意散布假情报，让我方的间谍知道后传达给敌国的间谍。生间，是派出间谍去敌方侦察而后回来报告敌情。

在各种军事活动中，没有什么人比间谍更亲近，没有什么奖赏比给间谍的更优厚，没有什么事情比使用间谍更隐秘。不是才智绝伦的人，不能使用间谍；不是仁慈正义的人，不能使用间谍；不是心思精细的人，不能从间谍活动中得到真实的情报。微妙啊，微妙！真是无处不可以使用间谍。如果间谍计划尚未付诸实施，就被泄露出去，这位间谍和他所报告的人都要被处死。

凡是我方要进攻的敌军，要攻打的城邑，要杀掉的人物，必须先打听到负责防守的将领及其身边的亲信、负责传达的官吏、守门的官吏和门客的姓名，命令我方间谍全部查清楚。必须查出敌人派来的间谍，优礼款待，引诱开导，然后放他们回去，这样就可以进行反间活动。根据反间提供的情报，乡间、内间就可以为我方利用；根据反间提供的情报，死间散布的假情报就可以传给敌人；根据反间提供的情报，生间就可以按期返回。五类间谍的运用情况，国君都要知晓，其中关键在于反间活动，所以，对反间要给予优厚的待遇。

从前，殷朝的兴起，是因为伊挚曾经在夏朝活动；周朝的兴起，是因为吕牙曾经在殷朝活动。所以，英明的国君和贤能的将帅，能用才智超群的人做间谍，就会建立伟大的功业。这是用兵作战的关键，全军都要靠情报采取行动。

（赵国华注译）

司马迁与孙子学

孙子学作为专门研究《孙子兵法》的学问，迄今经过了两千多年的发展历程。汉代是中国孙子学的发轫时期，《孙子列传》的编撰与《孙子兵法》的整理，奠定了中国孙子学的基础。然从宋代以降，有关《孙子兵法》的成书和作者，遭到一些学者的严厉质疑，成为一桩学术谜案。为了解开这一谜底，我们需要正本清源，针对《史记》的相关记载进行深入细致的考辨。

一

司马迁为孙武立传，面临着很大的困难。因为春秋后期以来，有关孙武生平和著作的资料，实在少得可怜。《左传》作为春秋编年史，叙述吴国历史较为翔实，但未提到孙武的名字，这就引起后世学者对孙武的质疑。有些学者甚至断言：历史上没有孙武其人。这种论断的出现，既否认了孙武的存在，也就否认了《孙子列传》。

有关孙武生平的记述，先秦历史文献只有寥寥几段文字，都出现在战国时期。如战国中期，荀况游历赵都邯郸，曾经与临武君讨论兵法，认为"用兵攻战之术，在乎壹民"，而临武君强调说："善用兵者感忽悠暗，莫知其所从出，孙吴用之，无敌于天下，岂必待附民哉？"① 这所谓"孙吴"，被解释为孙武、吴起的合称。战国后期，尉缭撰著兵法，认为"有提十万之众而天下莫当者，谁曰桓公也。有提七万之众而天下莫当者，谁曰吴起也。有提三万之众而天下莫当者，谁曰武子也"②。这所谓"武子"，被解释为孙武。战国末期，韩非谈论诸子，则说"境内皆言兵，藏孙吴之书者家有之"③。这所谓"孙吴之书"，被解释为《孙子兵法》、《吴子兵法》的合称。依此可知，战国学者关注着孙武及其著作，虽然对孙武生平缺少记载，却能证明孙武的存在。

实际上，有关孙武生平的记述，在战国时期已经出现，一直流传到西汉前期。20世纪70年代以来，在山东临沂银雀山、青海大通上孙家寨等处汉墓相继发掘出《孙子兵法》及其佚文简牍，弥补了相关资料的缺陷。最值得注意的是，银雀山汉简抄录于《史记》成书之前，内容包括《孙子兵法》和《孙膑兵法》。其中既有"吴王问孙子"，又有"齐威王问孙子"。前一个"孙子"指孙武，后一个"孙子"指孙膑。这像铁一般的证据，表明孙武和孙膑不是一个人，《孙子兵法》和《孙膑兵法》不是一部书，有关孙武及其著作的质疑，到此可以结束了。

在银雀山汉简中，记述孙武生平的有《见吴王》、《吴王问》两篇。《见吴王》叙述了孙武与吴王阖闾会晤及吴宫教战的情景：阖闾先至"孙子之馆"，孙武谈到"兵，利也，非好也；兵，□也，非戏也"，继而受命召集妇人，委任司马和舆司空，分作"二阵"操练，最后指出"威行于众，严行于吏，三军信其将威者，乘其敌"。④ 这些与《孙子列传》相对照，内容基本相同。特别是该篇末记下通篇字数为"千□十五"，超过《孙子列传》两倍，显然更为翔实。《吴王问》记录了孙武对晋国发展趋势的预测。孙武分析土地制度、税收制度、公家与私家的经济状况、诸大夫与臣下的关系等因素，认为晋国的政治斗争必然导致诸大夫的灭亡，先是范、中行两家，次是智氏，再是韩、魏两家，最终政权归于赵氏。⑤ 这一预测虽不完全准确，却表明孙武的政治见解并非单

---

① 《荀子·议兵》。
② 《尉缭子·制谈》。
③ 《韩非子·五蠹》。
④ 详见《银雀山汉墓竹简·孙子兵法》下编《见吴王》。
⑤ 详见《银雀山汉墓竹简·孙子兵法》下编《吴王问》。

纯的军事观点，而有较为开阔的视野。

司马迁编修《史记》，就所用方法而言，在于"网罗天下放失旧闻，略考其事，综其始终，稽其成败兴坏之纪"①，注重历史的真实性，而不是搞文学创作；就学术条件而言，汉朝廷重视文化积累，"百年之间，天下遗文古事靡不毕集太史公"②，有利于撰著历史。因此，我们有理由相信，像银雀山汉简之类的历史文献，应该是司马迁为孙武立传的基本资料。

在中国孙子学史上，最早为孙武立传的人是司马迁。《孙子列传》与其他传记一样，并非凭空杜撰故事，而是严肃编纂历史。司马迁对先秦历史能慎重着笔，对孙武生平也不会随意虚构。因此，我们对孙武生平的认识，也就有赖于《孙子列传》。

二

司马迁编修《史记》，为什么给孙武立传？这有多方面的原因，探究战争的历史作用，重视将帅的个人品格，则是两条主要原因。

战争是一种暴力活动，关系到国家的兴亡和民众的生死，要求统治者特别关注。司马迁从历史的角度，认识到战争的重要性，所以专门撰写《律书》。《律书》的一半是《兵书》，论述战争和战争指导问题，带有鲜明的现实关照。司马迁为此解释说：

> 非兵不强，非德不昌，黄帝、汤、武以兴，桀、纣、二世以崩，可不慎欤？司马法所从来尚矣，太公、孙、吴、王子能绍而明之，切近世，极人变，作《律书》第三。③

这就是说，如果不重视战争，国家就不会强大；如果不实行德政，国家就不会昌盛。君主治理国家，必须德刑并用。黄帝、商汤、周武王的兴盛，夏桀、商纣、秦二世的灭亡，就是最好的例证。在司马迁看来，太公、孙武、吴起、王子成甫对《司马法》都能有所发明，切合近

---

① 《汉书·司马迁传》。
② 《史记·太史公自序》。
③ 《史记·太史公自序》。

世情势,极尽人事变化,堪称兵家的代表人物。

在中国传统时代,将帅作为战争指导的群体,是战争胜败的关键因素。司马迁关注这个群体,给一批著名将帅立传,确实有其独特的旨趣。针对《孙子吴起列传》的编撰,司马迁明确地指出:

> 非信廉仁勇,不能传兵论剑,与道同符,内可以治身,外可以应变,君子比德焉,作《孙子吴起列传》第五。①

据此可知,司马迁为孙武、吴起立传,是为了表彰"信廉仁勇"的品质。"信"即诚信,"廉"即廉洁,"仁"即仁爱,"勇"即勇敢。在司马迁看来,一个人缺乏诚信、廉洁、仁爱、勇敢的品质,就不能跟他传授兵法、论说剑术,因为兵法、剑术合乎"道",对内可以修身,对外可以应变,所以为君子所重视。

当然,就为孙武、吴起和孙膑立传而言,司马迁还想借助他们的军事活动说明个人的思想与行动的关系。针对吴起、孙膑的具体表现,司马迁不无痛惜地说:

> 语曰:"能行之者未必能言,能言之者未必能行。"孙子筹策庞涓明矣,然不能蚤救患于被刑。吴起说武侯以形势不如德,然行之于楚,以刻暴少恩亡其躯。悲夫!②

面对吴起和孙膑,司马迁一声长叹,就因为应了那句俗语。孙膑擅于筹划军事行动,却不能预料凶险,被人施加了酷刑;吴起明知德政更为重要,却一味推行暴政,结果葬送了生命。从这两位兵家来看,要做到思想与行动的统一,原来如此困难。司马迁一声长叹,既是为吴起和孙膑而发,也是为他自己而发啊!

三

依据有限的历史资料,司马迁为孙武立传,究竟写了哪些内容呢?《孙子列传》共有406字,大体分为三个段落,主要记述孙武吴宫教战

---

① 《史记·太史公自序》。
② 《史记·孙子吴起列传》。

的事迹。我们结合《吴太伯世家》、《伍子胥列传》和《吴越春秋》的相关记载,可以做较细致的解释。

第一段内容是:

> 孙子武者,齐人也。以兵法见于吴王阖庐。阖庐曰:"子之十三篇,吾尽观之矣,可以小试勒兵乎?"对曰:"可。"阖庐曰:"可试以妇人乎?"曰:"可。"于是许之。出宫中美女,得百八十人。

这是"吴宫教战"的前奏。孙武本是齐国人,因为齐国发生内乱,往南来到吴国,先与伍子胥结交。经过伍子胥的举荐,孙武拿出新著《孙子兵法》,献给吴王阖闾,得以与阖闾会晤。阖闾三年(公元前512年),在与孙武会晤时,阖闾想进一步了解孙武,就提出"小试勒兵"的期望,得到孙武的积极回应。

第二段内容是:

> 孙子分为二队,以王之宠姬二人各为队长,皆令持戟。令之曰:"汝知而心与左右手背乎?"妇人曰:"知之。"孙子曰:"前,则视心;左,视左手;右,视右手;后,即视背。"妇人曰:"诺。"约束既布,乃设铁钺,即三令五申之。于是鼓之右,妇人大笑。孙子曰:"约束不明,申令不熟,将之罪也。"复三令五申而鼓之左,妇人复大笑。孙子曰:"约束不明,申令不熟,将之罪也;既已明而不如法者,吏士之罪也。"乃欲斩左右队长。吴王从台上观,见且斩爱姬,大骇。趣使使下令曰:"寡人已知将军能用兵矣。寡人非此二姬,食不甘味,愿勿斩也。"孙子曰:"臣既已受命为将,将在军,君命有所不受。"遂斩队长二人以徇。用其次为队长,于是复鼓之。妇人左右前后跪起,皆中规矩墨绳,无敢出声。于是孙子使使报王曰:"兵既整齐,王可试下观之,唯王所欲用之,虽赴水火犹可也。"吴王曰:"将军罢休就舍,寡人不愿下观。"孙子曰:"王徒好其言,不能用其实。"于是,阖庐知孙子能用兵,卒以为将。

这一事迹称为"吴宫教战"。司马迁详细的描述,说明将帅从严治军,才能确立个人权威,做到令行禁止,使军队步调一致,保持较强战斗力。"理国无难似理兵,兵家法令贵遵行,行刑不避君王宠,一笑随刀八阵成。"[①] 孙武在阖庐的面前,因为军令不能执行,就将两位王姬斩

---

① 参见周昙:《全唐诗》卷七二八《咏史·孙武》,中华书局1999年版。

首,可以说为人刚毅、处事果断,具备将帅的基本素质。无怪乎阖闾目睹这一场面,虽然对孙武有所不满,但在情感和理智之间,还是做出理智的判断,任命孙武为将军。

第三段内容是:

> 西破强楚,入郢,北威齐晋,显名诸侯,孙子与有力焉。

这是说孙武出任将军,与伍子胥一起辅佐阖闾和夫差,扩张吴国的势力。所谓"西破强楚,入郢",是指阖闾九年(公元前506年),吴国决定攻打楚国,孙武和伍子胥认为:要想一举攻破楚国,必须争得唐、蔡两国的支持,采取迂回作战的方略。阖闾采纳这一建议,亲自统率吴军3万人,乘船沿淮水西进,经过唐、蔡两国,至淮汭(在今河南潢川)弃船登岸,从大别山麓插入楚国,大破楚军于柏举(在今湖北麻城),继而深入汉水流域,乘胜追击楚军,五战五捷,攻占楚都郢城(今湖北荆州)。所谓"北威齐晋,显名诸侯",应指夫差十二年(公元前484年),吴国出兵北伐,大败齐军于艾陵(在今山东莱芜),并与晋国争夺霸权。这一系列军事行动促成吴国鼎盛,具有重大的历史意义。所以,在《伍子胥列传》里,司马迁再一次指出:"当是时,吴以伍子胥、孙武之谋,西破强楚,北威齐晋,南服越人。"这一带有倾向性的论断,分明是对孙武为将的肯定。

司马迁为孙武立传,没有记述他的结局。大概夫差执政后期,伍子胥因为不同的政治见解遭受伯嚭的谗害,而被夫差遗弃,自刭身亡。孙武作为伍子胥的同僚,很可能受到牵连和排斥,从此退出历史舞台。有一种合理的推测,认为孙武以具体的战争实践证实所著的十三篇兵法后,再度归隐于山林,专心研究军事理论,直到他生命的尽头,死后被埋葬在吴都城外。①

在中国孙子学史上,司马迁为孙武立传,有着特殊的学术价值。尽管《孙武列传》较为简略,尚未说明孙武生平的全貌,但假若没有这篇传记,则更难了解孙武其人。所以,就历史人物研究而言,司马迁堪称研究孙子学的第一人。

---

① 《越绝书·吴地传》:"巫门外大冢,吴王客、齐孙武冢也,去县十里。"巫门,又称"平门",为吴都城北门。据此可知,孙子去世之后,被葬于吴都城北门外。

四

司马迁为孙武立传,囿于所见史料有限,故而写得很简略。按理说《孙子兵法》闻名天下,还可以多写一点。但司马迁没这样做。这是什么缘故呢?司马迁对此解释说:

> 世俗所称师旅,皆道《孙子》十三篇,吴起《兵法》,世多有,故弗论,论其行事所施设者。①

这段话说得很明白,在司马迁生活的年代,《孙子兵法》流传甚广,人们可以找来阅读,没必要再作论述。所以。司马迁为孙武立传,只记述其独特行事。与此相仿的说法,还见于《司马穰苴列传》:"世既多《司马兵法》,以故不论,著穰苴之列传焉。"诸如此类表明:注重历史人物的事迹,是《史记》列传的一大特点。

依据司马迁的记述,我们可以做出论断:《孙子兵法》的成书时间,不会晚于阖闾三年(公元前 512 年),即在进见阖闾之前,孙武已经写成《孙子兵法》。因为有阖闾之言做证,我们甚至可以推断,《孙子兵法》最早的文本,就是传世的十三篇本。从考古资料来看,在司马迁生活的年代,东起东海郡(今山东临沂),西到金城郡(今青海大通),都有人研读《孙子兵法》。这起码可以证明:所谓"世俗所称师旅,皆道《孙子》十三篇",完全合乎实际情形。

但从北宋以降,随着"疑古"风气的盛行,《孙子兵法》遭到一些学者的质疑。梅尧臣首倡"战国相倾之说"②,称《孙子兵法》是战国作品;陈振孙认为"孙武事吴阖闾,而不见于《左氏传》,未知其果何时人也"③;叶适称"凡穰苴、孙武者,皆辩士妄相标指,非事实"④。这种说法一直延续到清代。姚鼐认为"吴容有孙武者,而十三篇非所著,战国言兵者为之,托于武焉尔"⑤,仍在否认《孙子兵法》为孙武所著。

---

① 《史记·孙子吴起列传》。
② 见《欧阳修全集》卷四二《孙子后序》。
③ 陈振孙:《直斋书录解题》卷一二《兵书类》。
④ 叶适:《习学记言》卷四六。
⑤ 姚鼐:《惜抱轩全集·文集》卷五《读〈孙子〉》。

针对质疑和否认的观点,清代四库馆臣评论说:

>《史记》称十三篇,在《汉志》之前,不得以后来附益者为本书。……武书为百代谈兵之祖,叶适以其人不见于《左传》,疑其书乃春秋末、战国初山林处士之所为。然《史记》载阖闾谓武曰:"子之十三篇,吾尽观之矣。"则确为武所自著,非后人嫁名于武也。①

这一评论以《史记》为依据,重新确认十三篇为孙武所著,并非后人假托孙武之名而作。此后,孙星衍论析《孙子兵法》,认为"是孙子手定",称"兵家言,惟《孙子》十三篇最古。其书通三才五行,本之仁义,佐以权谋,其说甚正。古之名将用之则胜,违之则败,称为兵经,比于六艺,良不愧也"②。但令人遗憾的是,这一论断未能得到普遍的认同,甚至在清末民初,否认孙武著十三篇的观点,仍旧十分流行。如梁启超认为"若指为孙武作,则可决其伪;若指为孙膑作,亦可谓之真"③;钱穆称"《孙子》十三篇洵非春秋时书,其人则自齐孙膑而误"④。这种"疑古"、"非古"的观点,对认识《孙子兵法》很有负面的影响。

银雀山汉简的发现,充分证明《史记》的记述:孙武和孙膑是两个人,《孙子兵法》和《孙膑兵法》是两部书,在西汉以前就有两部《孙子》,《孙子兵法》称《吴孙子》,《孙膑兵法》称《齐孙子》,广泛地流传于世。后世学者不能因为今本的个别字句不符合春秋时期的战争情形,或者《左传》中不见孙武的名字,或者拘泥于"春秋无私人著述"说,就否认孙武撰《孙子兵法》的事实。

至于《孙子兵法》的篇幅,司马迁称作十三篇,《汉书·艺文志》著录八十二篇。这两种记载差距很大,是什么原因造成的呢?唐代杜牧解释说:"(孙)武所著书,凡数十万言,曹魏武帝削其繁剩,笔其精切,凡十三篇成为一编。"⑤ 这是说十三篇本出自曹操的手笔,是以八十二篇为底本删削而成。这一解释看似有理,却不为后世学者所认同。清

---

① 《钦定四库全书总目》卷九九《子部九》。
② 孙星衍:《孙子兵法》序,四部备要本。
③ 梁启超:《中国历史研究法》,上海古籍出版社1987年版。
④ 钱穆:《先秦诸子系年》,商务印书馆2001年版。
⑤ 杜牧:《樊川文集》卷十《注孙子序》,四部丛刊本。

代章学诚分析说:

> 按《孙武传》:"阖闾谓孙武曰:'子之十三篇,吾尽观之矣。'"阮孝绪《七录》:"《孙子兵法》三卷,十三篇为上卷,又有中、下二卷。"然则杜牧谓魏武削其数十万言,为十三篇者,非也。盖十三篇为经语,故进之于阖闾,其余当是法度名数,有如形势、阴阳、技巧之类,不尽通于议论文辞,故编次于中、下,而为后世亡逸者也。十三篇之自为一书,在阖闾时已然,而《汉志》仅记八十二篇之总数,此其所以益滋后人之惑矣。①

章学诚认为《孙子兵法》八十二篇中间,仅有十三篇流传下来,并不是后人删削的结果。其中主要的原因,是《孙子兵法》十三篇属于经典理论,容易流传后世;其余六十九篇归于技术层面,难以长久保存。这种说法有一定的道理。

反过来看,杜牧与否认孙子著书之说的人一样,都存在一个致命的缺陷,即没有正视《史记》的价值。《史记》两次提到"《孙子》十三篇",自然有可靠的依据。根据《史记》的有关评论,甚至可以做出推断:司马迁读过这个文本。何况东汉高诱注解《吕氏春秋》:"已谓《孙子兵法》只五千言,可知今本非曹操所削,一语破的,不待繁言而解矣。"②《孙子兵法》的两个文本,八十二篇本成书于西汉时期,东汉末期开始散佚,但十三篇本一直流传下来。

总的来说,《孙子兵法》十三篇并非孙膑所作,也未经过曹操删定,而确如司马迁的记述,是孙武本人的著作。这部著作问世以后,作为单行本流传于世。《汉书·艺文志》著录八十二篇,是在十三篇以外加上孙武及其后学的著述,汇成一个总篇数而言,并非《孙子兵法》原有八十二篇。

五

司马迁编修《史记》,因为熟悉《孙子兵法》,还能借用孙子思想,

---

① 《校雠通义》内篇卷三《汉志兵书》。
② 余嘉锡:《四库提要辨证》卷十一《子部二》。

评价军事历史人物，分析军事历史事件，显示出较高的兵学功底。

秦昭王时期，白起历任国尉、大良造，率军攻打韩、魏、赵、楚诸国，庶几每战必克，无往不胜。特别是昭王四十七年（公元前260年），白起指挥长平之战，采取诱敌出击、分割包围等战法，歼灭赵军四十五万人，加快了秦统一的步伐。司马迁就此评论说：

> 白起料敌合变，出奇无穷，声震天下。①

这一评论含两层意思，分别援引自《孙子兵法》。孙武论述作战方法，非常重视"料敌"、"出奇"问题。《孙子兵法·地形篇》说："料敌制胜，计险阨远近，上将之道也。"《孙子兵法·势篇》说："善出奇者，无穷如天地，不竭如江河。"司马迁借用这两句话评价白起的军事才能，可以说是非常中肯。

齐湣王时期，齐国遭受燕、赵、魏、韩、秦诸国进攻，处于灭亡的边缘。在这危急关头，田单退据即墨（今山东莒县），采用反间计，诱使燕王临阵换将；实施缓兵计，麻痹燕军将士；利用火牛阵，发起猛烈反攻；继而乘胜追击，收复齐国所有失地。针对田单的谋略，司马迁援引《孙子兵法》，简要地评论说：

> 兵以正合，以奇胜，善之者出奇无穷。奇正还相生，如环之无端。夫始如处女，适人开户，后如脱兔，适不及距。其田单之谓邪！②

这一评论可分为两段：从"兵以正合"到"环之无端"为一段，摘自《孙子兵法·势篇》，说明奇正变化的特点；从"夫始如处女"到"适不及距"为一段，摘自《孙子兵法·九地篇》，说明动静转换的要领。司马迁援引这两段话，称赞田单的军事才能，把田单视为《孙子兵法》的践履者，应该说是颇具慧眼。

汉高祖三年（公元前204年），韩信、张耳领兵数万人，向东朝井陉进发，准备攻打赵国。赵王赵歇、陈馀统帅大军，前来迎战。战前，李左车建议据守井陉口，阻击韩信的进攻，另派奇兵绕到敌后，切断汉军的粮道。但陈馀分析说："吾闻兵法十则围之，倍则战。今韩信兵号

---

① 《史记·白起王翦列传》。
② 《史记·田单列传》。

数万，其实不过数千。能千里而袭我，亦已罢极。今如此避而不击，后有大者，何以加之！"于是引兵出战。这所谓"兵法"，出自《孙子兵法·谋攻篇》："用兵之法，十则围之，五则攻之，倍则分之。"与此处略有出入，或是文本不同。

在这种情况下，韩信一面背水布阵，抵御赵军的攻击，一面出动奇兵，乘虚攻入敌营，继而前后夹击，迅速击破赵军，斩杀陈馀。战后，面对眼前的胜利，所有部将都很诧异，韩信解释说："此在兵法，顾诸君不察耳。兵法不曰'陷之死地而后生，置之亡地而后存？'且信非得素拊循士大夫也，此所谓'驱市人而战之'，其势非置之死地，使人人自为战；今予之生地，皆走，宁尚可得而用之乎！"① 这所谓"兵法"，出自《孙子兵法·九地篇》："投之亡地然后存；陷之死地然后生。"无怪乎诸将听罢，全都佩服不已。

汉高祖十一年（公元前196年），黥布在淮南反叛，向北进攻楚国，楚王刘交仓皇出逃，只留部将应敌。有人进劝楚将说："布善用兵，民素畏之。且兵法，诸侯战其地为散地。今别为三，彼败吾一军，余皆走，安能相救！"② 这所谓"兵法"，出自《孙子兵法·九地篇》。该篇论述在各种区域的作战原则，包括散地、轻地、争地、交地、衢地、重地、圮地、围地、死地九种情形，其中谈及"散地"，既强调"散地则无战"，又申明"散地，吾将一其志"。在这次战役中，楚将违背《孙子兵法》，把楚军分为三部分，抵御叛军的进攻，结果被黥布击破，可以说在情理之中。

从这些重大战例来看，《史记》叙述作战的过程，关注作战双方的将帅对《孙子兵法》的具体运用，比较作战方法的优劣得失，反映出司马迁的军事素质。

六

在中国兵学史上，孙子学犹如一条红线，贯穿于它的全过程。特别

---

① 《史记·淮阴侯列传》。
② 《史记·黥布列传》。

是先秦时期，中国兵学自成体系，涌现出司马穰苴、孙武、吴起、孙膑、尉缭等一批兵学家，产生了《孙子兵法》、《吴子兵法》、《司马法》、《孙膑兵法》、《尉缭子》、《太公兵法》等一批兵学专著。正是凭借司马迁的记述，这段兵学史才得以重写。

司马迁为司马穰苴立传，位居列传第四，处于老聃与孙武之间，显示出特别推崇之意。在这篇传记里，司马迁借晏婴之口，赞许司马穰苴"文能附众，武能威敌"，重点叙述司马穰苴杀宠整军的事迹。这与孙武吴宫教战如出一辙，只不过场景不同罢了。司马穰苴既是孙武的同族，又是田氏家族的祖先，因而备受齐国君臣的尊崇。齐威王"用兵行威，大放穰苴之法，而诸侯朝齐。齐威王使大夫追论古者司马兵法，而附穰苴于其中，因号曰《司马穰苴兵法》"①。这段珍贵的记述，使人们对《司马法》的成书过程能有一个较清晰的认识。

在先秦政治舞台上，吴起作为一位政治家，可以与商鞅媲美；作为一位兵学家，通常与孙武合称。《孙子兵法》、《吴子兵法》相提并论，被尊奉为经典著作。司马迁基于这一习惯，把孙武和吴起写成一篇合传，详细叙述吴起在鲁求将、在魏拓边、在楚变法的事迹，强调《吴子兵法》广泛流传。孙武和吴起合传，犹如老聃和韩非合传彰显出"老韩"的学术渊源，也增强了对"孙吴"的文化认同。人们谈孙武会念及吴起，论《孙子》会想到《吴子》。"孙吴兵法"作为一个固定概念，直接影响着中国兵学的发展。

司马迁为孙膑立传，附在孙武之后，重点记述孙膑受刑、田忌赛马、围魏救赵、增兵减灶的事迹，篇末强调"世传其兵法"。司马迁作《报任安书》，又说"孙子膑脚，兵法修列"②。这是从"发愤之所为作"的角度对孙膑撰写兵法的表彰。孙膑受刑的过程，司马迁写得很清楚，因而说孙膑撰写兵法，分明是指《孙膑兵法》，而不是《孙子兵法》。西汉后期，任宏整理传世兵书，为使这两部著作有所区别，分别称之为《吴孙子》、《齐孙子》。至于孙武、孙膑是不是祖孙关系？司马迁只说"孙武既死，后百余岁有孙膑"，孙膑"亦孙武之后世子孙"，没有记下是什么辈分，我们不好任意臆断。《新唐书·宰相世系表》称孙膑为孙

---

① 《史记·司马穰苴列传》。
② 《汉书·司马迁传》。

武的嫡孙，不知有什么凭据。

尉缭是一位兵学家，著有《尉缭子》一书。司马迁没有给他立传，却关注着他的事迹。《史记·秦始皇本纪》记载，秦王嬴政十年（公元前237年），大梁人尉缭来到咸阳，进行游说活动，建议嬴政对待六国，"毋爱财物，赂其豪臣，以乱其谋，不过亡三十万金，则诸侯可尽"。嬴政听从这一谋略，留下尉缭为国尉，参与筹划统一战争。《尉缭子》成书于战国后期，由此得以佐证。银雀山汉简的发现，更是证实《尉缭子》的成书年代。这部兵学专著摆脱"伪作"之说，受到学界的重视。

在中国兵学史上，《太公兵法》是一部篇幅较大的著作，西汉后期经过刘歆的整理分类，作为《太公》的组成部分，被列入《兵书略》。《史记·留侯世家》记载，张良流亡下邳（今江苏邳县），得遇黄石公传授《太公兵法》，"常习诵读之"，以谋略辅佐刘邦，成为西汉开国元勋。这部著作后改称《三略》，与《六韬》均出自《太公》。因此，唐代李靖论兵法，认为"张良所学，太公《六韬》、《三略》是也；韩信所学，穰苴、孙武是也"[①]，应该有一定的道理。

总括上述，司马迁最早为孙武立传，叙述了孙武的生平事迹，记载了《孙子兵法》的成书和篇幅，借用孙子思想评价军事人物，比较分析一些重大战例，为中国孙子学奠定了基础，也为中国兵学研究做出了贡献。

（本文作者赵国华，原载《史记论丛》第八集，中国文史出版社2011年版）

---

① 《李卫公问对》卷上。

《史记》与《孙子兵法》

《史记》与《孙子兵法》的关系非常密切,《孙子吴起列传》是《史记》的重要一篇,太史公是为中国古代最伟大的军事家孙子立传的第一人。孙武的生平也是通过《史记》第一次被载入史册。

一、《史记》与《孙子兵法》的名称

《史记》的《孙子吴起列传》并没有明确提出《孙子兵法》。"孙膑以此名显天下,世传其兵法"二句,也没有说"兵法"之名就是《孙子兵法》。《史记·卫将军骠骑列传》:"天子尝欲教之《孙吴兵法》,对曰:顾方略何如耳,不至学古兵法。"(当含《孙子兵法》等)所以,《史记》并未明言《孙子兵法》,而只有《孙吴兵法》之称;而《孙吴兵法》应当是《孙子》、《吴起兵法》的合本。

《史记》的《孙子吴起列传》:"太史公曰:世俗所称师旅,皆道《孙子十三篇》、《吴起兵法》。"据此可知,《史记·孙子吴起列传》是以《孙子》十三篇作为《孙子兵法》的名称。

《汉书·东方朔传》东方朔自称学过兵法时,也说"学《孙吴兵法》战阵之具,钲鼓之教"。可见,东方朔学的《孙子兵法》也是《孙子》、《吴起兵法》的合订本。

《汉书·艺文志》明确记载的是《吴孙子兵法》八十二篇，可见，《孙子兵法》在汉代确实单独流传；但《汉志》前冠了"吴"字，是为了区别于《齐孙子》八十九篇。因此，在司马迁写《史记》之时，更多流传的应当是《孙吴兵法》。

《后汉书·礼仪志》、《舆服志》使用的也是《孙吴兵法》，可见，南朝刘宋时期《孙吴兵法》仍然相当流行。

《后汉书·冯异传》："好读书，通《左氏春秋》、《孙子兵法》。注：孙子名武，善用兵，吴王阖庐之将也，作兵法十三篇，见《史记》。"《孙子兵法》之名《汉志》有载，而《汉志》缘于刘歆《七略》，可见，《孙子兵法》与《孙吴兵法》在西汉都有流传，即既有单本又有合本。

二、《史记》中的战争描写与《孙子兵法》

《史记》中描写了许多著名的战争，这些战争对《孙子兵法》有继承也有补充。

（一）巨鹿之战——投之亡地然后存，陷之死地然后生

《项羽本纪》中的巨鹿之战是非常有名的一场战争。巨鹿之战中最有名的是如下一段："项羽悉引兵渡河，皆沉船，破釜甑，烧庐舍，持三日粮，以示士卒必死，无一还心。"这就是著名的"破釜沉舟"。

项羽的这种作战方法即是《孙子兵法·九地》中"投之亡地然后存，陷之死地然后生。夫众陷于害，然后能为胜败"的应用。不过，项羽将其运用得非常灵活而已。

《汉志》中有《项王》一篇，此书今已失传，可见，项羽是深通兵法之人。他不仅会打仗，而且有《兵法》传世。此书可能是后人追记，但是，它证明了项羽的兵学修养极高。项羽年轻时，一定要学"万人敌"的兵法，所以，他才有如此高的兵学修养。

（二）彭城之战——攻其无备，出其不意

《孙子兵法·始计》载："攻其无备，出其不意。"项羽深谙此道，最著名的战例就是彭城之战。这是一场在中国军事史上以少胜多的著名战例。

汉高祖二年（公元前205年）四月，刘邦利用项羽陷入山东战场平

定齐地叛乱的机会,率领五十六万大军占领了西楚国都城彭城。

刘邦此行,主要是为了消灭项羽集团,顺便接走家人。刘邦起兵反秦时并没有携带家属,他这次打到彭城,离他的老家沛县只有二百里地,所以,他想这次趁机接走他的父亲、妻子、儿子、女儿。

项羽得知刘邦攻占彭城的消息之后,带了三万精锐骑兵,绕过刘邦重点设防的彭城东面和北面,插到彭城之西的萧县,也就是今天安徽省的萧县。萧县在彭城的西面,距当时的彭城只有六十里地。项羽到达萧县之后,对攻占彭城的刘邦发动突然袭击。

刘邦进入彭城之后,忙于搜刮项羽的财宝、美女,每天饮酒宴会,根本顾不上接他的家人。项羽从彭城之西突然袭击彭城的汉军,战斗从早晨打响,到中午,楚军已经打败了汉军。

项羽这次彭城之战只投入了三万军队,刘邦却有五十六万军队,为什么项羽能以如此少的军队大败刘邦呢?

刘邦进了彭城,自以为已经稳操胜券,每天喝酒庆功,把当年项羽从长安掠走的秦朝的财宝、美女全都收归己有。这恰好应验了范增当年对刘邦的两句评价:贪于财货,好美姬。他对项羽的反攻也有准备,但是,项羽却没有在刘邦重兵布防的彭城的北面、东面采取军事行动,而是从彭城西面的萧县进行奇兵突袭,打了刘邦一个措手不及,刘邦借助一场突然而来的沙尘暴侥幸逃生。

> 围汉王三匝。于是,大风从西北而起,折木发屋,扬沙石,窈冥昼晦。逢迎楚军,楚军大乱,坏散,而汉王乃得与数十骑遁去。欲过沛收家室而西,楚亦使人追之沛,取汉王家。家皆亡,不与汉王相见。

刘邦在前面逃,楚军在后面紧追不舍。刘邦在逃命中意外地遇见他的儿子、女儿,他的儿子是后来的汉惠帝,他的女儿是鲁元公主。为刘邦赶车的夏侯婴匆忙中将刘邦的儿子、女儿抱上了车,但是,楚兵追得太急。刘邦担心因为车上多了儿子、女儿跑得慢,便一脚把儿子、女儿踹下车来。夏侯婴一见,赶快停车抱孩子,刘邦还很不愿意。跑不远,刘邦又一脚把儿子、女儿踹下车来,夏侯婴又忙着停车抱孩子。一连几次这样,刘邦急得要拔剑杀夏侯婴。夏侯婴说:情况再紧急也不能不顾孩子。刘邦这才同意让儿子、女儿跟他一块儿逃,最终摆脱了危险。可见,刘邦败得多么惨痛。

项羽在彭城之战中大败刘邦,原因颇多。其中,非常重要的一个原因是"攻其不备,出其不意"。

刘邦不是没有防备项羽,只是他防范的重点是彭城之东与彭城之北,因为这是项羽从齐地进攻彭城最有可能性的方向,但是,项羽偏偏选择了彭城之西。这是刘邦最不设防的地方,所以,打了刘邦一个措手不及。

(三)韩信与龙且的对决——故能而示之不能,用而示之不用,近而示之远,远而示之近

楚汉战争中的另一位军事天才是韩信,韩信成功的战例非常多,这里只举一个例子。

韩信在灭掉魏、代、赵、燕诸国之后,兵临齐国,他在游士蒯通的劝告下,不顾刘邦已派郦食其劝降齐王的现实,突然袭击,打进齐国。齐王杀郦食其,向项羽求救。齐地是西楚国国都彭城的北方大门,项羽在韩信横扫北方诸侯各国时几乎毫无作为,此时却派大将龙且率兵救齐。

龙且是项羽集团的重要军事将领,《史记·陈丞相世家》记述了陈平劝刘邦施行反间计以击败项羽时曾经说过的一段非常重要的话:"彼项王骨鲠之臣亚夫、钟离昧、龙且、周殷之属,不过数人耳。"

陈平曾经在项羽手下做过官,后来畏罪投靠刘邦,因此,陈平非常熟悉项羽最重要的武将谋臣。在陈平开列的项羽手下的骨鲠之臣中就有龙且,由此可见龙且在项羽集团中举足轻重的地位。

龙且是项羽起兵反秦时就追随其南征北战的猛将,而且每到关键时刻项羽都会起用龙且。刘邦、项羽的第一次正面交手是彭城大战。此时是汉高祖二年。

彭城之战失败而归的刘邦,并未就此罢手,而是思前想后,图谋灭项大计。刘邦此时提出了一个有战略性的策略——联手灭项。他问张良:我愿意捐出函谷关以东的土地,与人共分天下,谁是可以承担此重任的人?张良回答:只有三个人,一个是你手下的韩信,一个是三不管的彭越,一个是项羽手下的勇将黥布。

刘邦立即派人策反了黥布。黥布是项羽手下的悍将,为项羽多次立过大功。黥布叛变使项羽非常恼火,项羽派出去平定黥布叛乱的大将就是龙且。

黥布是著名悍将，汉高祖十一年（公元前196年），刘邦抱病平黥布叛乱，其时项羽已死去六年，但是，刘邦看见黥布的军阵如同项羽的军阵还非常胆怯。此仗虽然刘邦取得最后胜利，可是黥布的军威仍然为刘邦所重。刘邦尽管病得非常重，却不得不抱病出征，派谁去平黥布之乱他都不放心。为什么呢？黥布太有才了！可是，当年黥布背叛项羽之时，项羽派去平定黥布之乱的却是龙且。龙且在项羽心中的地位由此可见一斑。

龙且去平定黥布之乱的结果如何呢？《史记·黥布列传》有一段非常翔实的记载：

> 布曰：如使者教，因起兵而击之耳。于是杀使者，因起兵而攻楚。楚使项声、龙且攻淮南，项王留而攻下邑。数月，龙且击淮南，破布军。布欲引兵走汉，恐楚王杀之，故间行与何俱归汉。

龙且仅仅用了几个月的时间就平定了黥布之乱！黥布是悍将，连刘邦都怕他三分，可是龙且竟然打败了黥布。这说明什么？说明龙且深得项羽信任，比黥布更高明、更凶悍。龙且的军事才能由此可见。

在长达四年之久的楚汉战争之中，龙且在《史记》中出现得并不多，其中，最为翔实的只有一次：韩信攻占齐地之后，项羽派龙且率兵救齐。

刘邦最后在军事上打败项羽的最大优势就是他手下的韩信攻占了黄河以北的全部地盘，灭掉了魏国、代国、赵国、燕国、齐国。特别是韩信破齐，对项羽的震撼最大！

项羽一向非常重视齐地（今山东一带），当年齐地田氏与关中刘邦几乎同时造反，但是，项羽弃刘邦而攻田氏即是一例明证。因为齐地接靠彭城，齐地对西楚国的威胁比起关中的刘邦要大得多。所以，韩信拿下魏、代、赵、燕诸国，项羽都未及时应对。韩信拿下了齐地，立即引起项羽的高度重视。

项羽的第一个反应就是派龙且率兵救齐。龙且临危受命，说明了他在项羽心中的地位如此之高。

龙且到达齐地之后，与齐王田广合军一处。龙且带了多少人马？史书记载是"号称二十万"。据笔者估计，龙且所带军队应当是十万，而且是项羽从荥阳战场上抽调的十万精兵。项羽与刘邦在荥阳对峙的二十八个月里，始终占上风，其中一个重要原因是项羽的兵力从未少于刘邦。但是，汉四年刘邦最后追杀向今安徽撤退的项羽军队时，有二十万军队，项羽只有十万军队。项羽的军队为什么越打越少，其中一个重要原因应当是龙且带走了项羽的十万精兵。这可是项羽的看家本钱啊！连这种本钱项羽都舍得投资，可见，项羽对收复齐地何等重视。

龙且是西楚国的悍将，十分善战。龙且到了齐地，有人向他建议：韩信的军队是远道而来的胜利之师，军锋正盛。我们是本土作战，应当深壁坚守，然后让齐王田广到各地宣传齐王尚在，这样，各地被韩信征服的齐城就会倒戈反汉。韩信远道而来，如果齐地都倒戈反汉，韩信的军粮就很难解决。到了汉兵断粮之日，岂不是不战而降吗？

> 战未合，人或说龙且曰："汉兵远斗穷战，其锋不可当。齐、楚自居其地战，兵易败散；不如深壁，令齐王使其信臣，招所亡城。亡城闻其王在，楚来救，必反汉。汉兵二千里客居，齐城皆反之，其势无所得食，可无战而降也。"

应当说，这是一个非常有远见的计谋，但是，龙且听不进去。龙且是项羽手下第一悍将，他击败过悍将黥布，从未打过败仗，更没有多用计谋打败过敌人。龙且从来都是在进攻战、遭遇战中打败对手的。因此，龙且认为：如果这样战胜韩信，岂不太丢面子了。更要命的是，龙且认为韩信非常容易打败。这一仗如果打胜，整个齐地可得其半，于是，龙且决定迎战韩信。

> 龙且曰："'吾平生知韩信为人易与耳！且夫救齐不战而降之，吾何功？今战而胜之，齐之半可得，何为止？'遂战，与信夹潍水阵。"

> 韩信乃夜令人为万余囊，满盛沙，壅水上流，引军半渡，击龙且，佯不胜，还走。龙且果喜曰："固知信怯也。"遂追信，渡水。信使人决壅囊，水大至，龙且军大半不得渡，即急击，杀龙且。龙且水东军散走。

韩信巧妙地利用了龙且的骄傲自大，率军半渡潍水，假装力怯而退。龙且不知是计，遂带领少数军队渡潍水追杀。其实，韩信前一天晚上已经派人在潍水上游用上万个沙袋堵塞潍水。龙且不知深浅，自以为韩信怯懦，潍水水浅。等龙且渡过潍水，韩信立即派人将上游的万余沙袋全部撤掉。汹涌澎湃的潍水滔滔而下，将龙且的军队切为两半，龙且的大部队因此渡不了河。渡过河的龙且，只带有少量军队，韩信率大军急围龙且，龙且最终战败被杀。龙且之死在情理之中。龙且只不过用自己的生命验证了兵法中最普通的一条真理：骄兵必败。

但是，龙且之死却给项羽带来了致命一击：不仅彻底失去了齐地，使西楚国的国都完全暴露在汉兵的视野之下，而且使项羽在荥阳对峙二十八个月立即变得毫无意义了。荥阳对峙的前提是西楚国的后方彭城是安全的，项羽军粮军需的保障地是安全的。齐地被韩信占领，项羽的大后方立即变得岌岌可危，再在荥阳对峙下去可能面临被包围的险境与断粮的危险。所以，龙且的大意轻敌，不仅使自己失去了生命，也最终断送了项羽的霸业。龙且兵败被杀之日，也就是项羽大势已去之日。

韩信打败龙且的这一战法就是示敌以弱，即《孙子·始计》："故能而示之不能，用而示之不用，近而示之远，远而示之近。"

韩信是一位示弱的高手，几乎每战均用此法。井陉之战，韩信也用此计，示赵以弱，佯装战败，丢弃旗鼓，引得赵兵队形大乱，争抢旗鼓，再回马一枪，打败赵兵。

三、慎战

《孙子兵法·作战》篇对用兵之祸，有详细阐述："凡用兵之法，驰车千驷，革车千乘，带甲十万，千里馈粮。则内外之费，宾客之用，胶漆之材，车甲之奉，日费千金，然后十万之师举矣。"可见，用十万之师费用之大。

> 善用兵者，役不再籍，粮不三载，取用于国，因粮于敌，故军食可足也。国之贫于师者远输，远输则百姓贫；近师者贵卖，贵卖则百姓财竭，财竭则急于丘役。力屈中原、内虚于家，百姓之费，十去其七；公家之费，破军罢马，甲胄矢弓，戟盾矛橹，丘牛大车，十去其六。

这是《孙子兵法》中非常精彩的一段论述。这段论述的核心是慎战。战争对财力的消耗太大，对百姓的伤害太大。《史记》中司马迁多次表述了这种慎战思想，主要集中在有关对匈奴作战的记述之中。

《韩长孺列传》中记述了韩安国在朝议中反对用兵匈奴的意见曰：

"千里而战，兵不获利。"

《酷吏列传》中记载了博士狄山的悲剧。狄山反对用兵匈奴："景帝不言兵，天下富实。今自陛下举兵击匈奴，中国已空虚，边民大困贫，由此观之，不如和亲。"狄山因此而丧命。

但是，司马迁在《史记》诸篇中不厌其烦地记载反对用兵的意见，这固然是历史的真实记载，但是，其中亦不乏慎兵之义。

《平津侯主父列传》记载了主父偃初见武帝时的一番对话，所言九事，其八事为律令，一事谏伐匈奴。其辞曰：

> 臣闻明主不恶切谏以博观，忠臣不敢避重诛以直谏，是故事无遗策而功流万世。今臣不敢隐忠避死以效愚计，愿陛下幸赦而少察之。《司马法》曰："国虽大，好战必亡；天下虽平，忘战必危。"天下既平，天子大凯，春搜秋狝（mí），诸侯春振旅，秋治兵，所以不忘战也。且夫怒者逆德也，兵者凶器也，争者末节也。古之人君，一怒必伏尸流血，故圣王重行之。夫务战胜穷武事者，未有不悔者也。
>
> 昔秦皇帝任战胜之威，蚕食天下，并吞战国，海内为一。功齐三代，务胜不休，欲攻匈奴，李斯谏曰："不可！夫匈奴无城郭之居，委积之守，迁徙鸟举，难得而制也。轻兵深入，粮食必绝。踵粮以行，重不及事。得其地不足以为利也，遇其民不可役而守也。胜必杀之，非民父母也。靡敝中国，快心匈奴，非长策也。"秦皇帝不听，遂使蒙恬将兵攻胡，辟地千里，以河为境。地固泽咸卤，不生五谷。然后发天下丁男，以守北河。暴兵露师，十有余年，死者不可胜数。终不能逾河而北，是岂人众不足，兵革不备哉？其势不可也。又使天下蜚刍挽粟起于东，腄琅邪负海之郡，转输北河。率三十钟而致一石。男子疾耕，不足于粮饷；女子纺绩，不足于帷幕。百姓靡敝，孤寡老弱，不能相养。道路死者相望，盖天下始畔秦也。
>
> 及至高皇帝，定天下略地于边，闻匈奴聚于代谷之外而欲击之。御史成进谏曰："不可！夫匈奴之性，兽聚而鸟散，从之如搏影。今以陛下盛德，攻匈奴，臣窃危之。"高帝不听，遂北至于代谷，果有平城之围。高皇帝盖悔之甚，乃使刘敬往结和亲之约，然后天下忘干戈之事。

故《兵法》曰："兴师十万，日费千金。"夫秦常积众，暴兵数十万人，虽有覆军杀将系虏单于之功，亦适足以结怨深仇，不足以偿天下之费。夫上虚府库，下敝百姓，甘心于外国，非完事也。夫匈奴难得而制，非一世也。行盗侵驱，所以为业也。天性固然，上及虞夏殷周，固弗程督，禽兽畜之不属为人。夫上不观虞夏殷周之统，而下循近世之失，此臣之所大忧，百姓之所疾苦也。且夫兵久则变生事苦，则虑易乃使边境之民靡敝愁苦，而有离心。将吏相疑而外市。故尉佗、章邯，得以成其私也。夫秦政之所以不行者，权分乎二子，此得失之效也。故《周书》曰："安危在出令，存亡在所用。"愿陛下详察之，少加意而熟虑焉。

主父偃的话非直接引用《孙子兵法》，而是引了《司马法》，但是《孙子兵法·用间》也讲了同样的道理。孙子曰："凡兴师十万，出征千里，百姓之费，公家之奉，日费千金。内外骚动，怠于道路，不得操事者七十万家。相守数年，以争一日之胜，而爱爵禄百金，不知敌之情者。不仁之至也。非人之将也，非主之佐也，非胜之主也。"

主父偃上书九条，有关对匈作战的仅有一条，但是，司马迁独独对这一条详加记述，为什么？

因为这一条主要是讲慎战。司马迁对此记述得如此详细，正说明司马迁对对匈作战持慎重态度。

春秋战国至西汉时期是中国兵书产生最多的时期，但是，《汉书·艺文志》记载的许多兵书，如《项王》、《韩信》、《范蠡》等，今已全部失传，唯独《孙子兵法》流传至今，这是历史的选择，是优胜劣汰的结果。

四、对匈奴作战与创新发展
——"出其不意，攻其不备"的新解

汉武帝时期，最大的战争是对匈奴作战。但是，由于这场战争是农耕民族对草原民族的战争，因此，"长途奔袭，寻机作战"成为最适用的战争。当然，"长途奔袭，寻机作战"也是"出其不意，攻其不备"，可是，这种"出其不意，攻其不备"与《孙子兵法》中讲的"出其不意，攻其不备"已经有了很大的区别。

这是武帝时期对匈奴作战的需要，也是新的战争对《孙子兵法》的新要求。《史记》忠实记载了这种变化，卫青、霍去病等一批新的将军非常适应这种新打法。李广等老一批将军却因为不适应这种新的战争方法而被淘汰出局。

可见，现实在变化，战争也在变化，兵法也要适应这种变化而变化。经典的价值是永久性的，但是，经典也需要创新，也需要发展。

五、司马迁的家世与兵法

据《史记·太史公自序》：太史公的先人在周宣王时由天官改任主管军事的司马，先辈司马错在秦惠王时曾力排张仪的反对，主张伐蜀，最终伐蜀成功；司马靳与武安君白起大败赵军，坑赵降卒四十余万，赵国自此一蹶不振；司马卬在秦末大乱时是武信君项梁的部将。所以，司马迁应当是兵家之后裔。由于司马迁是兵家之后裔，所以，司马迁学兵法，熟读兵法，与家族史关系密切。

（本文作者王立群，原载《史记论丛》第八集，中国文史出版社2011年版）

《史记》所撰孙武之传的历史价值

突现春秋时期的社会特点

列传是《史记》的重要组成部分，司马迁对传主的选择及其篇卷顺序的安排，都是颇具命意的。七十列传的首篇记的是一位传说人物伯夷，论者认为其立意是要以之体现出列传部分的总序性质，[1] 此议已经为学者接受，几成共识。首篇之后的二到七篇，记述的则主要是春秋时期的人物，而此实体人物的第一篇是管仲与晏子，接下来是老子（还有庄子、申不害、韩非），然后是司马穰苴与孙子（附孙膑，还有吴起），之后是伍子胥，伍子胥之后是仲尼弟子。就总体而言，从第八篇写商鞅的列传开始，《史记》的记述是进入战国时期了。从春秋时期记述的人物看，实体人物选择管仲开头，意在强调发展经济对于国盛兵强的重要性。《史记》的"书"体以"平准"压轴，而其传体则在《自序》前以"货殖"结篇，表明了司马迁认识到最终还是经济的发展才是强国的根本，写管仲来与货殖前后呼应，恐怕不是没有讲究的。从老子到韩非，

---

[1] 何焯《义门读书记》："《伯夷列传》，此七十列传之凡例也。"白寿彝《史记新论》："'列传'七十篇。首篇《伯夷列传》并不是专为伯夷而写的，它是列传的帽子，带有总序性质。"

是以此作凭借阐述治国思想从道家到法家的转变，暗示为汉代立政思想的产生找出了学术的渊源，其命意非常深刻。在经济政治论述之后谈及军事，应是非常现实的课题，于是有了司马穰苴与孙武等的议论，而兵法的出现正是当时社会军事争斗异常激烈的表现及其相关经验的升华凝练，司马兵法是列传记述范围所能论及的最早兵法，孙子兵法则是其后出现的成就最大、影响最为深远的军事论述著作，绝不可忽视它们在社会历史发展中的地位与贡献。春秋后期，中国社会仍保持着总体上向东南方向拓展的趋势，通过写伍子胥的个人事迹，来表明在这一拓展中吴、楚、越、齐、晋、秦诸国间的相互关系及其各自势力的消长，以见当时政治军事外交的格局，并阐发出社会思想中正义与邪恶的区别及其所产生的巨大精神力量之不可忽视。论及春秋，不能不提到儒家，因为已将孔子列入"世家"，故特写仲尼弟子来表明司马迁对儒家文化传播所能产生的社会政治作用的高度重视。

　　从这样一个轮廓式的勾画可以看出，对于春秋时期以列传人物事迹来表现历史发展进程的记述，司马迁是注意到并展示了政治经济思想的确立，社会学术思想的演变，激烈的战争及兵法家的出现，诸侯国间的交往及某种精神力量在其中的作用，以及儒家文化的传播规模及其价值等的命题。但是这当中最能突显春秋时代社会特点的，莫过于人物传中论及兵法家的这两篇。这是因为，春秋时期的显著特征是诸侯争霸，而能争霸的条件除政治经济外交方面的作为之外，就是要依靠武力，而兵法家善于总结军事实践经验所取得的思想成就，正好成为推动争霸事业前进的有效手段，并以人类宝贵文化遗产的面目影响着以后的历史进程，必然受到人们的重视。另一方面，学者以为司马迁写春秋时历史的主要资料来源于《左传》，而探讨者发现，在《左传》中关于司马穰苴与孙武很少有具体的记载。[1] 面对这样的资料现状，司马迁仍能另辟蹊径地为司马穰苴和孙武列出专传，不能不说他有独特的历史眼光与深刻命意，以至于可以由此将兵法家与著名政治家管仲、晏婴放在相同的地位上来加以评论，并将他们的思想成就与老庄道家和孔子儒家等同看待，对兵法家给予的评价之高，不能不令人赞叹。

---

[1] 梁玉绳《史记志疑·孙子吴起列传》："《吴世家》、《伍胥传》并有将军孙武语，然孙子之事，与穰苴比美，而皆不见于《左传》，何耶？"

《史记》为孙武设计列传，是企图借孙武其人、其事的精彩表现，及前后相关篇卷撰写意图的总体安排，突出显现春秋社会内容结构的诸多方面，及兵法家的产生并在其中所起作用的时代特征，从而以此标示出它自身具有的真实历史价值。

　　这是一。

承续前代兵法的演进态势

　　初读《史记》，常会有一种很自然的感觉：孙武这样一个重要人物，为什么关于他的传只写了一场"宫中教战"就悄无声息地结束了呢！其实司马迁在这里是采取了举重若轻、以小见大的表现手法来塑造孙武的兵法家形象的。吴王阖庐要孙武演示兵法，而能让阖庐在极短的时间内直接感受到兵法妙用的真实效果，也只有在宫中操练了；而如能在一批娇贵、任性并缺乏任何训练的后宫美女身上显示出基本的兵法要素来，虽说有些困难，却可以收到常人难以想象的轰动效应，将可使阖庐看了目瞪口呆、口服心服了。孙武深悉"知己知彼，百战不殆"的奥秘，他知道吴王阖庐是位企图要做一番事业的国君，不会因为一点小的损失而放弃长远的目标；他还知道宫廷中严重的贵族习气，是一般人不敢轻易下手去触动的，但不除去宫廷中的这种贵族习气，将更使君王丧失意志，国家也就很难振兴；还有，他也知道宫中操练是一次很好的机会，可借以向国君宣传一些极为重要并带有决定意义的兵法理念，在明见其效果时增强国君的信心，以便未来在君臣的处事关系中，能得到国君对兵法运用的理解与支持。"宫中教战"集中而有力地展现了孙武的识见、才能和胆量，阖庐亦因此确实了解到孙武的厉害，于是，君臣意愿一拍即合，阖庐得到了一位治军强国的将才，孙武从此也获得了他应有的活动舞台。

　　读《史记》孙武的传还会发现，司马迁为他写传时所设计的文篇结构，与其前一篇司马穰苴的传有极为相似之处。两篇传在各自情节的具体安排上，因为二人行事的差异自然不会一样。如在身份上，孙武处在吴王阖庐拜将前的测试阶段，而穰苴则由于晏婴的推荐已被齐景公任命为将军；在场景上，孙武是在演练"宫中教战"，穰苴则处于要领军出征前的仪式上。但是在涉及传事内容的核心问题上，两篇传关于兵法理念的阐述要求却显示出惊人的一致性。于是在军队行为的处置上，孙武强调的是约束申令，因为宫女们在反复训导后仍不能达到要求，他就下令斩杀了作为队长的吴王阖庐的两位宠姬，而穰苴则执着于军法约束，对于"以为将已之军而已为监"的素来娇贵，没有按照约定在"日中"时刻到达军门的庄贾，亦毫不迟疑地进行了处决。对国君企图干预军中具体事务的态度上，孙武拒绝了吴王阖庐希望不要斩杀宠姬的命令，穰苴则斩杀了传达齐景公"持节赦贾"要求的使者的仆，两人如此做也都是抱持了同样的军法信念："将在外，君令有所不受。"对于两人依军法严格治军行事结果的表述，大体也是相同的。孙武被赞为西破强楚，北威齐晋，从而使吴国显名诸侯；穰苴则被称为罢晋师，解燕师，"遂取所亡封内故境而引兵归"，"田氏日以益尊于齐"。[①] 当然，在二者文篇结构极为相似且总体叙述均较为简略的情况下，司马穰苴传的前后内容还是要丰富一些，毕竟还是两篇列传。

通过上述比较可以看出，叙述结构极为相似的前后两传，已显示出极强的异曲同工之妙的功能，从纵向的学术发展潮流的意向来考察，亦使孙武与司马穰苴在兵法思想核心要素内容的阐释上保持着异乎寻常的相同观察角度，更能表明孙武所创之兵法与前人相关的学术成就有着深刻而密切的内在联系，[②] 从而昭示我国古代兵法学说的发展始终以一种饱满的激情前后承续地有力推动着其自身演变趋势的历史进程。以此，孙武之传所传递的兵法理论与其前存在的古代相关学术思想之间，有着认识上密切的相互传承关系的信息，又一次标示出它自身所具有的真实历史价值。

这是二。

[①] 上引均见《史记·司马穰苴列传》。

[②] 《史记·司马穰苴列传》最后说："齐威王使大夫追论古者《司马兵法》而附穰苴于其中，因号曰《司马穰苴兵法》。"可知孙武所创兵法学术之前已有《司马兵法》。又，吴如嵩《中国军事通史》第三卷说："古《司马法》是春秋中期以前的军事典籍，其性质与《左传》、《孙子兵法》等书所提到或引用的《军志》、《军政》、《令典》诸书相近。""司马穰苴对古《司马法》有过深刻的研究和阐发，是一位能够申明古《司马法》的人。""《司马法》……法国人称之为世界上最早的'国际法典'。"

显示吴王霸业的军事成就

孙武传中,关于他兵法后来的实际效用,只是说:"于是阖庐知孙子能用兵,卒以为将。西破强楚,入郢,北威齐晋,显名诸侯,孙子与有力焉。"这种"宫中教战"以后的概括表述,算是虚写。而它较为详细的具体表述,则联写在有关伍子胥事迹的叙述中,算是实写,可以形成为对孙武记事的补充。

吴王阖庐是位有信念,敢行事,企图强国,愿意有所作为的国君。吴国地处的自然条件比较好,它的立国有较优秀的历史传统,在其发展中也产生过如季札这样杰出的文化名人,但是它开辟的时间较晚,距离中原政治中心比较远,可以说,只有到了春秋晚期,主要北方诸侯大国因为应对外敌与内争相对有所削弱的情况下,它才获得了表现自己的机会,而这个任务就正好落在了吴王阖庐的身上。恰恰在这个时候,伍子胥和孙武成为了吴王阖庐的辅助力量,帮助吴国最后走上了"春秋末霸"的道路。

吴王阖庐在位的十九年间,吴楚间的争斗,引起了当时的政治家及后来的历史学者的关注。阖庐三年(公元前512年),吴伐楚,攻下楚之舒地,并擒杀了先前降楚的吴国的两位公子烛庸与盖馀。这个时候,阖庐就想攻进楚国的都城郢,被将军孙武加以阻止,孙武说,"民劳,未可,待之",阖庐采纳了孙武的意见。四年,吴又伐楚,攻取了六和灊二地。五年,吴讨伐并打败了越国,六年,吴国迎击楚军的来犯,在豫章将楚军打得大败,吴国取得楚之居巢才回军。连续数年吴国对楚国的军事胜利使吴王阖庐大受鼓舞,又因休养了三年,到了九年,吴王阖庐就对伍子胥和孙武说:"始子之言郢未可入,今果如何?"[1] 两人告诉阖庐,楚国带兵的将领子常贪婪,唐、蔡两个小国都怨恨他,你一定要大肆讨伐,只有得到唐、蔡的协同作战才行。阖庐按照这个建议行事,领军西伐楚,先夹汉水摆开阵势,然后派兵突袭楚军,楚兵大败而逃,吴王纵兵追击,追到柏举,吴楚间五番大战,楚国都遭受失败。楚昭王

---

[1] 上引均见《史记》的《伍子胥列传》及《吴太伯世家》。

没有办法，逃出郢都到达郧县，这样，吴王阖庐就领军进入了楚国的都城。这以后的第二年，因为发生了三项变故，阖庐退出了楚之郢都。一是越国乘吴国内空虚，出兵攻吴，阖庐不得不派出另外一支军队去对付越国；二是因楚臣申包胥在秦廷哭了七日七夜，使秦哀公遣车五百乘救楚击吴，败吴兵于稷丘；三是阖庐弟夫概从前线逃回国内自立为吴王，阖庐不能不引兵回国将夫概打败。阖庐回吴，楚昭王重新回到郢都。吴王阖庐十一年（公元前504年），阖庐派太子夫差再次将兵伐楚，攻取了番地。面对吴国三番几次的进攻，楚国感到恐惧，结果楚王离开了郢，把国都迁到了都邑。这对吴王阖庐来说是一个很大的胜利，增强了他在诸侯国间的地位。《伍子胥列传》评述这个时期阖庐的成就说："当是时，吴以伍子胥、孙武之谋，西破强楚，北威齐晋，南服越人。"充分肯定了吴王阖庐治国、用人的功效。吴王阖庐在位十九年打下的政治军事基础，使他的儿子夫差即位以后在北边多次取得对齐战争的胜利，并在夫差十四年（公元前482年）的时候，能"北会诸侯于黄池，欲霸中国以全周室"①，一定程度上满足了吴国企图称霸的欲望。

在吴王阖庐实现振兴吴国的事业上，孙武以其兵法智慧为之出谋划策。这里所能显示的体贴"民劳"与联合小国的建议，阖庐采纳后，就收到了明显的效果。孙武帮助吴王阖庐振兴了国家，而吴国政治军事强劲发展形成的阳光雨露，也滋润与培养了孙武兵法的茁壮成长，孙武兵法之所以能在吴国催生绽放，恰恰是因为整个春秋争霸事业的运动趋向往东南转移，进而使吴国在春秋后期所取得的成就，为之提供了丰厚的土壤。孙武兵法得益于吴王阖庐的图强意志，也有力地显示出吴王阖庐的霸业成就，二者互为因果，相得益彰。这正是孙武之传所叙吴王阖庐孙武之间，以"宫中教战"来显示"兵法"效应为主旨的命意所在。

如果说司马穰苴之传所述内容与孙武兵法在思想上的联系有其纵向探讨价值的话，那么，伍子胥之传与孙武的活动事迹在实际成效的探索上就有着横向补充说明的价值。司马迁为孙武写传所设计的前后篇卷间的内在关联上，有将己事寄寓于他篇的明显用意，实际是扩展了"宫中教战"以外孙武事迹的叙述范围，其表现手法值得称道。

---

① 《史记·吴太伯世家》。

孙武以自己兵法运用的杰出功效,有力地显示出吴王霸业的军事成就,正是他"宫中教战"事业所开发的理想结果,有其切实的历史价值。

这是三。

肯定约法申令的核心功能

孙武的"宫中教战"与司马穰苴的立表出征,二者的故事叙述极其相似并有异曲同工之妙。所谓"同工",就是在他们关于兵法的表述中,都侧重于强调约法申令及君命不受两个方面,这绝不是一种偶然的巧合,更不是总体论述上的无谓重复。在司马迁看来,谈及兵法,这两方面极具根本性的要素价值,是绝对不可忽视的。

约束申令、严明纪律应该是维系军队活动及体现战斗力的生命线。通常所说"军人以服从为天职",服从就是一种绝对严格的纪律要求。没有纪律,没有服从,各持己见,各行其是,一盘散沙,形不成拳头,能是军队吗?孙武"宫中教战"教的就是纪律,就是服从。教你向前、向左、向右、向后,你就得向前、向左、向右、向后,马虎不得。指挥官命令你了,你非但不照着做,还嘻嘻哈哈,当作儿戏,那申令约束还有什么作用呢!要是新兵,开始不会做,指挥官就得耐心说服,指导训练。如果指挥官尽责了,一而再,再而三,还是不听指挥,那就是基层军官的不力,没有模范地听从命令,没有起到应有的带头作用,法不责众,就要拿基层军官开刀了。孙武于是将作为队长的吴王阖庐的两个宠姬给斩了,孙武一动真格的,宫女们就都一一按着命令去做,一切的行动都中规矩绳墨,也就有战斗力了,终于可以达到"虽赴水火犹可也"[①]的满意程度。

"宫中教战"中斩杀二位宠姬,表现出孙武具备勇于革新的无畏精神,其目标就在于整肃军纪,除去腐败的贵族风气,提高军队的战斗力。司马穰苴地位低贱,齐景公任命他为出征军队的将领,他怕自己威望不够,下面的军官和士兵不听他的指挥,经请求,齐王就派庄贾来作

[①] 《史记·孙子吴起列传》。

监军。庄贾是朝中重臣，深得齐王宠信，要统领出征的又是他自己带过的军队，于是心想没有人能奈何他。司马穰苴本来与庄贾约定第二天中午见于军门，举行仪式后就出征了。第二天中午，司马穰苴一到军中就立表下漏等着庄贾的到来。而庄贾素来娇贵，只顾及享受亲戚朋友设宴给他送行的欢快和荣耀，根本就不在意是不是错过"日中"这个时限。司马穰苴候着庄贾，左等不到，右等也不到，直到"夕时"庄贾才到，因为违背了"日中"应到的约定，司马穰苴依据军法下令把庄贾给斩了。由此，大家会想，司马穰苴连庄贾都敢斩，就别说是敢违军纪的其他人了，所以一切的约束申令就得到切实地贯彻执行，部队不遵守纪律的风气自然会大大改善，以致出征后取得了预期的胜利。

两个斩杀事件的性质是一样的，说明立意于清除贵族习气的革新，对于部队建设和战斗力的保证与提高是多么的重要。约束申令不仅是一般的纪律问题。在当时要能在军队中自上而下认真地使每项约束申令都能得到贯彻执行，事实表明不把贵族生活中娇贵、自私、蛮横、虚荣、自以为是、凌驾于他人之上的那种目空一切的腐朽风气及其相关的势力加以清除，是不可想象的。所以，要将一支军队从当成满足贵族私欲的工具，建成为能捍卫国家领土完整和政治尊严、保证完成国家交给的一切使命的神圣武器，最现实有效的措施就是要整肃部队的军纪。因而纪律问题就不是日常行为生活的小事，而是关涉军队政治建设的重大革新问题，乃至是关乎军队性质和能否完成国家使命第一位的问题，具有全局意义。司马迁写史，关于军事人物，首先注意的是兵法家的成就及其基本理论，他将政治革新、严明法纪视为兵法理论核心要素的认识，采取"宫中教战"的故事形式，最为轻快而通俗地宣示出来，以表现孙武兵法成就的光辉价值，其立意之深，值得回味。

使约束申令在军队建设中发挥其应有效力，是孙武之传所具有的又一切实的历史价值。

这是四。

赞许不受君命的果决精神

君命不受，这是需要保证指挥官在军队中具有自主决断不受干扰的全部权力。指挥官受命御敌,远在千里之外,形势千变万化,将军们适时判断临机处置,对保证战斗的胜利就非常重要。在这种情况下,国家的最高统治者再以各种理由来影响和要求领军在外的指挥官,将使军队的建设运行及其战略战术意图的贯彻非常容易受到各种利益集团的干扰、破坏,对整个国家都是不利的。而且在军事行动中,依靠前线将军的决断来号令指挥,可以排除整个部队下级军官及士兵的迟疑观望的心理、态度,对树立指挥官的权威,团结一心、振奋精神、同仇敌忾去完成战斗任务,也是十分必要的。基于这样的实际考虑,在古代兵法思想中产生出"君命不受"的理论成就,应该是合理的。

"宫中教战"为了保证训练的成功,严肃法纪,孙武要斩两个队长"王之宠姬"时,阖庐大惊失色,赶紧派人给孙武下令说:"寡人已知将军能用兵矣。寡人非此二姬,食不甘味,愿勿斩也。"孙武回答说:"臣既已受命为将,将在军,君命有所不受。"意志坚定,"遂斩队长二人以徇",这以后任凭孙武如何号令,"妇人左右前后跪起皆中规矩绳墨",[①]一切指挥命令都得以贯彻,但如果孙武按照吴王阖庐的命令行事,留下了两位队长,其教战绝对不可能收到预想的效果。

同样的情况,在司马穰苴的列传中也有记述。当庄贾作为监军没有按预先约定适时到达军门之际,司马穰苴依军法要斩庄贾,庄贾恐惧,马上派人去禀报齐景公,让景公替他说情以免于被斩,但司马穰苴没等景公下达命令,就"斩庄贾以徇三军"了,"三军之士皆振栗"。过了些时间,景公果然派使者"持节赦贾,驰入军中",司马穰苴也是说"将在军,军令有所不受",他不仅不能赦免庄贾,还要以驰入三军之罪斩景公使者,考虑到"君之使不可杀之",变通办法,"乃斩其仆,车之左驸,马之左骖,以徇三军",[②]并将处理情况报告给了景公,然后就领军出征了。孙武之斩王之宠姬与司马穰苴之斩庄贾,二人不受君命的说法是一致的。而二人都拒绝君命的事实表明,这在当时是治军最应该遵循的一条根本原则,其重要性可见一斑。

《史记》中也有关于违反"君命不受"的实例,魏公子无忌窃符救赵就是。公元前 257 年,秦昭王打败赵长平军以后又进兵围邯郸,赵国

---

① 上引均见《史记·孙子吴起列传》。
② 上引均见《史记·司马穰苴列传》。

危急，请求魏国救援，而秦国发出警告，谁要是救赵，拔赵之后最先要打击的就是救赵之国。魏王恐惧，指示已经派出去的带领十万兵力救赵的将军晋鄙，留军邺地不动，"名为救赵，实持两端以观望"。赵王于是想通过魏公子无忌去说服魏王进军击秦，魏王因为害怕秦国，怎么说也不听公子无忌的意见。实在想不出好办法的时候，公子无忌之客魏之隐士侯嬴出主意，让无忌通过请求能出入魏王卧内的魏王之宠姬，将魏王给晋鄙发兵的虎符偷夺到手，无忌即可带着这件虎符到邺地去要求晋鄙进军击秦。虎符夺到手，魏公子无忌要去晋鄙之军，出发的时候，侯嬴对无忌说了这样的话："将在外，主令有所不受，以便国家。公子即合符，而晋鄙不授公子兵而复请之，事必危矣。臣客屠者朱亥可与俱，此人力士。晋鄙听，大善；不听，可使击之。"果然，无忌到了晋鄙军，二人合符，晋鄙就心存疑虑，当即表示："今吾拥十万之众，屯于境上，国之重任，今单车来代之，何如哉？"晋鄙不想听从无忌，无忌没有办法，只好让朱亥以铁椎椎杀了晋鄙，夺其军队以救赵。魏公子救了赵，因为窃符杀晋鄙也不敢回国，后"留赵十年不归"。[①] 这件事发生在战国末期，"将在外，君命有所不受"，乃是领兵在外的将军们因为肩负着"国之重任"而不能不异常谨慎地坚持的一项治军的原则。这个故事也从一个侧面说明，坚守"君命不受"，对于国家的治军是多么不可轻视。

三国时期的军事家曹操，对《孙子兵法》自有其精深的研究。《史记集解》在"将在军，君令有所不受"下的注释引有"魏武帝曰'苟便于事，不拘其命'"。[②] 当然，曹操解释这句话，可能另有所图，而他所说之"事"，应该指关涉前途命运的国家大事，从国家整体利益出发的认识和其前一样是可以肯定的。

《史记》所写孙武的传中，承续其前篇司马穰苴的事迹，除集中强调将领治军的严明纪律，申令约束之外，亦均坚持将在军，君令有所不受的重要信念，自当有其表述上的缜密思虑，乃是想在最初兵法家的评议中，特意突出强调这两方面作为治军指导原则的核心价值，这在历史上是很有意义的。尤其是这后一方面，联系到司马迁所处的时代而言，

---

① 上引均见《史记·魏公子列传》。
② 《史记·司马穰苴列传》之三家注。

或当隐含有对前线指挥将领的缺乏主见并阿谀君王意旨的思想行为做出一定批判的深意。

这是五。

（本文作者杨燕起，原载《史记论丛》第八集，中国文史出版社2011年版）